本书受以下项目资助

·中国博士后科学基金会（2018M631525）
·北京市博士后工作经费资助（2017113）
·湖北省教育厅人文社科基金（17Y032）

鼓楼史学丛书·区域与社会研究系列

近代湖北婚诉案件研究

1927—1949

潘大礼 ○ 著

中国社会科学出版社

图书在版编目（CIP）数据

近代湖北婚诉案件研究：1927—1949 / 潘大礼著. —北京：中国社会科学出版社，2020.6
ISBN 978 – 7 – 5203 – 5880 – 4

Ⅰ.①近… Ⅱ.①潘… Ⅲ.①婚姻家庭纠纷—民事诉讼—案例—湖北—1927—1949 Ⅳ.①D927.633.9

中国版本图书馆 CIP 数据核字（2019）第 294976 号

出 版 人	赵剑英
责任编辑	刘 芳
责任校对	李 莉
责任印制	李寡寡

出　　版	中国社会科学出版社
社　　址	北京鼓楼西大街甲 158 号
邮　　编	100720
网　　址	http://www.csspw.cn
发 行 部	010 – 84083685
门 市 部	010 – 84029450
经　　销	新华书店及其他书店
印　　刷	北京明恒达印务有限公司
装　　订	廊坊市广阳区广增装订厂
版　　次	2020 年 6 月第 1 版
印　　次	2020 年 6 月第 1 次印刷
开　　本	710×1000　1/16
印　　张	18
插　　页	2
字　　数	276 千字
定　　价	89.00 元

凡购买中国社会科学出版社图书，如有质量问题请与本社营销中心联系调换
电话：010 – 84083683
版权所有　侵权必究

目　　录

前言 ……………………………………………………………（1）
 第一节　研究缘起 ……………………………………………（2）
 第二节　主旨说明 ……………………………………………（7）
 第三节　学术前史 ……………………………………………（12）

第一章　湖北婚姻冲突的时代背景 ………………………………（1）
 第一节　传统社会婚姻冲突的两个面相 …………………（1）
 第二节　近代中国婚姻冲突宏观层面分析 ………………（15）

第二章　婚约纠纷案件研究 ………………………………………（30）
 第一节　婚约及婚约纠纷的历史回顾 ……………………（30）
 第二节　婚约纠纷案件的特征分析 ………………………（45）
 第三节　婚约纠纷案件原因透析 …………………………（60）

第三章　重婚案件研究 ……………………………………………（69）
 第一节　重婚的历史回溯 …………………………………（71）
 第二节　重婚案件概览 ……………………………………（82）
 第三节　重婚原因与重婚案件审理 ………………………（100）

第四章　通奸案件研究 ……………………………………………（112）
 第一节　通奸现象的历史考察 ……………………………（112）
 第二节　国民政府时期湖北通奸案件概览 ………………（122）

第三节　通奸原因分析 ………………………………………（138）

第五章　遗弃案件研究 ……………………………………（151）
   第一节　遗弃行为的历史考察 …………………………………（152）
   第二节　遗弃案件分析 …………………………………………（159）
   第三节　遗弃行为发生的原因 …………………………………（174）

第六章　离婚案件研究 ……………………………………（185）
   第一节　离婚的历史演变
   　　　　——从司法制度的角度 …………………………………（186）
   第二节　离婚案件数据分析 ……………………………………（194）
   第三节　离婚原因分析 …………………………………………（208）

结语 …………………………………………………………（223）

参考文献 ……………………………………………………（250）

前　　言

　　中华文明有五千年的历史，婚姻行为作为文明社会的一个基本因素，其与原始社会蒙昧野蛮的两性关系已有质的不同，《礼记》有："昏礼者，将合二姓之好，上以事宗庙，而下以继后世也，故君子重之。"① 婚姻对于人类社会发展来说具有重要的意义，恩格斯指出："根据唯物主义观点，历史中的决定性因素，归根结底是直接生活的生产和再生产。但是，生产本身又有两种。一方面是生活资料即食物、衣服、住房以及为此所必需的工具的生产；另一方面是人类自身的生产，即种的繁衍。"② 由此可见，男女两性组成的婚姻生活是历史发展中的"决定性因素"之一。婚姻是家庭成立的基础，家庭又是构成社会的基本要素，加强对历代婚姻的研究，不仅有助于我们理解婚姻关系自身的演变与发展，而且对我们深入探讨家庭、社会甚至整个人类的历史发展也都有很大的帮助。

　　婚姻问题既是一种社会现象，也是一种法律现象。王跃生指出："人类社会在其不同形态的演进中，逐渐形成了各具时代特色的婚姻规范、模式和道德伦理，由此也界定了社会成员特定的婚姻关系范畴，超越了规范、模式和道德伦理的制约，就会引起矛盾和冲突。"③ 从中可知，婚姻问题的产生，在于婚姻行为违反了相关的社会制约。然而，婚姻规范、模式和道理伦理的制约如果不适合历史的发展，也

---

　　① 李学勤主编：《十三经注疏·礼记正义（上、中、下）》，北京大学出版社1999年版，第1618页。
　　② 《马克思恩格斯选集》第4卷，人民出版社1966年版，第2页。
　　③ 王跃生：《清代中期婚姻冲突透析》，社会科学文献出版社2003年版，第1页。

会导致婚姻的矛盾和冲突。例如，在近代历史上传统包办式婚姻已不容于近代婚姻自由的发展趋势，使得包办式婚姻成为社会上婚姻矛盾和冲突的源头之一。

婚姻问题不论是在传统社会，还是在近现代社会都是一个关注性较高的话题。例如宋朝诗人陆游与其前妻唐婉的婚姻悲剧是其中比较有代表性的事例。在文艺作品中，对传统社会婚姻冲突的描述也十分常见，如《孔雀东南飞》中的刘兰芝与焦仲卿、戏曲中的陈世美与秦香莲等。在近代社会，对婚姻问题的记载、创作和研究更是不断出现。① 婚姻问题在当代中国似有愈演愈烈之势，特别是在年青一代（"70后""80后""90后"）的身上体现得更为直接。② 婚姻冲突作为婚姻问题最直接的外在表现形式，更能深刻地反映出一定时期社会的婚姻观念、婚姻行为、婚姻生活、社会文化以及国家权力运作等问题。

俗语云"清官难断家务事"，然而这种难断的家务事却在中国历史上不断上演，尤其是不同时期婚姻冲突的案件就是最好的证明。在近代这样新旧杂糅的"过渡"时期，社会转型尤为剧烈，婚姻冲突现象更为常见，对该时期的婚姻问题进行研究，更具代表性和典型性。通过解读近代湖北婚姻冲突案件，能够为我们再现民众日常生活中的复杂面相，观察国家与社会的交互作用，提供一个较为合适的研究视角。

第一节 研究缘起

一 对社会史发展趋势的思考

婚姻生活是社会的重要构成部分，对于婚姻问题的研究也是历史

---

① 民国时期对中国婚姻史关注的学者和资料大致如下：学者方面如梁启超、王世杰、胡长清、陈东原、陈顾远、陶希圣、董家遵、陈顾远、瞿同祖等人的相关论著；资料方面如《法律评论》《东方杂志》《法学杂志》《大公报》《申报》等报纸杂志；文艺作品方面如苏青的《结婚十年》、张爱玲的《红玫瑰与白玫瑰》等。相关研究的当今学人，由于人数众多，此略，详见下文学术前史。

② 参见吴德清《当代中国离婚现状及发展趋势》，文物出版社1999年版等。

学、社会学、法学等学科领域所关注的对象之一。婚姻冲突是"社会结构"的一部分，由于学界对社会史研究的概念、对象、内容、范围等方面已经谈得较为详细①，笔者在此主要就社会史的理论和方法进行考察和反思，以期从法律社会史的角度对近代湖北婚姻冲突案件作更为细致的分析。

近四十年来，中国近代社会史发展很快，取得了很丰硕的成果。可是，面对成绩的同时，我们也要考虑中国近代社会史所面临的问题和前途，以后中国近代社会史向何处走，如何加深中国近代社会史的研究，是值得思考的问题。王先明、行龙等人均认为，中国近代社会史将横向与纵向两个方面获得新的拓展。②赵世瑜则从理论层面上对社会史研究向何处去提出了自己的看法，其认为：社会史研究要有开放性，不可画地为牢；还需要对传统史学、对曾与社会史相对立的政治史研究主题进行认真反思，思考其与社会史的关系；还需要思考社会史研究的方式与表达途径等问题。③那么，中国近代社会史研究究竟向何处去？笔者认为马敏在《21世纪中国近现代史研究的若干趋势》一文中对此作了很好的说明，其认为存在"更趋精细的历史观""长程的历史观"和"内部取向的历史观"，最后都指向于"总体的历史观"。这些看法用在中国近现代社会史身上也十分恰当，区域社会史研究的兴盛体现了"精细的历史观"；社会结构的演进需要用长时段来考察，这符合"长程的历史观"；而"内部取向的历史观"是从中国自身出发，是微观史研究的重心。马敏认为，

---

① 参见冯尔康《开展社会史研究》，《历史研究》1987年第1期；田居俭《中国社会史研究的反思与展望》，《社会科学战线》1989年第3期；赵世瑜、邓庆平《二十世纪中国社会史研究的回顾与思考》，《历史研究》2001年第6期；蔡少卿、李良玉《50年来的中国近代社会史研究》，《近代史研究》1999年第5期；闵杰《20世纪80年代以来的中国近代社会史研究》，《近代史研究》2004年第2期；行龙《二十年中国近代社会史研究之反思》，《近代史研究》2006年第1期；行龙、胡英泽《三十而立：社会史研究在中国的实践》，《社会科学》2010年第1期；乔志强《中国近代社会史》，人民出版社1992年版等。

② 参见王先明《新时期中国近代社会史研究评析》，《史学月刊》2008年第12期；行龙、胡英泽《三十而立：社会史研究在中国的实践》，《社会科学》2010年第1期等。

③ 赵世瑜：《社会史研究向何处去？》，《河北学刊》2005年第1期。

总体史是新史学的根本范式和方向，总体史固然强调宏观的、综合的、长时段的研究，但它并不排斥微观的、具体的历史研究，而常以微观、具体的历史研究作为其载体，是小中见大、以小见大。总体史在内容上是对历史进行全方位的研究，在方法上可以采用多学科交叉的方式，总之是"在一种新的视角和眼光之下，使某种具体的研究更趋精细化和精制化，展现历史的多面向、多维度，更接近于历史的客观事实"。①

上述学者从理论的层面阐述了社会史发展的走向，而具体到学术研究层面上，已有不少的学者在不断进行实践。仅以与婚姻问题有关的一些著作来看，首先从法律角度运用交叉学科的方式研究婚姻问题的是瞿同祖，其在《中国法律与中国社会》一书中，从静态的法律制度中对中国传统社会的家族、婚姻、阶级等问题作了动态性的考察，正如其所言："研究法律自离不开条文的分析，这是研究的依据。但仅仅研究条文是不够的，我们也应注意法律的实效问题。"② 瞿同祖开创了法律与社会相结合的研究道路。沿着瞿同祖开创的道路走下去的是黄宗智，黄宗智十分重视发掘司法诉讼档案，其指出："诉讼案件和司法档案的开放使我们有可能重新认识中国的法律制度。研究者现在可以探讨司法实践与官方和民间的表述之间的可能背离，由此重新理解过去的法制，进及国家与社会间的实际关系，以及旧政权组织整体的性质。"③ 此外，利用档案、日记等资料考察婚姻问题的代表学者还有王奇生、王跃生、郭松义、赖惠敏、罗久蓉、刘铮云、滋贺秀三、付海晏等学者。

从上述的考察情况来看，依据司法诉讼案件从法律社会史的路径对婚姻问题进行研究，是一条值得探索的道路。本书主要是对近代湖北婚姻冲突案件进行研究，既符合区域社会史研究的范围，也体现了

---

① 马敏：《21世纪中国近现代史研究的若干趋势》，《史学月刊》2004年第6期。此外，蔡少卿、李良玉：《50年来的中国近代社会史研究》（《近代史研究》1999年第5期）也对总体史作了相似的定义。
② 瞿同祖：《中国法律与中国社会》（导论），中华书局2003年版。
③ 黄宗智：《中国的法律、社会与文化系列丛书：总序》，上海书店2001年版。

"眼光向下"内部取向的历史观；不仅立足司法诉讼案件本身，也能透视婚姻纠纷案件背后所反映的各种社会信息。在进行考察时，不仅可以针对婚姻冲突的类型、原因、过程以及影响等方面进行分析，还可以利用人类学、经济学、社会学、法律学等学科的理论和方法，对该时期婚姻冲突所反映的社会现实进行考察，这也符合"总体史"的要求。

二 关注民众日常生活

研究近代湖北的婚姻冲突，可以很好地体现下层民众日常生活的景象，以加深我们对当时基层社会运行的了解。

梁启超很早就提出了"新史学"的口号，倡导历史研究要注重民众的历史。马克思主义认为历史是由人民群众创造的，研究历史不考虑广大的社会民众是不符合马克思主义理论的要求。章开沅先生认为，不论是关注上层社会、政治精英的"上层眼光"，还是关注民众日常生活的"下层眼光"，"都说明历史研究需要多维度、全方位的观察角度"，"社会的构成是多元复杂的，绝不能仅仅用阶级分析的方式加以分析，也不能用某一种范式来'彻底解决'所有的问题"。其又指出，"社会的各类人群、历史的不同主体的面貌都得到充分的展示，这才真正符合历史'原生态'"。[①] 主张"日常取向"的王笛也指出："我们所知道的历史是一个非常不平衡的历史，我们把焦点放在一个帝王将相、英雄豪杰驰骋的小舞台上，而对舞台下面千变万化、丰富多彩的民众的历史却不屑一顾"，并发出感慨："难道我们不认为每天的日常生活，较之突发的政治事件，更贴近我们的命运吗？"[②] 刘铮云也认为："历史上的王公贵族或社会精英的事迹固然重要，但有时候社会下层小人物的故事可能带给我们更多的

[①] 章开沅：《"眼光向下"与社会原态（四篇）——关注近代中下层社会群体研究》，《甘肃社会科学》2008年第2期。
[②] 王笛：《新文化史、微观史和大众文化史——西方有关成果及其对中国史研究的影响》，《近代史研究》2009年第1期。

人生启示。"① 这些观点无疑都指向一点,那就是历史的创造者和主要参与者是广大基层社会的民众,特别是社会史研究不能对此忽视,事实上学界已有越来越多的人投入这片园地中来。

婚姻与民众日常生活有着密切的联系,婚姻在中国传统社会里占有重要的地位,《礼记》的相关记载说明早在先秦时期,人们就已认识到婚姻是礼仪的根本,关乎着"宗庙"与"后世"的重要作用。虽然,婚姻对家庭和社会都具有这么重要的影响力,但是传统的婚姻生活中毕竟也存在着一些不合理的因素,如"三纲五常""三从四德""男尊女卑""从一而终"等封建思想。严昌洪指出:"'父母之命'和'结二姓之好'的议婚过程,折射出女子无个人意志可言;'广家族,繁子孙'的婚姻目的,折射出妇女无个人幸福可言;各种禁忌与厌胜仪式,折射出对妇女的歧视;'跪茶'之礼与'拜柽'之俗,折射出妇女无独立人格可言;'闹房'陋习与'验贞'恶俗,折射出对妇女的侮辱;'踩门槛'与'抢新房'中的对抗,折射出妇女对不平等地位的抗争。"② 在瞿同祖看来,中国传统婚姻制度具有家族性和阶级性的特点,他认为:"婚姻的目的只在于宗族的延续及祖先的祭祀。完全是以家族为中心的,不是个人的,也不是社会的。"③ 由此可见,在传统社会里婚姻不具有个人色彩,而是宗族行为,个人角色湮没在以宗族和国家为重的体制里,这是传统婚姻种种不幸的根源,尤其是对妇女而言。

近代以来,随着以标榜自由平等为目标的西方文化的东渐,中国传统文化则处于不断衰落的趋势之中。从文化史角度看,在传统文化依然存在和西方文化不断东渐的社会转型的历史背景下,婚姻冲突层出不穷。事实上只要有婚姻存在,就会爆发婚姻冲突,但是在传统男尊女卑的社会中,婚姻冲突也具有不平等性,冲突的目标也不是追求

---

① 刘铮云:《档案中的历史:清代政治与社会》,北京师范大学出版社2017年版,第512页。
② 严昌洪:《旧式婚礼所折射的妇女地位》,《中南民族大学学报》2003年第1期。
③ 瞿同祖:《中国法律与中国社会》,中华书局2003年版,第97页。

当今所谓的婚姻自由、平等和幸福。①

其实历史研究不管做哪个方面，都不可能是封闭的，互相之间都存在一定的联系，如果有区别也是人为定的。历史属于人，也属于社会，这中间离不开下层民众的参与。因此，本书选择时代变迁比较激烈的国民政府时期为时代背景，以湖北为区域载体，对婚姻冲突进行研究。希望本书不仅有助于我们理解民国婚姻历史，了解婚姻关系中的下层民众与日常生活，也使我们更深刻地认识现在，符合章开沅先生倡导历史研究贵在"讲述老百姓自己的故事"的号召，具有一点现实关怀的意义，这是本书写作最主要的原因。

第二节　主旨说明

一　长时段与微观史

历史研究，首先要解决时间段的问题，中华人民共和国建立后关于近代史分期问题的争论即是对此问题的反映。经过几十年的发展，历史学研究中学科的界限越来越分明，近代史与现代史的区分，近代史分晚清和民国，民国又分北洋和南京两时期，近代史和古代史的分期更明显。已经有不少的学者对此问题进行分析，如张研指出19世纪中国社会历史的研究，多具有"前后割裂"和"上下脱节"的缺憾。② 赵世瑜针对把1840年作为近代和明清的分界线，表达了自己看法："难道明清，甚至宋元以来中国社会发展的许多历史线索，到道光二十年以后都不翼而飞了吗？"③ 主张历史研究要多元化，并注重历史的内在脉络。

以上学者对历史研究中分期的看法，实质上反映出一个问题，即

---

① 关于传统婚姻冲突的研究，请参见史景迁的《王氏之死：大历史背后的小人物命运》，上海远东出版社2005年版；王跃生的《清代中期婚姻冲突透析》，社会科学文献出版社2003年版。
② 张研、毛立平："总序"，《19世纪中期中国家庭的社会经济透视》，中国人民大学出版社2003年版。
③ 赵世瑜：《明清史与近代史：一个社会史视角的反思》，《学术月刊》2005年第12期。

历史研究要注重"长时段"。布罗代尔认为："对于一个历史学家来说，接受长时段就必须准备改变自己的风格、态度，必须彻底改选自己的思维，而采用崭新的思考社会事物的概念。"① 自从法国年鉴学派提出并付诸实践的历史研究，"长时段"的历史研究已在全球的史学界产生了极大的影响力，马敏指出："长程历史观的一个长处，便是能够在较大的时空范围内梳理历史发展的脉络，揭示历史表象之下更深层次的运动，从而进入所谓'总体史'研究的新范式、新境界。"②

我们认为，历史研究既要讲究长时段也要注重短时段，所谓"史无定法"，就连主张长时段的布罗代尔也不是主张历史研究一定要长时段，他所指的"长时段"是针对那些"缓慢的、层积的历史"而言的。③ 本书的研究虽侧重于国民政府时期的历史，但是由于历史具有延续性的特点，其每一段都不是孤立存在的。因此，在行文的叙述中，还要回溯至近代前期甚至是传统社会里去，这样对历史演变的过程才能有较为清晰的观察。

其次，历史研究要注意微观史的探究。微观史与新文化史研究是目前史学界研究的前沿方向，其实也是上文中提到的"眼光向下"注重下层社会的研究取向，王笛指出："新文化史和微观历史使我们从宏大叙事转到日常取向。"④ 马敏也提出"更趋精细的历史观"观念，认为："这种趋于更为仔细的观察和更为精致的描绘的史观，关注在丰富史实基础上对历史细节的重建，以最终达到历史真相之再现。"⑤ 西方史学界的微观史研究已有较大的起步，如《蒙塔尤》《马丁·盖尔归来》等著作，即是利用宗教裁判所的资料而写成的经典代

---

① [法]布罗代尔：《论历史》，刘北成、周立红译，北京大学出版社2008年版，第36页。
② 马敏：《21世纪中国近现代史研究的若干趋势》，《史学月刊》2004年第6期。
③ [法]布罗代尔：《论历史》，刘北成、周立红译，北京大学出版社2008年版，第36页。
④ 王笛：《新文化史、微观史和大众文化史——西方有关成果及其对中国史研究的影响》，《近代史研究》2009年第1期。
⑤ 马敏：《21世纪中国近现代史研究的若干趋势》，《史学月刊》2004年第6期。

表。本书利用婚姻冲突案件为近代湖北省各司法机关档案，里面有着丰富的信息，涉及婚姻冲突的各个方面，对于了解当时的社会有着很好的视角。

因之，章开沅先生认为："只有把中国近代史置于更为绵长的多层次多向度的时间里和更为广阔的多层次多维度的空间里，我们的研究才有可能进入一个更高的境界。"① 他提出史学研究的最高境界"圆融"，是我们每个史学参与者所追求的最高目标。

二 区域史与湖北的行政空间

近四十年来的史学研究，区域社会史的兴起是一个重要的热点。

中国幅员辽阔，各地之间的政治、经济、文化、风俗等方面均存在着不同程度上的差别，如果在通史的框架下去研究各个地区，这显然忽略了整体中的各个部分的特色，有违历史差异性原则，采用区域社会史的研究途径正好解决了通史忽视各地差异的弊端。有学者认为："区域社会史把特定地域视为一个整体，全方位地把握它的总体发展。"这不仅是"整体社会史在特定区域内的研究尝试"，而且也"推动整体社会史研究的深入发展"。② 王先明把区域社会史定义为"一定时空内具有同质性或共趋性的区域历史进程的研究"，他指出区域史研究不仅是"相对于民族国家史的地方性的历史模式"，也是"一个新的整体史的研究视野和方法"。③

在行龙看来，区域社会史的兴起，是"中国社会史研究向广度和深度继续发展的需要，也是拓展中国社会史研究之必然"。④ 但是，仅仅依靠区域史研究史学问题也是不够的，对其存在的不足，也有不少学者加以指出。马敏先生即指出："21世纪的新史学的建构目标或

---

① 章开沅：《境界——追求圆融》，《史学月刊》2004年第6期。
② 赵世瑜，邓庆平：《二十世纪中国社会史研究的回顾与思考》，《历史研究》2001年第6期。
③ 王先明：《"区域化"取向与近代史研究》，《学术月刊》2006年3月。
④ 行龙：《从社会史到区域社会史》，人民出版社2008年版，第130页。

方向乃是'总体史'",是新史学的"根本范式"。① 行龙则认为,整体社会史和区域社会史研究并不是互相排斥,难以融合,而是互相渗透,近代的中国是一个发展极不平衡的社会,"从地域角度探讨各地社会历史发展的不平衡性,早已成为史学界的共识,且有相关成果不断出现"②。区域史研究的代表人物,如施坚雅、黄宗智、弗里德曼、罗威廉、王笛等,研究的范围主要是江南、华北、长江流域、华南等几个部分。

区域史研究需要确定研究的"区域",然而对于"区域"划分的标准却不一致,有的主张以行政单位作为区域研究的基层,有的主张按自然经济条件划分,有的主张采取多元的标准,等等。③ 本书采取第一种看法,从行政区域方面将湖北作为分析的地理单位,主要基于以下几点:一是资料收集的便利,二是因为近代湖北地理、政治位置的重要性。作为"九省通衢"的湖北地处中国的中部,本身即具有南来北往的"过渡性"色彩。再从行政、经济的地位上看,近代湖北也具有其独特的区位优势,既是辛亥"首善"之地,也作过抗战时期国民政府的行政、军事重心,同时又是经济、文化强省。从湖北省自身观察,在省内各地所面临的情况各不相同,经济、司法、文化等方面的发展也不均衡。在上述内外因素的综合作用下,引发了近代湖北的各种社会问题,而婚姻冲突是其中很有代表性的一个方面。

此外,民国湖北的行政范围变化很大,既有国民党统治的区域,也有沦陷区,还有共产党控制区域,但是作为当时国家的中央政府,国民党的势力一直没有完全退出过湖北。为了行文方便,本书的"湖北"纯系地理意义上的说法,不涉及政治形态。民国年间湖北省总体区划无甚变化。1912年(民国元年)废除府、州、厅建制,如废除武昌、汉阳、安陆、襄阳、郧阳、德安、黄州、荆州、宜昌、施南等

---

① 马敏:《21世纪中国近现代史研究的若干趋势》,《史学月刊》2004年第8期。
② 行龙:《从社会史到区域社会史》,人民出版社2008年版,第132页。
③ 宋元强:《区域社会经济史研究的新进展》,《历史研究》1988年第3期。

10府，重新划政区，省下设道、县两级政区。湖北全省分为黄德道、安襄郧荆道、荆宜施鹤道。嗣后分称鄂东道、鄂北道和鄂西道。1914年定名为江汉道、襄阳道、荆南道，统辖69县。1926年10月，北伐军攻占今武汉三镇，12月，改武昌县为武昌市；改夏口县为汉口市，并辖汉阳县。至此，湖北省共设2市、4道、57县，即汉口、武昌2市；江汉道，辖27县；襄阳道，辖17县；荆宜道，辖16县；施鹤道，辖7县。1932年，恢复汉口市为汉口特别市，直属南京国民政府，南京国民政府于省、县之间增设行政督察区，划安徽省之英山县归属湖北省第三行政督察区。当时湖北全省分设11个行政督察区，共辖69县。1936年，对行政督察区进行调整，将湖北省原11个行政督察区，调整为8个行政督察区；划江西省九江县江北部分归湖北省黄梅县，属第二行政督察区。1937年，改武昌市政处为武昌市。1938年10月至1945年8月，武汉三镇被日军侵占。1945年8月抗日战争胜利后，设武昌市政筹备处，含汉阳城区；改汉口特别市为汉口市，划归省辖。1947年10月至1949年5月，汉口市由省辖改为国民政府直辖。汉阳城区改属汉阳县。至此，湖北省共设1市（武昌市）、8行政督察区、69县。本书所叙述的湖北即以民国时期最终的行政版图为标准。[①]

三 婚姻冲突的概念

据笔者所知，学界对婚姻冲突的定义还缺乏较为统一的解释与研究，"冲突"根据《现代汉语词典》的解释是："矛盾表面化，发生激烈争斗。"[②] 婚姻冲突，应是婚姻中夫妻之间发生明显的激烈争斗，使婚姻矛盾表面化。所以本书研究的婚姻冲突，是指那些爆发出来的、已经表面化的婚姻矛盾。根据王跃生的研究成果，认为传统社会婚姻的冲突可以从两个方面理解，"一是婚姻中的越轨行为，二是婚

[①] 参见湖北省地方志编纂委员会编《湖北省志·地理（上）》，湖北人民出版社1997年版，第17页。

[②] 《现代汉语词典》，商务印书馆2016年版，第179页。

姻中的矛盾"。① 他还指出："婚姻冲突是婚姻矛盾的表现形式。它伴随着婚姻缔结、维系和解体的全过程。"② 该观点给予笔者很好的写作启发。

第三节 学术前史

学界目前还没有针对近代时期的湖北婚姻冲突作一细致的研究。③ 本书虽然是研究近代湖北婚姻冲突案件，但是学界对于中国古代与近现代婚姻研究的各类成果，都或多或少地给笔者以启发，成为本书写作的基础，因此有必要将有关的学术前史进行总结。

一 民国时期的研究概况

民国学者对当时的婚姻家庭的研究成果主要有：

一是从史学的角度考察婚姻史，如陈顾远从婚姻自身出发，从婚姻范围、婚姻人数、婚姻方法、婚姻成立、婚姻效力、婚姻消灭等六个方面，对民国及以前中国的婚姻状况作了开创性的研究。④ 陶希圣的《婚姻与家族》从宗法和家族演变的角度，对中国近代及以前的婚姻与家族的互动作了有特色的考察，尤其是通过社会经济的变化与家族及婚姻联系一起分析，很有创新性。⑤ 陈东原的《中国妇女生活史》是中国妇女史研究的开山之作，其按照编年体的叙述方式，对先秦至近代中国的妇女生活进行了系统性的研究，对传统社会婚制的考察是其中的一个重点，进而对封建制度进行了严厉的批判，但是由于作者持古代妇女深受社会压迫的立场，近年来学界对其论点不断作出

---

① 王跃生："前言"，《清代中期婚姻冲突透析》，社会科学文献出版社2003年版，第3页。
② 王跃生：《清代中期婚姻冲突透析》，社会科学文献出版社2003年版，第330页。
③ 参见肖守库、耿茹《近20年中国近代婚姻史研究述评》，《河北北方学院学报》2006年第3期；闵杰《20世纪80年代以来的中国近代社会史研究》，《近代史研究》2004年第2期；王印焕《近年来中国近代社会史研究概述》，《近代史研究》1999年第4期等。
④ 陈顾远：《中国婚姻史》，上海书店1984年版。
⑤ 陶希圣：《婚姻与家族》，上海书店1992年版。

质疑与修正。①

二是从法学的角度考察婚姻史，如史尚宽、郁嶷、屠景山、林鼎章等学人，都大体上对婚姻从缔结到解体的整个过程进行了法律分析，以及双方当事人相关权利与责任的变化。②

三是从社会人类学的角度考察民国婚姻，如潘光旦的《中国之家庭问题》、林耀华的《金翼：中国家族制度的社会学研究》、费孝通的《江村经济》《乡土中国　生育制度》等著作，其他民国学人的一些论著和调查主要载于李文海主编的《民国时期社会调查丛编（婚姻家庭卷）》（福建人民出版社 2005 年版）等。

二　中华人民共和国成立初期的研究概况

中华人民共和国建立后的三十年间，由于各种原因的影响，学界关于社会史的研究处于缓慢的过程，与民国时期相比，有关婚姻研究的著作主要见董家遵的《中国收继婚姻之史的研究》、袁国藩的《十三世纪蒙人之婚姻制度及其有关问题》、桑秀云的《金室完颜氏婚制之试释》等。对于该时期社会史研究存在的缺陷，赵世瑜等人指出："从总体来看，此时期本应内容丰富、方法多元的社会史研究较 30—40 年代的发展趋势受到阻滞，虽然包括社会性质、阶级关系和民众反叛在内的社会发展史研究有了一定的深入，但由于对马克思主义的教条化理解和与西方的史学新动向的隔膜，致使相关人文社会科学的理论、方法在中国社会史研究中难得应用。"③

三　改革开放以来的研究概况

改革开放以来，受西方年鉴学派的影响，社会史研究得到复兴，

---

① 陈东原：《中国妇女生活史》，上海书店 1984 年版。
② 参见史尚宽《亲属法论》，中国政法大学出版社 2001 年版；郁嶷《亲属法要论》，朝阳大学出版社 1934 年版；屠景山《亲属法原论》，世界书局 1931 年版；林鼎章《亲属法》，商务印书馆 1946 年版等。
③ 赵世瑜、邓庆平：《二十世纪中国社会史研究的回顾与思考》，《历史研究》2001 年第 6 期。

这打破了以往国内史学界过于注重政治史、革命史的研究模式，又回归到民国学人的研究路数上面。然而，从整个20世纪中国社会史研究的历程来看，史学研究范围在"眼光向上"与"眼光向下"二者之间互相转移，这种趋势实是史学发展过程中的常态，因为学术研究，不仅受制于学人的研究领域，而且更重要的是受制于当时社会政治情况的影响。

通观近40年的社会史研究成果，可谓汗牛充栋，其中有关婚姻社会史的论著也较为繁多。通史性的婚姻著作主要是史凤仪的《中国古代婚姻与家庭》，陈鹏的《中国婚姻史稿》，陶毅、明欣的《中国婚姻制度史》等；断代史方面，如关于汉代婚姻研究的成果主要见彭卫的《汉代婚姻形态》一书。对于宋代婚姻生活的研究有朱瑞熙的《宋代社会研究》、张邦炜的《试论宋代"婚姻不问阀阅"》、方建新的《宋代婚姻论财》等。对于清代社会的婚姻生活研究是学界的一个研究重点领域[①]，如郭松义的《伦理与生活——清代的婚姻关系》，该文以档案资料为主考察了清代的婚姻行为；王跃生的《清代中期婚姻冲突透析》一书对清代中期社会的婚姻冲突类型及其与法律意识即政策的运用等方面作了详细的研究，是目前笔者所见对中国社会婚姻冲突进行专门研究的开山之作。

从研究的路径来观察学界对于近代婚姻生活的研究状况，主要存在史学和法学两种视角：

（一）史学路径的研究成果

近40年来学界虽然对近代婚姻史的研究有着长足的进展，但是专门对民国婚姻进行研究的著作还不多，主要见余华林的《女性的"重塑"——民国城市妇女婚姻问题研究》一书，该书从性别史的视角出发，以新式婚姻观念入手，探讨了民国时期男性对女性形象的塑造问题，以及女性在婚姻生活改造中的作用，揭示出复杂的社会因素

---

① 有关清代婚姻问题的研究情况参见毛立平《百年来清代婚姻家庭史研究述评》，《安徽师范大学学报》2002年第1期；程郁《近二十年中国大陆清代女性史研究综述》，《近代中国妇女史研究》第10期，2002年12月。

对于妇女婚姻生活的决定性影响。① 其他相关的学术性著作仅把民国婚姻史研究作为其中的一个部分进行考察。② 具体而言：

1. 婚姻观念研究

由于婚姻冲突与婚姻观念有着密切的联系，因此对近代社会婚姻观念的梳理也有必要。

首先是婚姻观念由传统向近代变迁的研究，王歌雅采用跨学科的方法，考察了中国婚姻伦理的嬗变，同时探寻了近代婚姻伦理的变革。③ 徐永志著文指出：清末民初婚姻变迁是明清之际城市市民反封建婚姻斗争的继续，又为五四时期婚姻解放之先声，是中国婚姻由封建形态转向半封建半资本主义形态的重要里程碑。④ 行龙考察了清末民初婚姻生活中的新潮，认为婚姻生活的变迁是一种长期的动态运演的过程。清末民初婚姻生活中出现的新动向，一定程度上促进了社会风俗的变革，并为日后旧习俗的彻底变革奠定了基础，然而，半殖民地半封建的时代特征又限制了这一变动的深度和广度。⑤ 郑永福等人探讨了近代婚姻挂念的变迁，指出五四时期的婚姻观更多地着眼于女子的人格独立，即个性解放、个人自由⑥。

其次是婚姻自由观念的研究，宁芳考察了民国初期的婚姻自由观，认为：民国初期的婚姻自由观承接晚清时期的婚姻思想，对中国近代婚姻家庭的解放具有极大的推动作用。但是，由于处于新旧婚姻

---

① 余华林：《女性的"重塑"——民国城市妇女婚姻问题研究》，商务印书馆2009年版。
② 参考陈鹏《中国婚姻史稿》，中华书局1990年版；戴伟《中国婚姻性爱史稿》，东方出版社1992年版；祝瑞开《中国婚姻家庭史》，学林出版社1999年版；汪玢玲《中国婚姻史》，上海人民出版社2001年版；左玉河《婚丧嫁娶》，中国文史出版社2005年版；肖爱树《20世纪中国婚姻制度研究》，知识产权出版社2005年版；王跃生《社会变革与婚姻家庭变动：20世纪30—90年代的冀南农村》，生活·读书·新知三联书店2006年版；严昌洪《20世纪中国社会生活变迁史》，人民出版社2007年版等。
③ 王歌雅：《中国婚姻伦理嬗变研究》，中国社会科学出版社2008年版。
④ 徐永志：《清末民初婚姻变化初探》，《中州学刊》1988年第2期。
⑤ 行龙：《清末民初婚姻生活中的新潮》，《近代史研究》1991年第3期。
⑥ 郑永福、吕美颐：《中国近代婚姻观念的变迁》，《中华女子学院学报》1991年第1期。

观的交汇时代,这种婚姻观在实行过程中难免具有复杂性。① 周宏璐对民国时期的婚姻自由观的演变发展过程做了分析。② 陈文联则专门论述了五四时期"婚姻自由"的社会思潮,指出:五四时期的新式知识分子群体把婚姻视为影响社会变革的重要因素,在揭露和批判旧式婚姻实质及习俗的基础上,大力宣扬婚姻自由,形成了一种颇有社会影响的社会思潮。这种思潮虽有某些局限性,但对现代婚恋观念的形成和近代妇女解放进程所起的积极作用是不容抹杀的。③

在青年学生方面,民国时期新的婚姻观念对当时的青年学生也产生了一定影响,如王印焕考察了近代学生群体中文化教育与传统婚姻的冲突,指出:近代学校教育兴起之后青年学生接受了西方自由平等的观念,他们崇尚婚姻自主,渴望知识女性,但受风俗所限他们多被父母包办缔结了传统姻缘,因此文化教育与传统婚姻的冲突在学生们的身上得到了最为典型的体现。④ 王印焕另著文讨论了民国时期学生自由恋爱的现实困境,指出:经过婚姻自主观念熏陶之后,不甘于接受包办婚姻的民国学生开始有了自由恋爱的冲动与欲求,但是,由于民国时期的客观与主观环境,尚不利于学生的恋爱。⑤ 谯珊在民国时期社会学调查统计的基础上,考察了学生群体的择偶观、择偶标准及其形成的社会原因和影响。⑥

为了指导青年男女的恋爱问题,民国时期的报纸杂志发表了大量的相关文章,王印焕对此进行了论述,其指出:这些文章提出了自由恋爱和婚姻自择的思想,并对自由恋爱的意义、方法以及注意事项一一进行详解。这些舆论导向既符合时代潮流,又具有针对性和可操作

---

① 宁芳:《民国初期的婚姻自由观——民国成立—20世纪20年代中期》,硕士学位论文,东北师范大学,2006年。
② 周宏璐:《论婚姻自由》,硕士学位论文,黑龙江大学,2007年。
③ 陈文联:《论五四时期探求"婚姻自由"的社会思潮》,《江汉论坛》2003年第6期。
④ 王印焕:《近代学生群体中文化教育与传统婚姻的冲突》,《史学月刊》2004年第4期。
⑤ 王印焕:《试论民国时期学生自由恋爱的现实困境》,《史学月刊》2006年第11期。
⑥ 谯珊:《民国时期青年学生择偶观考察》,《云南社会科学》2005年第6期。

性，对青年男女的婚姻观以及他们的婚姻奋斗模式起到了重要的指引作用。① 张光华从近代报刊的婚姻启事考察了近代社会的变迁，婚姻启事包括征婚启事、集团结婚启事等方面，其认为这些婚姻启事反映了这一时期人们的生活习俗、思想观念等内容，是观察社会生活变迁的绝好视角。②

2. 离婚研究

近代社会的离婚问题是学界关注较多的方面，在区域研究方面如：贾秀堂对20世纪20年代山西省的离婚现象进行了再探讨，指出该时期山西离婚现象给社会带来了一些问题，但它毕竟是对旧传统、旧风俗的冲破，代表山西婚俗的巨大进步。③ 徐娟则撰文分析了1926—1930年天津审判离婚案的特点。④

方旭红等人论述了20世纪二三十年代的城市离婚问题，指出：该时期离婚问题的出现，是中国经历了自鸦片战争以来艰难的现代嬗变，特别是经历了"戊戌"和"五四"时期，两次思想启蒙运动洗礼后，社会日趋开放包容、妇女地位上升、人们对婚姻质量要求提高，表明了中国城市社会的婚姻家庭关系已开始由传统的"功能性"向现代的"情感性"转变，标示了中国传统婚姻家庭关系赖以维系的社会观念乃至社会制度逐渐趋于消解。⑤

谢晓婷考察了民国前期知识分子对离婚问题的探索，指出：民国前期知识分子对离婚问题的探索，很大程度上冲击了旧式婚姻家庭制度，推动了婚姻家庭问题上民主、自由观念的深入人心，并且还对近代妇女解放运动起到了积极的作用。其最大的功绩在于个性主义的提倡，

---

① 王印焕：《试论民国时期青年恋爱的舆论导向》，《北京科技大学学报》2007年第1期。
② 张光华：《从近代报刊婚姻启事看近代社会变迁》，《史学月刊》2007年第3期。
③ 贾秀堂：《民国时期离婚现象再探讨——以20世纪20年代的山西省为个案》，《史林》2008年第1期。
④ 徐娟：《1926—1930年天津审判离婚案的特点》，《山西师大学报》2008年11月。
⑤ 方旭红、王国平：《论20世纪二三十年代的城市离婚问题》，《江苏社会科学》2006年第5期。

解放了一代青年，并且在一定程度上推动了民国前期的社会转型。①

岳谦厚等人以晋绥高等法院 25 宗离婚案为中心，考察了抗日根据地时期的女性离婚问题，其指出中国共产党晋西北抗日民主政权建立后颁布的《晋西北婚姻暂行条例》对女性离婚权有一定的影响，由于离婚案件频发影响了中共抗战大局，后于 1943 年颁行"四三决定"，修正了过去"激进"的婚姻变革路线。这种策略性的政策转变引起法院对待离婚案件的处理方式，在不同时期性质相似的案件，审理结果迥然相异。说明婚姻变革须立足于现实的客观实际。②

女性与离婚的关系是学者近年关注较多的一个方面。艾晶著文考察了民国时期女性在离婚问题中所遭遇的难局，进而指出妇女未能自立是导致其难以摆脱不幸婚姻的根本原因。③ 谭志云利用江苏省高等法院的民事案件讨论了国民政府时期的妇女离婚问题，虽然妇女在法律上拥有与男子平等的离婚权利，但从离婚原因上看妇女提出离婚诉求主要还是男方的因素，妇女的离婚不仅受到法律上证据问题的困扰，还受到社会文化因素的制约。④ 黄真真著文从女性角度，以 1927—1931 年《申报》的 325 件离婚案件新闻报道为基本材料，对女性的离婚行为及所面临的社会生存环境进行了深入全面的剖析和探讨。⑤ 在知识女性的婚姻研究方面，王爽考察了民国时期新知识女性与传统婚恋思想的抗争，提倡了社交公开、恋爱自由、离婚自由，抨击腐朽的贞操观念，她们先进的思想指引着妇女解放运动的逐步深入。⑥

---

① 谢晓婷：《民国前期知识分子对离婚问题的探索（1912—1937）》，硕士学位论文，苏州大学，2006 年。

② 岳谦厚、罗佳：《抗日根据地时期的女性离婚问题——以晋西北（晋绥）高等法院 25 宗离婚案为中心的考察》，《安徽史学》2010 年第 1 期。

③ 艾晶：《离婚的权力与离婚的难局：民国女性离婚状况的探究》，《新疆社会科学》2006 年第 6 期。

④ 谭志云：《民国南京政府时期的妇女离婚问题——以江苏省高等法院 1927—1936 年民事案件为例》，《妇女研究论丛》2007 年第 4 期。

⑤ 黄真真：《法律与女性离婚——以 1927—1931 年〈申报〉离婚案件为中心》，硕士学位论文，华南师范大学，2007 年。

⑥ 王爽：《民国时期新知识女性与传统婚恋观思想的抗争》，硕士学位论文，吉林大学，2008 年。

(二) 法学路径的研究成果

学界对近代社会婚姻问题的研究，除了从历史学的角度出发进行考察外，以法学的视角对此问题进行关注也是不可忽视的一个领域。

婚姻与婚姻法之间的关系是一个重要的研究方面，许莉专门研究了《中华民国民法·亲属》，通过对立法背景、具体制度等方面的研究，客观评价其性质和地位，探究了我国亲属法近代化过程中的利弊得失以及近代亲属法发展的内在规律，并为我国现行婚姻家庭法的进一步完善提供借鉴。[①] 聂海琴则从制度史的角度对《中华民国民法·亲属》的法律条文进行了研究，从亲属制度、婚龄制度等方面着手分别探讨各自制度的制定及其运作，并对此做了评价。[②] 顾微微也对民国亲属法作了探讨，分析了近代亲属法的制定历程和基本内容、特点，同时找出可资我国现行婚姻法制建设借鉴的地方。[③]

从区域性的视角对民国婚姻法秩序进行研究，如王艳勤认为20世纪40年代鄂西南婚姻法秩序的构建中，产生作用的不仅有包括国家法和民间习惯法在内的法的力量，而且也有社会舆论、行政权力以及宗族组织等社会力量。[④] 里赞利用司法档案考察了民国婚姻诉讼中的民间习惯，指出：虽然民国时期大规模引入西方法律制度，但与中央相比，基层司法机关审理案件，往往多考虑民间习惯，即使是民国中后期，现代法律制度与传统习惯在基层司法实践中仍然是并存的。[⑤] 贾秀堂以20世纪20年代山西省为个案，考察了民国早期离婚法的实施及局限，指出民国初期的离婚法律体现了既有近代化的色彩又具有

[①] 许莉：《〈中华民国民法·亲属〉研究》，博士学位论文，华东政法学院，2007年。
[②] 聂海琴：《论〈中华民国民法·亲属编〉》，硕士学位论文，西南政法大学，2002年。
[③] 顾微微：《民国亲属法浅析》，硕士学位论文，华东政法学院，2005年。
[④] 王艳勤：《20世纪40年代鄂西南的婚姻法秩序研究》，《武汉大学学报》2007年第1期。
[⑤] 里赞：《民国婚姻诉讼中的民间习惯：以新繁县司法档案中的定婚案件为据》，《山东大学学报》2009年第1期。

浓厚的传统气息。① 马钊从司法理念和社会观念出发，研究了民国北平地区妇女"背夫潜逃"的现象，作者指出民国时期中国社会的婚姻观念和家庭结构发生了巨大变化，传统的家长式家庭在经济、文化和法律的冲击下已经失去了封建时代的基本功能，而新的婚约家庭结构远未建立。在这种宏观条件下，妇女背夫潜逃从一个侧面象征着家庭结构已经变得日益脆弱。政府必须在这些困难的社会条件下想出维持家庭完整的办法。②

胡雪莲从法律变革的视角，考察了民国广州报纸关于婚姻案件报道中的法律词语，指出：清末修律启动了中国法律文本的重大变革历程，直到南京国民政府颁行《民法》五编并两次修订颁行刑法典而基本定型。在此法律激变的背景下，1927—1937年广州商办报纸婚姻案件报道中常见的指代婚姻法律关系的词语，呈现了复杂图景，显示了报纸法律意识的不确定性。③ 王亚敏考察了民国北京政府时期和南京国民政府时期的相关立法和司法，对几种主要的婚姻法律制度在这两个时期的表现内容加以分析，并与传统的婚姻法律进行比较。同时，结合一定的社会现状，以图对民国的婚姻法律与当时社会的契合度以及法律的实现效果有适当的了解。④

王新宇对民国时期婚姻法近代化作了研究，分别论述了清末婚姻法草案出台的历史背景、民国历次婚姻法草案的研究和分析、对北洋政府时期的婚姻司法所作的实证分析、对国民政府时期的婚姻司法所作的实证分析等方面。作者最后指出，如果以婚姻自由和夫妻平等的实现程度作为婚姻法近代化的评判标准，民国时期的婚姻法近代化只能是一种表象上的演进，是以妇女运动作为催化剂而生成的，婚姻法

---

① 贾秀堂：《民国早期离婚法的实施及其局限——以20世纪20年代山西省为个案》，《历史教学问题》2007年第4期。

② 马钊：《司法理念和社会观念：民国北平地区妇女"背夫潜逃"现象研究》，《法律史学研究》2004年第00期。

③ 胡雪莲：《民国广州报纸婚姻案件报道中的法律词语——从法律变革的视角看》，《中山大学学报》2006年第3期。

④ 王亚敏：《民国婚姻法律的基本变迁——兼论其与近代家制演变的互动》，硕士学位论文，中国政法大学，2007年。

近代化就其社会演进而言，也还远远没有完成。① 何新丽以1927—1937年成都司法判例为中心，对南京国民政府时期的婚姻法进行了研究，指出在近代社会的转型过程中，南京国民政府婚姻法的制定和实施是一个艰难曲折的过程，该婚姻法既取得了巨大的成就，同时也有落后性的一面。②

张斌以民国两起离奇婚姻诉讼案件为中心，考察了民间惯例与法律事实的认定，认为在司法实践中，法律事实无法完全还原，面对困境法官如何认定法律事实，法律事实的认定成为司法裁判的重要环节，通过民间惯例的有机引入，可以帮助法官排解疑难，更好地对争议事实予以把握和认定，但是民间惯例的引入需要理性化和制度化。③

乔守忠研究了中国近现代离婚法律制度，目的是要厘清影响中国离婚法律制度现代化进程的各种因素及其所起的作用，得出的结论是中国近现代通过抛弃中国传统离婚法律制度、移植西方离婚法律制度来实现离婚法律现代化的道路，在很大程度上是不成功的。④

从法律的角度考察女性婚姻方面，程郁著文探讨了民国时期妾的法律地位及其变迁，认为民国时期未形成强大的反蓄妾社会舆论。北洋政府时期，家长与妾的关系为合法的契约关系，妾是家庭的一员，具有私产持有权等权利。⑤

四 取向、方法与反思

研究取向方面，我们从近百年的学界研究成果来看，主要体现在以下方面：第一，研究范围的扩大。对近代婚姻冲突的研究，涉及从婚姻的缔结、离婚、婚姻观念、城乡婚姻、女性与婚姻的关系等解读。第二，从社会底层考察近代婚姻冲突的成果渐多，越来越多的学

---

① 王新宇：《民国时期婚姻法近代化研究》，中国法制出版社2006年版。
② 何新丽：《南京国民政府时期的婚姻法研究——以1927—1937年成都司法判例为中心》，硕士学位论文，四川大学，2007年。
③ 张斌：《民间惯例与法律事实的认定——从民国两起离奇婚姻诉讼案谈起》，《甘肃政法学院学报》2009年第3期。
④ 乔守忠：《中国近现代离婚法律制度研究》，硕士学位论文，山西大学，2007年。
⑤ 程郁：《民国时期妾的法律地位及其变迁》，《史林》2002年第2期。

者开始注意社会下层或农村地区的婚姻冲突研究。第三，注重从女性的视角考察近代婚姻冲突，妇女史伴随着社会史的兴起，也受到越来越多的学者注意。第四，从社会观念的变化考察近代婚姻冲突也是一个不容忽视的领域。第五，利用档案研究近代婚姻冲突，开始日益增多。研究历史要出新，首先要在资料上下功夫，近代司法档案即是其中比较重要的资料之一。

研究方法方面，主要体现在以下方面：第一，采用社会转型的理论（包括现代化理论）研究近代婚姻，将该时期婚姻冲突放到近代社会的大背景之下进行考察，是很多学者常用的方法之一。第二，采取区域史理论进行研究，也是近代婚姻冲突研究中的常用方法。第三，采用法学、社会学等学科的方法对近代婚姻冲突研究也很明显。当今学界之间的界限已不明显，交叉学科是研究的潮流，借鉴别学科的方法为我所用，在史学界日渐盛行。

虽然学界在近代婚姻冲突方面的研究，已经取得了不俗的成绩，但需要反思和提高的地方仍有不少。

首先是研究范围方面。虽然学界对近代婚姻关注的面比较多，但仍有许多方面没有进行充分的研究。在婚姻冲突方面，不仅要关注离婚这一结果，还要对离婚的原因及其他类型的婚姻冲突方面加以详细的考察。此外，在近代时期婚姻关系与当时的家庭和社会有着怎样的互动，学界需要在这方面加强研究。

其次是资料问题。历史研究贵在求实，基础要依靠原始资料，所谓"论从史出"，然而从以上所述可以看出，学界应在收集档案、报刊、地方志等方面下很大的功夫。研究近代婚姻冲突要想取得一点新意或成果，必须建立在坚实的原始资料之上。

最后是理论问题。对近代时期婚姻冲突进行更加深入的研究，必须突破学科的界限。历史是复杂的，婚姻更是如此，它涉及性别、社会、文化、经济、法律等方面的内容，因此必须运用多学科的视角对近代婚姻进行"总体史"参照，同时也要做更趋"精细化"的探究。由于本书关注的重点是社会下层人物的喜怒哀乐，从底层向上看社会变迁，试图能够建构出历史的另一面相。

由上所述，本书以近代湖北为时空背景，以婚姻冲突为出发点，借助相关案件以此考察当时婚姻冲突的类型、过程、原因等内容，及其对国家与社会关系互动的呈现。

第一章　湖北婚姻冲突的时代背景

婚姻冲突的产生是多种因素综合的结果，其贯穿于婚姻缔结到解体的整个过程。虽然历史上每个时期的社会性质不完全一样，但是根据历史向前不断演变的历程来看，婚姻冲突也应具有前后相延的特点。近代湖北婚姻冲突的出现，与民国时期整个中国的社会环境息息相关，更与近代中国的大历史背景密不可分，进而前溯，与中国传统婚姻文化也有紧密的联系。因此，在详细分析近代湖北的婚姻冲突之前，本书有必要对中国传统社会的婚姻文化的流变及婚姻冲突的历史特点作一简单的梳理，同时也不能忽视近代湖北婚姻冲突发生的社会背景。

第一节　传统社会婚姻冲突的两个面相

陈顾远指出："婚姻为社会现象之一，而又法律现象之一。"[1] 婚姻冲突也应归属于此二现象。因此，本节主要从这两方面对中国传统社会婚姻冲突作一考察。[2]

一　传统社会婚姻冲突的社会层面

从社会现象考察中国传统社会婚姻冲突，可以参照的因素有很

---

[1] 陈顾远：《中国婚姻史》，上海书店1984年版，第1页。
[2] 对传统社会婚姻冲突进行详细考察的专著主要参见王跃生《清代中期婚姻冲突透析》，社会科学文献出版社2003年版。

多，但是从婚姻冲突本身出发来看，其与婚姻观念、婚姻礼制等方面联系更为密切。

（一）婚姻观念与婚姻冲突

毫无疑问，婚姻观念脱胎于婚姻生活的现实，婚姻观念上升到制度层面上则体现为婚姻礼制或婚姻法制。婚姻冲突作为婚姻生活的一部分，传统社会的婚姻观念对婚姻冲突必然有所反映。

中国传统社会婚姻观念萌芽于先秦时期，这从《易经》中可以看出来："有天地然后有万物，有万物然后有男女，有男女然后有夫妇……"[①] 这段话说明了古人对人类社会起源的思考，其中男女结合成夫妇是婚姻观念最早的体现。又如："天地合，而后万物兴焉。夫昏礼，万世之始也。"[②] 此话将婚姻视为世界万物的开端，反映了婚姻在社会上具有重要意义的思想。

中国传统社会婚姻观念最重要的一个特色就是贞节观念，要对丈夫忠贞守节，这是对女性单方面的要求。贞节观念早在先秦时期就已出现，如要求女性不准改嫁的记载有："壹与之齐，终身不改，故夫死不嫁。"[③] "三纲五常""三从四德"等观念对此有深刻的体现，例如要求女性"三从"的有："妇人，从人者也。幼从父兄，嫁从夫，夫死从子。"[④] 而"四德"主要来自东汉班昭的《女诫》，"四德"也可称为"四行"。

从上述简单的描述来看，传统社会的婚姻观念不仅重视婚姻在日常生活中的重要地位，而且还体现出了"男尊女卑""从一而终"等封建男权专制的思想。然而在漫长的传统社会里，婚姻观念的演变并不是一成不变的，在唐代贞节观念就比较淡薄，离婚再嫁比较常见。陈东原指出："实际的贞节观念，唐时尚不甚注重，故公主再嫁者，达二十三人，高祖女四，太宗女六，中宗女二，睿宗

---

① 《易经·序卦》。
② 李学勤主编：《十三经注疏·礼记正义（上、中、下）》，北京大学出版社1999年版，第814页。
③ 同上。
④ 同上书，第815页。

女二，元宗女八，肃宗女一。三嫁者四人，高宗女一，中宗女一，元宗女一，肃宗女一。"① 然而在宋朝之后，婚姻观念日益体现出"三纲五常""三从四德"等封建专制特色，对女性的束缚才真正不断加强。②

虽然传统社会的婚姻观念体现的是夫妻和谐的关系，但是在实际生活中并不是这样，婚姻冲突现象普遍存在。因此，从反面来看上述传统的婚姻观念，毋宁说是人们（尤其是男性）对完美婚姻生活的一种向往。例如《诗经》中就有婚姻冲突的记载："有女仳离，条其歗矣。条其歗矣，遇人之不淑矣。"③ 这首诗描述了一个女子因为与丈夫起冲突，离家出走，哀叹遇人不淑的情形。

传统社会的婚姻观念并不具有普遍性，例如西汉时期卓文君和司马相如的爱情故事，可以看出古代的精英妇女在婚姻生活中有一定的地位，在面对自己不满意的婚姻生活时，她们也能发出一定的"声音"表达抗议，对丈夫并没有一味地顺从。又如宋朝的沈括，"晚娶张氏，悍虐，存中不能制，时被捶骂，捽须堕地，儿女号泣而拾之，须上有血肉，又相号恸，张终不怨"。④ 在这个记载里可以看出，沈括的妻子张氏强悍的一面，沈括反而被其捶骂"不能制"，这个婚姻冲突的事例生动地说明了传统"三从四德"的婚姻观念对一些女性不具有强制性。

再从底层百姓的婚姻冲突现象看传统社会婚姻观念的片面性，例如清代湖北的周罗氏因与人通奸将丈夫杀死，"周罗氏因与胡述春通奸致本夫周潮希被胡述春等谋勒身死"⑤。再如清代直隶地区的王宗闵意图强奸侄子王廷庸续娶之妻张氏，未成之后，张氏又因与丈夫口角

---

① 陈东原：《中国妇女生活史》，上海书店1984年版，第118页。
② 参见陈东原《中国妇女生活史》，上海书店1984年版；山川丽《中国女性史》，三秦出版社1987年版等。
③ 周振甫译注：《诗经译注》，中华书局2002年版，第100页。
④ 朱彧：《萍州可谈》卷3，转引自邓小南主编《唐宋女性与社会》，上海辞书出版社2003年版，第842页。
⑤ 吴潮、何锡俨汇纂：《刑案汇览续编》卷2《名例律》，《近代中国史料丛刊》第100辑，文海出版社1973年版，第319页。

发生打斗而自杀,"王宗闵图奸胞弟为其子王廷庸续娶之妻张氏,未成寝息后,张氏复因与夫王廷庸口角争殴,致令自尽"①。从上述两个普通刑事案件中,可以知道,夫妻之间的婚姻冲突时常发生,丈夫对妻子的权威不一定是绝对的,妻子似乎也没有做到"三从四德"和"三纲五常"等传统婚姻观念所要求的事情。之所以婚姻冲突经常发生,其与日常生活的非正常状态有密切的关系,如云南会泽县的黄金氏背夫改嫁即是如此:"黄金氏供:自幼凭媒嫁与黄得荣为妻,生有子女各一。光绪三十三年三月间,经东川府苏大人雇充乳母,后因苏大人家眷要回湖南,给丈夫银二十两,说明带小妇人同去,俟断乳后送回。宣统二年八月,小妇人由湖南辞工回滇,未经函知本夫黄得荣,便绕道于冬月到省,因病积欠医药各债,途遇李杨氏,谈系同乡,小妇人说起贫病交迫,无处寄宿,李杨氏就叫移往她家同住,小妇人向李杨氏捏称丈夫已死无人照管,有人能将各债代为了清,愿与身许的话,李杨氏因向素与洗衣的黄升谈及,黄升愿给小妇人银三十两,小妇人病痊就嫁与黄升为妻。"② 黄金氏背夫改嫁的真正原因是其经济压力较大,无钱还债导致的。所以,与传统婚姻观念提倡对夫"从一而终"相比,生活的现实对人的影响显得更为直接。

由于婚姻冲突的普遍性,使得人们讨论婚姻冲突的观念也变得十分平常,例如关于"出妻"的探讨,程颐就对此发表过看法:

问:妻可出乎?

曰:妻不贤,出之何害?如子思亦尝出妻。今世俗乃以出妻为丑行,遂不敢为,古人不如此。妻有不善,便当出也。只为今人将此作一件大事,隐忍不敢发,或有隐恶,为其阴持之,以至纵恣,养成不善,岂不害事?人修身刑家最急,才修身便到刑家上也。

---

① 吴潮、何锡俨汇纂:《刑案汇览续编》卷7《户律婚姻》,《近代中国史料丛刊》第100辑,文海出版社1973年版,第919页。

② 汪庆祺编,李启成校:《各省审判厅判牍》,北京大学出版社2007年版,第69页。

第一章 湖北婚姻冲突的时代背景

又问：古人出妻，有以对姑叱狗，黎蒸不熟者，亦无甚恶而遽出之，何也？

曰：此古人忠厚之道也。古人之绝交不出恶声，君子不忍以大恶出其妻，而以微罪去之，以此见其忠厚之至也。且如叱狗于亲前者，亦有甚大故不是处，只为他平日有故，因此一事出之而。

或曰：彼以此细故见逐，安能无辞？兼他人不知是与不是，则如之何？

曰：彼必自知其罪。但自己理直可矣，何必更求他人知？然有识者，当自知之也。如必待彰暴其妻之不善，使他人知之，是以浅丈夫而已。君子不如此。大凡人说话，多欲令彼曲我直。若君子，自有一个含荣意思。

或曰：古语有之：出妻令其可嫁，绝友令其可交。乃此意否？

曰：是也。[1]

在上述的对话中，透露出程颐对"出妻"的看法，他认为出妻是可以的，因为妻有贤和不贤之分，如果遇到不贤之妻而隐忍不发，则是为一"害事"。同时，程颐认为出妻要讲究方式，不能不顾及妻子的名声，让其离婚后还可以再嫁，即"出妻令其可嫁，绝友令其可交"的意思。通过程颐对"出妻"的看法，我们大可认为这也应该符合当时儒家的婚姻正统观念的内容，虽然妻子对丈夫有种种的义务，丈夫对妻子有种种的权力，但这并不表示二人没有婚姻冲突的可能，如果冲突不可调解，"出妻"也就理所当然了。

（二）婚姻制度与婚姻冲突

我国古代礼制确立之后，婚姻即属于礼的范畴，具有礼的两个特

---

[1] 程景、程颐：《二程集·遗书》18，转引尹沛霞《内闱——宋代的婚姻和妇女生活》，江苏人民出版社2004年版，第226页。

点："第一是仪式烦琐，第二是等级森严。"① 所谓仪式烦琐，是指婚礼程序烦琐不得随意，但大体上来说主要体现在纳采、问名、纳吉、纳征、请期、亲迎等"六礼"之中。婚礼的等级森严主要是指婚姻要讲究"门当户对"，包括良贱不婚、士庶不婚等方面。

然而，正是因为婚礼的仪式烦琐，为婚姻冲突的发生提供了很大的空间。例如因为订婚时隐瞒年龄导致的婚姻冲突，清道光年间，江西妇女朱王氏谋杀丈夫朱文铭，主要原因在于订婚时年近40的朱文铭虚报年龄24岁，朱王氏婚后得知真相后大为不满，夫妻产生矛盾所致。② 又如因订婚时聘财不一致而发生的婚姻冲突，乾隆年间江西万载县张良文与吴瑞康之女订婚时因彩礼纠纷，导致张良文的兄弟张良武在迎亲的过程中"身死"。③

上述的两个案件说明了"六礼"发生的过程中产生的婚姻冲突，然而也有订婚成功后将女方另嫁他人发生的冲突，例如乾隆年间，湖北监利罗之太的女儿自幼许与妻舅刘得道的儿子刘喜儿为妻，后来罗之太一家人迁往巴东居住，因两地相隔较远，罗之太将女儿另嫁他人导致冲突。④ 从该婚姻冲突案件可以看出，男女双方订婚成功之后，也不能保证结婚的顺利完成，虽然婚姻关系的确定要依赖传统婚制的要求，但不代表民众对传统婚制具有服从性。

其次，从婚礼的等级制度来看与婚姻冲突的关系。在传统社会里历来等级森严，既有官民之分又有良贱之分，仅从民来看就有"士、农、工、商"的四民之说。阶级的存在是传统社会生活的基础，是婚姻关系必须考虑的前提条件，不同阶级之间的婚姻是禁止的。有学者指出："在有阶级差别的社会里，各阶级间的通婚常为社会所不赞许，若阶级的分野极固定严格，阶级的升降完全不可能或几乎不可能时，

---

① 郭松义、定宜庄：《清代民间婚书研究》，人民出版社2005年版，第1页。
② 吴潮、何锡俨汇纂：《刑案汇览续编》卷7《户律婚姻》，《近代中国史料丛刊》第100辑，文海出版社1973年版，第903页。
③ 王跃生：《十八世纪中国婚姻家庭研究：建立在1781—1791年个案基础上的分析》，法律出版社2000年版，第155页。
④ 王跃生：《清代中期婚姻冲突透析》，社会科学文献出版社2003年版，第9页。

则阶级间的通婚更难容许而形成阶级的内婚制。"①

在十分注重门第、士庶之分的魏晋南北朝时期，男女通婚对门第观念极为看重，在该时期"不但禁止良贱通婚，在良民中又划出了不同等级，即士庶之分。自此士庶不婚又成为婚配的一道人为的鸿沟"②。如果士庶之间有通婚行为，则容易遭到士族的议论与反对，"若士族不自爱不自重，与庶族通婚，则必为士族所不齿，为清议所不容，不但婚配的本人，即其家属全体亦将丧失其固有的声誉与地位，甚至被排斥于士族之外"③。在著名的汉末爱情悲剧故事《孔雀东南飞》中，我们也能看到门第观念对婚姻的影响。甚至于政府的法律制度里，也制定了禁止士庶通婚的条文，如北魏时高宗诏曰："令制皇族、师傅、王公侯伯及士民之家，不得与百工、技巧卑姓为婚，犯者加罪。"④该段文字较为形象地体现了传统社会阶级之间通婚的禁忌。

然而隋唐之后，随着科举制度的兴起，士族门第之风日渐没落，此外在政治上又对士家大族采取打击之势，导致了旧式士族的没落，婚姻方面也不再注重等级之别。自此以后，历史上虽无士庶通婚的禁令，但是"门当户对"的婚姻观念仍然具有强大的影响力，良贱之分仍然存在。瞿同祖指出："良民与贱民的区分及不通婚的禁忌则始终存在，始终保持不变，士庶在社会及政治地位上虽有分别，从法律上来看，庶族并没有丧失独立的人格，与士族尚非处于不平等的地位。"⑤在汉朝，良贱通婚为人所鄙，有学者指出："汉时良贱为婚，极为时所鄙，丑骂之曰臧获，盖亦奴视之也。"⑥在婚姻的仪式上对此有直接的体现，良贱之分在订婚、结婚、花轿、聘财、新郎新娘的礼服等方面均有不同的规定。如后齐时的聘礼："一曰纳采，二曰问

---

① 瞿同祖：《中国法律与中国社会》，中华书局2003年版，第181页。
② 史凤仪：《中国古代婚姻与家庭》，湖北人民出版社1987年版，第63页。
③ 瞿同祖：《中国法律与中国社会》，中华书局2003年版，第182页。
④ 魏收：《魏书》第1册卷5，《高宗纪》第5，中华书局1974年版，第122页。
⑤ 瞿同祖：《中国法律与中国社会》，中华书局2003年版，第186页。
⑥ 陈鹏：《中国婚姻史稿》，中华书局1990年版，第437页。

名,三曰纳吉,四曰纳征,五曰请期,六曰亲迎。皆用羔羊一口,雁一只,酒黍稷稻米面各一斛。自皇子王已下,至于九品,皆用。流外及庶人则减其半。"①清代对婚礼的规定是:"凡品官论婚,先使媒妁通书,洒谘吉纳采。自公、侯、伯讫九品官,仪物以官品为降杀。……是日设宴具牲酒,公、侯以下,数各有差。"接着又进一步指出:"品官子未任职,礼视其父,受职者各从其品。士婚礼视九品官。庶民纳采,首饰数以四为限,舆不饰彩,余与士同。雍正初,定制,汉人纳采成婚,四品以上,绸缎、首饰限八数,食物限十品。五品以下减二,八品以下又减二,军、民绸绢、果盒亦以四为限。品官婚嫁日,用本官执事,灯六、鼓乐十二人,不及品者,灯四、鼓乐八人。禁糜费,凡官民皆不得用财礼云。"②从这些规定可以看出,官民、士庶、良贱之间由于等级的差别,导致婚姻行为的不同。

　　在法律上也对良贱通婚进行处罚,如唐朝的法律规定:"诸与奴娶良人为妻者,徒一年半;女家,减一等。离之。其奴自娶者,亦如之。主知情者,杖一百;因而上籍为婢者,流三千里。"③《大清律例》中规定良贱通婚是要受到处罚的:"凡家长与奴娶良人女为妻者,杖八十。"④又如道光年间宗室德英额娶沿街卖唱之女为妾即受刑罚:"宗室德英额买娶沿街卖唱之来姐为妾,即与乐人妓者无异。将德英额比照官吏娶乐人妓者为妾律,杖六十,实行责打,不准折罚。(道光八年湖广司案)"⑤良贱通婚为传统社会所不赞同,但是良贱通婚的现象却时有出现,例如《大唐新语》记有:"(许敬宗之子)子昂,颇有才藻,为太子舍人,母裴氏早卒,裴侍婢,有姿色,敬宗以继室,假姓虞氏。"⑥历史上娶妓女为妻、为妾者众多,最著名的

---

① 魏征:《隋书》第1册卷9,《志》第4《礼仪》4,中华书局1973年版,第179页。
② 赵尔巽等:《清史稿》卷89《志》64《礼》8,中华书局1976年版,第2643—2644页。
③ 长孙无忌等:《唐律疏议》,中华书局1983年版,第269页。
④ 田涛、郑秦点校:《大清律例》,法律出版社1998年版,第212页。
⑤ 祝庆祺、鲍书芸、潘文舫、何维楷:《刑案汇览》三编(四),北京古籍出版社2004年版,第68页。
⑥ 陈鹏:《中国婚姻史稿》,中华书局1990年版,第440—441页。

·8·

是明末清初"冲冠一怒为红颜"的吴三桂，其与陈圆圆的故事流传甚广。再如南宋抗金名将韩世忠与梁红玉的故事，以及唐宋时期许多诗人与妓女的故事，都是良贱或贵贱之间的通婚事例。

可是，良贱通婚毕竟与正统的婚姻观念不符，导致了婚姻冲突的发生，例如苏州府的士族丁爵因家道中落，为子丁誉与平民富豪王贵之女结婚，遭到了家族的强烈反对，"爵利其财，将子为之结婚，毫不令族人知之，卒然而行六礼，次日即取成亲，妆奁以千金计，族人莫知所以，后知是王贵之女，尊长皆登门辱骂，爵父子不敢出对，祠尊具状首于县……（经县判）丁爵王贵各责二十，男女离异"[①]。这个事例告诉我们，良贱通婚要面临一定风险，丁家有身份地位，但是家资不如平民百姓王贵，丁家为图财而与王家女结婚，结果遭到尊长族人的辱骂，最终被县令判处离婚。再如《西厢记》中的崔莺莺与张生的故事，张生是一介穷书生，与已故相国之女崔莺莺相爱并互许终身，但是后来张生赴京考试得到高官后，却将崔莺莺抛弃，酿成爱情悲剧，如果从等级观念来看，是因为此时二人的身份已有巨大的变化，是"门户不对"终致婚姻破碎。

二 传统社会婚姻冲突的法律层面

从法律现象考察婚姻冲突，本书主要侧重于制度层面的考察，即黄宗智所说的"法律表达"。如果从动态的法律层面即"法律实践"考察婚姻冲突就超出了本书写作的范围，因为传统法律对婚姻冲突的实践层面是一个复杂的体系，我们只关注传统法律对婚姻冲突静态的制度性设计。

早在先秦时期，成文法律就在我国出现了，如郑国的《刑书》、晋国的"刑鼎"、魏国李悝的《法经》以及商鞅在秦国变法时的法律（《商君书·更法篇》）等，然而这时还没有专门制定有关婚姻方面的法律制度。西汉萧何作《九章律》，首创"户律"一章，但"其副律杂律为名甚多，婚律究何所居不尽可考"。直至北齐时期，法律才将

---

① 陈鹏：《中国婚姻史稿》，中华书局1990年版，第445页。

婚事附于户律之内，称为"婚户"，开后世之先河。到隋唐时期才从法律制度上正式确定婚姻各律，如隋朝开皇年间将北周律中的"婚姻"和"户禁"两篇合为"户婚"，唐、宋、明、清等时期各律大体沿用。① 下面将以《唐律疏议》《宋刑统》《大明律》和《大清律例》四部法典中的"户婚律"为中心，从订婚、成婚、离婚等方面考察其对婚姻冲突的约束和控制。

（一）对订婚冲突的法律控制

订婚在传统中国一直受到社会的重视，"六礼"即主要针对订婚而言，虽然盛行"父母之命媒妁之言"的包办式订婚，但是也正是由于专制包办，权力操纵在家长手里，使得男女双方订婚缺乏稳定的基础，冲突不可避免。

其一，因悔婚而致订婚冲突。《唐律疏议》制定的法令是："诸许嫁女，已报婚书及有私约（约，谓先知夫身老、幼、疾、残、养、庶之类。），而辄悔者，杖六十。（男家自悔者，不坐，不追聘财。）"② 宋明时期也有相关的条文，但都没有《大清律例》对此有更为详细的说明，男女婚姻："凡男女订婚之初，若（或）有残、（或废）疾、病、老、幼、庶出、过房（同宗）、乞养（异姓）者，务要两家明白通知，各从所愿，（不愿即止，愿者同媒妁）写立婚书，依礼聘嫁。若许嫁女已报婚书，及有私约，（谓先知夫身残疾、老幼、庶养之类。）而辄悔者，（女家主婚人）笞五十；（其女归本夫。）虽无婚书，但受聘财者，亦是。若再许他人，未成婚者，（女家主婚人）杖七十；已成婚者，杖八十。后定娶者（男家）知情，（主婚人）与（女家）同罪，财礼入官；不知者，不坐，追还财礼。（给后定娶之人。）女归前夫。前夫不愿者，倍追财礼给还，其女仍从后夫。男家悔（而再聘）者，罪亦如之，（仍令娶前女，后聘听其别嫁。）不追财礼。"③ 该律例对男女订婚过程要做的事项进行了详细

---

① 参见陈顾远《中国婚姻史》第 1 章，上海书店 1984 年版。
② 长孙无忌等：《唐律疏议》卷 13，中华书局 1983 年版，第 253 页。
③ 田涛、郑秦点校：《大清律例》卷 10《户律婚姻》，法律出版社 1999 年版，第 203 页。

的说明，为民间发生的类似婚姻冲突的解决提供了较为完善的法律保障。例如《折狱龟鉴补》中载："刘明府大烈知东台时，邑人某甲，巨富也。女美而慧，绝爱怜之。幼受聘于某乙，乙长而贫，甲中悔，讼县退婚。"①案中甲因乙家庭贫穷而悔婚，最后将官司打到县令那里。

其二，因妄冒身份而致订婚冲突。《唐律疏议》规定的有："诸为婚而女家妄冒者，徒一年。男家妄冒，加一等。未成者，依本约；已成者，离之。"②《大清律例》对此做了更为详细的规定："其未成婚男女，有犯奸盗者，（男子有犯，听女别嫁。女子有犯，听男别娶。）不用此律。若为婚而女家妄冒者，（主婚人）杖八十，（谓如女残疾，却令姊妹相见，后却以残疾女成婚之类。）追还财礼。男家妄冒者，加一等，（谓如与亲男订婚，却与义男成婚。又如男有残疾，却令弟兄妄冒相见，后却以残疾男成婚之类。）不追财礼。未成婚者，仍依原定。"③从法律的条文中，可以推测到因妄冒身份订婚导致婚约冲突在民间社会是常有的事。例如清代河南郑州民妇岳氏谋杀冒妄为婚、不能人之夫陈二川身死一案，此案："岳氏之父岳胡子与陈二川邻村素识，陈二川茎物患疮溃烂，至成残废。其兄陈大川欲为陈二川聘娶岳氏为妻，向陈二川诘问，陈二川并不推辞。陈大川即向岳胡子说亲，未将残疾情由告知。岳胡子应许，迎娶过门。陈二川不能行房，岳氏询悉前情，即与陈二川不睦。"④该案陈二川隐瞒了自己的生理缺陷，导致婚后二人关系不睦。

其三，因隐瞒已有婚姻而致订婚冲突。《唐律疏议》规定："诸有妻更娶妻者，徒一年；女家，减一等。若欺妄而娶者，徒一年半；女家不坐。各离之。"⑤

---

① 陈重业：《折狱龟鉴补》译注，北京大学出版社2006年版，第142页。
② 长孙无忌等：《唐律疏议》卷13，中华书局1983年版，第255页。
③ 田涛、郑秦点校：《大清律例》卷10《户律婚姻》，法律出版社1999年版，第204页。
④ 祝庆祺、鲍书芸、潘文舫、何维楷：《刑案汇览》三编（四），北京古籍出版社2004年版，第547页。
⑤ 长孙无忌等：《唐律疏议》卷13，中华书局1983年版，第255页。

其四，因尊卑订婚导致的冲突。《宋刑统》规定："其父母之姑、舅、两姨姊妹及姨，若堂姨，母之姑、堂姑，己之堂姨及再从姨堂外甥女，女婿姊妹，并不得为婚姻，违者各杖一百。并离之。"①《大清律例》规定："凡外姻有服（或）尊属（或）婢幼，共为婚姻，及娶同母异父姊妹，若妻前夫之女者，各以亲属相奸论。其父母之姑舅两姨姊妹及姨若堂姨，母之姑、堂姑，己之堂姨及再从姨、（己之）堂外甥女，若女婿（之姊妹）及子孙妇之姊妹，（虽无服。）并不得为婚姻，违者，（男女）各杖一百。"②在传统社会，十分注重宗族整体利益，尊卑与近亲不能结婚，并为此制定了严格的法律制度。

（二）对成婚冲突的法律控制

一是，强娶或违期不嫁导致的成婚冲突。《大清律例》规定："其应为婚者，虽已纳聘财，期约未至，而男家强娶，及期约已至，而女家故违期者（男女主婚人），并笞五十。"③对于强娶或故意推迟结婚的行为，法律也做出了相应的措施。

二是，因种族原因导致成婚冲突。这在明朝时有详细的规定："凡蒙古、色目人，听与中国人为婚姻。务要两相情愿。不许本类自相嫁娶。违者，杖八十，男女入官为奴。"④这主要是明政府基于对蒙古、色目等少数民族的政治控制等制定的婚姻法律。

（三）对离婚的法律控制

传统社会夫妇离婚的条件并不仅仅是"七出"的原因，除此之外能够导致夫妇离婚的因素有很多种，下面以《大清律例》的相关规定择要叙之。

其一，因典雇妻女而致离婚。《大清律例》规定："若将妻妾妄作姊妹嫁人者，杖一百；妻妾，杖八十。知而典娶者，各与同罪，并离异。（女给亲，妻妾归宗。）财礼入官。不知者，不坐。追还财礼。

---

① 薛梅卿点校：《宋刑统》卷14，法律出版社1999年版，第247页。
② 田涛、郑秦点校：《大清律例》卷10《户律婚姻》，法律出版社1999年版，第208页。
③ 同上书，第204页。
④ 怀效锋点校：《大明律》卷6，法律出版社1999年版，第64页。

(仍离异。)"①

其二，因妻妾失序而致离婚。《大清律例》规定："若有妻更娶妻者，亦杖九十，（后娶之妻）离异。（归宗。）"②

其三，因居丧期间嫁娶而致离婚。在传统社会，家长去世是一个十分敏感和庄重的时期，在丧事及其子女守孝期间是不能随便办喜事的。《大清律例》又进一步规定："凡（男女）居父母及（妻妾居）夫丧而身自（主婚）嫁娶者，杖一百；若男子居（父母）丧（而）娶妾，妻（居夫丧），女（居父母丧而）嫁人为妾者，各减二等；若命妇夫亡，（虽服满）再嫁者，罪亦如之，（亦如凡妇居丧嫁人者拟断。）追夺（敕诰），并离异。知（系居丧及命妇）而共为婚姻者，（主婚人）各减五等。（财礼入官。）不知者，不坐。（仍离异，追财礼。）若居祖父母、伯叔父母、姑、兄姊丧，（除承重孙外。）而嫁娶者，杖八十，（不离异，）妾不坐。"③

其四，因同姓为婚而致离婚。《大清律例》进一步规定："凡同姓为婚者，（主婚与男女，）各杖六十，离异。（妇女归宗，财礼入官。）"④ 同姓不婚是传统社会婚姻的一个禁忌，但是受于现实条件的制约，有时同姓为婚又时常出现，因此制定法律以制止。

其五，因娶亲属妻妾或尊卑为婚而致离婚。《大清律例》规定："若娶同宗缌麻以上姑、侄、姊妹者，亦各以奸论。（除应死外。）并离异。"⑤ 对于尊卑为婚的禁止，《大清律例》制定的是："若娶己之姑舅两姨姊妹者，虽无尊卑之分，尚有缌麻之服。杖八十。并离异。"⑥

其六，夫妻自愿离婚者。《大清律例》规定："若夫妻不相和谐，而两愿离者，不坐。"⑦ 虽然传统社会对休妻有着各种各样的规

---

① 田涛、郑秦点校：《大清律例》卷10《户律婚姻》，法律出版社1999年版，第205页。
② 同上书，第206页。
③ 同上书，第207页。
④ 同上书，第208页。
⑤ 同上书，第210页。
⑥ 同上书，第209页。
⑦ 同上书，第213页。

定，但是法律并不禁止夫妇二人自愿和平地解除婚姻关系，二人并不负任何的法律责任。从这也可以看出来，面对传统社会里强势的夫权，女性在婚姻生活中也并不是没有单独的意志，这从夫妇二人自愿离婚即"协离"可以看出来，但是瞿同祖从家族主义的角度指出："与其说妻受夫的支配，离合听夫，不如说夫妻皆受家族主义或父母意志的支配。任意出妻和犯了家族规律而出妻是两件事，不应混为一谈。"①

其七，背夫潜逃而致离婚。《大清律例》规定："若（夫无愿离之情。）妻（辄）背夫在逃者，杖一百，从夫嫁卖；其妻因逃而辄自改嫁者，绞监侯。其因夫弃妻逃亡，三年之内不告官司而逃去者，杖八十；擅自改嫁者，杖一百。妾各减二等。"② 例如清代云南李有发妻李氏，"以李有发出外贸易日久未回，欲行改嫁，潜往亲戚杨李氏家内，托认识之李杨氏作媒，改嫁蒋廷恩为妻，迎娶过门"③。

其八，因"七出"原因或假借"七出"而致离婚。传统社会的"出妻"大体上有七种原因，即所谓"七出"：无子、淫泆、不事舅姑、多言、盗窃、妒忌、恶疾。但是也有"三不去"：与更三年丧，前贫贱后富贵，有所娶无所归。根据这些条件"出妻"是受到法律保护的，但是也有很多的婚姻冲突是由于男方假借这些因素而"出妻"，因而触犯法律。《大清律例》规定："凡妻（于七出）无应出（之条）及（于夫无）义绝之状，而（擅）出之者，杖八十。虽犯七出，（无子、淫泆、不事舅姑、多言、盗窃、妒忌、恶疾。）有三不去，（与更三年丧，前贫贱后富贵，有所娶无所归。）而出之者，减二等。追还完聚。"④

上文通过几个举例，以《大清律例》的相关规定来考察传统社会

---

① 瞿同祖：《中国法律与中国社会》，中华书局2003年版，第142页。
② 田涛、郑秦点校：《大清律例》卷10《户律婚姻》，法律出版社1999年版，第213页。
③ 吴潮、何锡俨汇纂：《刑案汇览续编》卷7《户律婚姻》，《近代中国史料丛刊》第100辑，文海出版社1973年版，第997页。
④ 田涛、郑秦点校：《大清律例》卷10《户律婚姻》，法律出版社1999年版，第212—213页。

的婚姻冲突，我们发现越到封建王朝的后期，法律章程就越复杂，难道是社会上的婚姻冲突变复杂的原因？先秦时期没有制定婚姻法律是不是就没有婚姻冲突了？显然不是。在传统社会发展相对缓慢的环境里，前朝面对的社会境遇和后朝面对的基本没有多少差别，之所以法典章程越来越详细，应为我国法制水平不断进步的结果。从法律条文对婚姻冲突的制度设计不断完善来看，对婚姻冲突的法律解决就会日益完善，法律的漏洞也会越少，这一定程度上有利于保护民众的权利。当然传统社会的法制也有很不完善的地方，主要在于缺乏个人权利的伸张以及具有浓厚的宗族性和阶级性等方面，这些已经有很多学者讨论过，此不赘言。

第二节　近代中国婚姻冲突宏观层面分析

美满的婚姻生活是所有人的向往，"有情人终成眷属"是人类爱情故事的永恒主题。但是现实生活却是充满矛盾的统一体，有成功就会有失败，有善也有恶，婚姻也不例外，有美满婚姻也一定存在不美满的婚姻。

近代中国婚姻冲突的发生既有内在原因，也离不开外部的各种因素。从内因来看，半殖民地半封建社会的经济基础是根本因素。经济因素对婚姻生活的影响十分明显，时人指出："只要细心考察现实，我们就可以看出近年来因经济危机日益加深，人民生活普遍的恶化，结婚急剧地减退，离婚和遗弃的事件飞速地增多等严重的事实了。"[①]从外因来看，近代中国婚姻冲突深受时代转型的影响。自从鸦片战争以来，特别是随着维新派、立宪派和改革派等政治力量的推动以及新文化运动等思想启蒙运动的发起，国外新式的婚姻观念和婚姻制度不断传入中国，这对我国旧式婚姻观念和婚姻制度的冲击不可小觑。有学者指出："自西方文化输入我国，自由的思想也输送了过来。个人

---

① 碧云：《现阶段之中国婚姻的剖析》，《东方杂志》1936年第33卷第13号，第270页。

主义跟着也有发展的趋势。……于是离婚率的增加,成为当然的结果。"①

在晚清时期,国人经常公开讨论传统社会的婚姻问题,指出应对此加以改革,有人认为:"现在婚姻之弊,所应改革者,其事固甚多,而其最要者,约而举之,有三者焉。"分别是早婚之弊、卖婚之弊和婚姻专制之弊,最后指出改革传统婚姻之弊端事关国家之进步,"故改良婚姻,唯独为谋社会之发达所当有事,亦为谋国家之进步所当有事也。吾是以敢举婚姻应改良之点,为普天下之青年男女告,并为普天下之为父母者告也"②。李达也指出:"中国数千年只有买卖婚姻,掠夺婚姻,残忍无人道的东西。……此种野蛮婚制,若不根本废除,人生岂有生趣。我对婚姻一事,别有积极主张,若举其最适于我国情的,莫如恋爱自由。家庭中最大的幸福,在夫妇间有真挚的恋爱。……欧美各国已经做的,就是好例。"③ 当时的人们"对小家庭制度、自由恋爱、自由结婚等西方习俗由好奇到模仿,进而从亲身的体验中感到其进步和科学"④。

近代中国兴起的种种救国思潮中即有"婚姻救国",该派人士认为中国之所以落后于世界强国就在于婚姻制度之落后。比如传统社会提倡的早婚即为一例,他们认为早婚导致"个人羸弱,种族不强",所以潘光旦指出:"国人患自馁心理久且深矣;自馁心之所至,至认种种不相干或不甚相干之事物为国家积弱之原因,从而大声疾呼,以为重大症结,端在乎是;早婚特其一例耳。"⑤ 从上述言论中可以看出,近代中国婚姻的局面一方面旧式传统的婚姻观念、习俗和制度还

---

① 沈登杰、陈文杰:《中国离婚问题之研究》,《东方杂志》1935 年第 32 卷第 13 号,第 315—316 页。
② 丁守和主编:《中国近代启蒙思潮》上,社会科学文献出版社 1999 年版,第 502—505 页。
③ 中华全国妇女联合会妇女运动历史研究室:《五四时期妇女问题文选》,生活·读书·新知三联书店 1981 年版,第 43—44 页。
④ 邓伟志:《近代中国家庭的变革》,上海人民出版社 1994 年版,第 75 页。
⑤ 潘光旦:《中国之家庭问题》,《潘光旦文集》第 1 卷,北京大学出版社 1993 年版,第 168 页。

第一章　湖北婚姻冲突的时代背景

具有强大的生命力，并没有完全退出历史的舞台，对人们的影响还依然存在；另一方面西方新式的婚姻观念、习俗和制度的引入与确立又不断地得到许多人的拥护和支持，在这种新旧杂糅的历史过渡时期，新旧婚姻对人们的影响孰是孰非错综复杂，日常生活中婚姻冲突的不断发生即是其客观的反映。

一　近代中国婚姻冲突的社会环境

近代中国婚姻冲突与社会的经济、政治等方面的变革有极大的关系，社会经济、政治变革促进了近代社会新式婚姻观念的宣传和实践，这些因素对婚姻冲突的发生起到了诱发的作用。下面主要从经济变迁、法制变动等两个方面来讨论近代社会婚姻冲突，由于学界对此已讨论得较多，本部分主要侧重于婚姻冲突的案件。

（一）近代中国经济变迁与婚姻冲突

鸦片战争爆发后，中国由传统的封建君主专制社会沦为半殖民地半封建社会，为数千年来未有之大变局。西方列强通过掠夺财物、侵占土地和倾销商品等方式入侵中国，以此促进自身的资本主义发展，但是其在侵略中国的过程中，也间接地破坏了中国几千年所固有的自给自足的封建小农经济，客观上促进了资本主义经济在中国的发展。例如晚清统治者为了维护统治开展的以"求强"和"求富"为目的的洋务运动以及甲午战争直到"一战"期间中国民族资本主义经济的发展，这些社会经济形势的高涨对推动社会风气的转变起到了推波助澜的作用。①

近代社会经济的巨大变迁对妇女的影响极为深远，在传统社会里

---

① 参见邓子琴《中国风俗史》，巴蜀书社1988年版；严昌洪《中国近代社会风俗史》，浙江人民出版社1992年版；邓志伟《近代中国家庭的变革》，上海人民出版社1994年版；罗苏文《女性与近代中国社会》，上海人民出版社1996年版；梁景和《近代中国陋俗文化嬗变研究》，首都师范大学出版社1998年版；薛君度、刘志琴《近代中国社会生活与观念变迁》，中国社会科学出版社2001年版；王跃生《社会变革与婚姻家庭变动：20世纪30—90年代的冀南农村》，生活·读书·新知三联书店2006年版等。这些著作在作分析的时候都或多或少地考虑到了社会经济的变迁与风气（风俗）变化之间的联系，但是具体到婚姻冲突方面，还缺乏足够的案件支撑。

妇女多是担负起"相夫教子"和"男耕女织"这样的家庭生活，然而近代中国的妇女开始较多地从家庭走向社会，参与社会事务。近代新式工厂的不断兴起，女性工人的增多即是一例，我们可以通过1920年女工分布情况来分析（见表1-1）。①

表1-1　　　　　　　　　1920年女工分布

织染	135781人	占该业工人的46.7%
机械	143	0.8%
化学	8612	20.5%
饮食品	15616	42.5%
杂业	2215	16%
合计	162367	占上述行业工人的40.5%

从表1-1可以清楚地看出，女性工人在一些行业中所占有的比例是相当的大，"半边天"的作用十分明显。此外，近代女性从事的职业门类越来越多，商业、教育、卫生等领域都可以发现她们的身影，只有这样传统女性才能从封建小农经济的束缚中解放出来，才有机会具有独立的身份和精神。经济因素对于女性的重要意义，已经成为近代社会的一个共识，有人指出："经济状况之发达，实女子问题之一主因。今日盈千累万之女子，莫不食工业革新之赐，减劳役，轻思虑，而家庭种种之需要尽得偿。不役于父不役于夫，而种种之生活得独立。盖先有经济界之革命，然后向来家庭之经济组织破。家庭之经济组织破，然后女子博得经济的独立。既获得经济的独立，然后能脱历史传来之羁绊。"② 因此，在婚姻方面有独立经济地位的女性才能发出自身的声音，"不愿再为他人做奴隶和傀儡，认为婚姻是个人的私事，不容他人置喙外，更想取得与男子平等的地位"③。这样，

---

① 罗苏文：《女性与近代中国社会》，上海人民出版社1996年版，第287页。
② 陶履恭：《女子问题》，载丁守和《中国近代启蒙思潮》中卷，社会科学文献出版社1999年版，第330页。
③ 磐石：《中国妇女婚姻上所受的压迫》，《东方杂志》1936年第33卷第11号，第102页。

第一章 湖北婚姻冲突的时代背景

女性一方面在未独立之前大多依靠丈夫或家庭，另一方面独立之后的女性又不想在婚姻生活上被别人支配，这样就产生了许多婚姻冲突。

近代中国社会因经济原因造成的婚姻冲突十分常见，例如宣统年间新民府的孟李氏和孟吉顺夫妻即因此而起冲突："孟李氏以孟吉顺病愈闲居无事，屡劝其另觅工作，挣钱度日，孟吉顺置之不听。九月十四日，孟李氏因贫苦难度，复向孟吉顺用前言相劝，孟吉顺斥其多管，孟李氏用言顶撞，孟吉顺怒骂，彼此口角争吵。孟李氏声言，如此贫苦，生不如死。"① 该案件中孟李氏与其夫发生冲突的根本原因在于经济困苦，无力养家，由于孟李氏挣钱不多，依靠的丈夫又闲居无事，在夫妻发生争吵之后孟李氏终因生活无望而"吞服洋火"自杀。如果孟李氏有经济独立的能力，其自杀的悲剧也许就不会出现。

近代历史上较为著名的女性秋瑾，就认为经济独立是女性解放的前提条件，呼吁道："我们女子不能自己挣钱，又没有本事，一生荣辱皆要靠之夫子，任受诸般苦恼，也就无可奈何，安之曰命也。"此外，秋瑾还指出，如果要摆脱对丈夫的依靠妇女必须"求一个自立的基础，自活的艺业"，产生的结果是："一来呢，可以使家业兴隆；二来呢，可使男子敬重，洗了无用的名，收了自由的福，归来得家族的欢迎。"② 秋瑾不仅在政治上参加了同盟会的革命，实质上她已是一个独立自主的女性，经济上不依靠其丈夫的资助。

即使女性的经济地位没有独立，但是在面对经济贫困的生活时，她们仍可以通过离婚改嫁、背夫潜逃等冲突的方式加以改变。例如民国时期武昌的周园松、大香夫妻即是由恩爱夫妻转而因贫不睦，"自迎亲至今，已易寒暑，夫妻间颇具恩爱，讵料周某于前数月失差赋居，生活异常艰难，日以典衣押物为炊，其妻大香，不甘受苦，即暗商其母，接伊归宁居住，已逾月余，周园松屡促妻归，均被岳母阻

---

① 汪庆祺编，李启成点校：《各省审判厅判牍》，北京大学出版社2007年版，第121页。

② 秋瑾：《敬告姊妹们》，载张枏、王忍之《辛亥革命前十年间时论选集》第2卷下册，生活·读书·新知三联书店1963年版，第845—846页。

止，大香亦不愿与贫郎共住。昨日下午周复来接妻，大香母女，不惟不肯返家，并抓住周园松恶打，一时观者甚众，途为之塞，旋经街邻百般劝解，周始忿恨而去。"①类似于这样因经济问题导致的婚姻冲突的案件在近代社会不胜枚举。《大公报》在总结天津民国十五年、十六年和十七年等三年的离婚案件原因后，指出："从此可推知社会经济之影响，不仅波及于物价界，并精神界而占有矣。不仅男子之劳力等于商品之供给，即女性亦成为商品化矣。夫女子每为男子所支配，女子既失其支配自身之能力，社会又不能充分收容女子为相当之服务，其结果遂流于卖性。"②

妇女经济地位的变化，诱发了女性家庭角色的转变，特别是"相夫教子"等传统观念的弱化，分配给家庭的精力与时间减少，这和传统习惯是相悖的，也是引起婚姻冲突的一个因素。女性在经济未独立之前则会因家庭经济原因产生婚姻冲突，在经济独立之后则又会因摆脱不幸的婚姻而产生冲突。总之，经济因素是婚姻冲突过程中不得不考察的一个重要方面。

(二) 新式婚姻制度的变迁与婚姻冲突

在上文中，我们已经简要地提及传统社会有关婚姻生活的相关法律制度，可以了解到，婚姻法律制度的规定根本上是对婚姻冲突的解决和控制提供制度上的依据。从晚清新政开始，政府对法律制度的改革就一直不断，有关婚姻的法律条文也不断发生了变化，但修律的主要目的是向男女平等的方向迈进。近代中国婚姻法律的变更，不仅给婚姻冲突的解决提出依据，而且也成为人们在婚姻冲突中个人权利的保证，使得人们敢于从司法的层面上维护在婚姻生活中的权益。

在晚清"新政"期间，法律改革从沈家本等人对《大清律例》进行修订开始。沈家本等人先后制定了《大清现行刑律》《大清民律草案》等多部法律法规，婚姻方面的进步是慈禧太后于1902年2月1日，下懿旨废除了"满汉不通婚"的禁令，这是"20世纪婚姻制

---

① 《恩爱夫妻，因贫不相随》，《汉口中山日报》1929年6月21日第2版。
② 《离婚之统计》，《大公报》1929年2月10日第9版。

度变革的先声"①。1910年5月，清政府颁布了在《大清律例》基础上修改而成的《大清现行刑律》，其中婚姻方面仍然沿袭《大清律例》的内容，体现出男女地位的不平等性，没有多大的进步意义。修订法律馆在参照日本、德国的民事法律的基础上，于1911年10月编纂完成了一部新型的民事法典《大清民律草案》，该草案亲属编是专门制定有关婚姻家庭的法律条文，主要体现四个方面的原则：一为亲等制原则，对婚姻的亲属关系作了详细的说明（第1317条、1318条、1322条、1334条等）。一为法律婚原则，即结婚、离婚必须具备法律的相关规定，婚姻关系受法律保护（第1339条、1340条、1361条等）。一为婚姻半自由原则，在传统社会婚姻决定权掌握在家长手中，子女没有自主权，但是民律草案规定了子女婚嫁须得家长允许，但是当子女无结婚之意思时，婚姻关系无效，离婚也有类似规定（第1341条、1344条、1359条、1360条等）。一为夫妻半平等原则（第1350—1358条等）。② 由于辛亥革命的爆发，该草案没有在社会上得以实施。

整个北洋政府时期，共对民律修改了两次，即《民律草案》和《民国民律草案》，分别被称为"第二次民草""第三次民草"。这两次"民草"修改均继承了《大清民律草案》的立法理念和内容，其中第四编为亲属编，共7章243条（第1055—1297条）。在婚姻家庭方面，《民国民律草案》中比起前两次草案的内容增加了许多条款，作了更加详细具体的规定，其进步的特点有：一为婚姻当事人的婚姻自由度有所提高，如婚姻成立不一定要经过订立婚约；一为妻子的法律地位有所提高，如在同居、财产权等方面妻有一定的权利；一为离婚善后规定更为合理化。③ 但是该两次"民草"均没有在社会上正式颁行。

国民政府成立后，即着手对法律制度进行改革，以有利于国民党

---

① 肖爱树：《20世纪中国婚姻制度研究》，知识产权出版社2005年版，第84页。
② 参见肖爱树《20世纪中国婚姻制度研究》，知识产权出版社2005年版，第102—110页。
③ 同上书，第134—141页。

政治统治的稳定。在婚姻方面，1930年12月26日《民法亲属编》正式颁布，于1931年5月5日开始实施，在法制史方面具有历史性的意义，"它是中国历史上第一个正式颁布实施的独立的婚姻家庭法"①。该亲属编共7章171条（第967—1137条），其历史意义在于：一是个人本位主义价值取向，即重视婚姻当事人的意思表示；二是夫妻别体主义取向，是指婚后男女各自保持独立的人格，独立行使个人的权利和义务，在法律上夫妻之间是平等的。②

婚姻制度的变迁对近代中国社会婚姻冲突的影响主要体现在两个方面：一是婚姻法律是婚姻冲突解决的制度性保障；二是婚姻法律成为婚姻冲突中当事人权利保护的"庇护所"，使得人们为了维护婚姻幸福敢于从法制层面去寻求。

一是，婚姻法律是婚姻冲突解决的制度性保障，以国民政府时期的《民法·亲属编》为中心考察。订婚方面规定："婚约，应由男女当事人自行订定"，"男未满十七岁，女未满十五岁者，不得订定婚约"，如有"婚约订定后，再与他人订定婚约或结婚者"等情形，"他方得解除婚约"等。结婚方面的规定如："男未满十八岁，女未满十六岁者，不得结婚""结婚，应有公开人之仪式及二人以上之证人"等。离婚方面的规定有："夫妻两愿离婚者，得自行离婚，但未成年人，应得法定代理人之同意"，"两愿离婚，应以书面为之，并应有二人以上证人之签名"，如有重婚、通奸等行为"得向法院请求离婚"等。③由此可见，对于订婚、结婚、离婚等从婚姻的成立到解体，《民法·亲属编》均作了详细的规定，如有婚姻冲突符合其中的某项条文，均可以依此审理，从法律的层面进行解决。例如1947年湖北宜昌的陈大勋和刘大洋子因婚约纠纷打起官司，原告陈大勋以订立婚约未经其本人同意为由，上诉法院请求解除婚约。法院以《民法亲属编》第974条规定："未成年人订定婚约，应得法定代理人之同

---

① 参见肖爱树《20世纪中国婚姻制度研究》，知识产权出版社2005年版，第147页。
② 同上书，第158—162页。
③ 具体法规内容参见中国法规刊行社编审委员会编《六法全书》，《民国丛书》第3编第28册，上海书店1991年版，第87—95页。

意"为根据，做出了"原告之诉驳回"二人婚约有效的判决。陈大勋上诉到湖北省高等法院第一分院要求再审，二审法院则依据《民法亲属编》第972条："婚约，应由男女当事人自行订定"为由，做出了"原判决废弃、两造婚约无效"的结果。① 在审理各类婚姻冲突的过程中，法院能否做出判决，在于他们对不同法律条文的运用与解读。

二是，婚姻法律成为婚姻冲突中当事人权利保护的"庇护所"。毫无疑问，如果没有法制上的保障，很多婚姻冲突是不可能发生的，就算发生也没有解决的途径，使得很多人尤其是女性在婚姻冲突方面处于一种弱势的地位。在近代中国，婚姻冲突当事人都可以根据已有的法律条文，通过司法诉讼的方式保护个人权益，从而使得传统社会不能得到解决的婚姻冲突，在近代社会可以解决。反过来说，正是因为具有较为完备的法律条文，使得人们在婚姻冲突发生时"底气十足"，间接上促使婚姻冲突数量的增多。民国时期的吴至信曾对北平地区前后十六年的离婚案件进行考察，认为1917—1932年北平离婚案数，"呈间断上增之趋势"，1917年为28件，到1932年时离婚案就达到205件之多了。该时期离婚案增多的其中一个因素就在于法律的变更，他指出："北伐成功以前，北平法院仍沿用现行律及民律草案；南京政府成立即颁布新民法，故自民国17年始，北平法院始改用新法。新法与旧法之比较，就离婚可能性及女子权利而言，新民法与现行律相差之远，固勿论己；即与民律草案相比，新民法所规定的可离情形，亦远较民律草案为多。"② 这个事例说明，法律制度的变革与进步使得人们可以使用的权利进一步扩大，在婚姻方面国民政府时期制定的婚姻法比此前任何时期都进步很多，人们可以借助更多的法律条文保护个人利益不受侵犯，因而导致婚姻的冲突数量也增加了。

---

① 《湖北省高等法院对宜昌地方法院审理陈大勋、刘大洋子婚约案的上诉案的判决》，1947年，湖北省档案馆藏（以下简称湖档），资料号：LS7-2-131。

② 吴至信：《最近十六年之北平离婚案》，载李文海主编《民国时期社会调查丛编》（婚姻家庭卷），福建教育出版社2005年版，第382页。

《大公报》上有文章专门考察了1926—1928年共三年的天津离婚案件之统计，认为离婚案件逐年增多："今自民国15年至17年离婚案件逐年加增，其中原告出自女子者，较为多数，是女界思想之日见进步，不能受男子之压迫。"[①] 作者认为离婚案的增多在于女子思想的进步，这是正确的，但是不够全面，因为没有相关司法体系的保障，光有思想进步并不能解决婚姻问题。恰恰是因为有法律制度的规定，使得女子敢于对不满意的婚姻生活提出离婚，这是离婚案中女性多于男性的一个重要因素。如该三年天津共有离婚案件92起，女性主动提出的就有72起，占绝大多数："综合三年来办理之92件离婚案，发动于男子方面者仅20起，发动于女子方面者有72起之多。"[②]

我们通过经济、法制等方面，大致描述出了近代中国婚姻冲突的历史背景，婚姻冲突作为一个社会现象和法制现象综合体，其发生和发展不是孤立的因素所导致的，是经济、法制等因素共同作用的结果。本书的主要目的是考察近代湖北的婚姻冲突，但是也不能忽视近代中国整个社会婚姻冲突的大历史背景，湖北作为全国的一个地理单元，其境内发生的婚姻冲突必定受到这种全国性因素的影响。

二 近代湖北婚姻冲突的区域背景[③]

区域史研究在学术界研究越来越重要，有学者指出："在现阶段，各种试图从新的角度解释中国传统社会历史的努力，都不应该过分追求具有宏大叙事风格的表面上的系统化，而是要尽量通过区域的、个案的、具体事件的研究表达出对历史整体的理解。"[④] 对于区域史研究的重要意义我们在前言中已经给予说明，区域史研究离不开其载体区域地理的范围，对于国内热点地区如江南、华南、华北等地区都得

---

① 《大公报》1929年2月10日第9版。
② 同上。
③ 本节内容如没有加以注明均参考湖北省地方志编纂委员会《湖北省志》（地理、科学、教育、民政、司法、经济综述、农业等卷），湖北人民出版社1992—1998年版。
④ 陈春声：《走向历史现场》，《历史·田野》丛书总序，生活·读书·新知三联书店2006年版。

到了学人过多的关注,而对于中部地区的湖北研究得还不够,尤其是婚姻家庭方面的研究成果并不多见。① 近代湖北婚姻冲突与该省的地理环境、社会背景有着密切的联系,因此有必要对此有所交代。

(一) 地理位置与气候

湖北省地理位置十分重要,地处长江中下游,湖北省位于中国东部季风区的中心地带,长江中游,洞庭湖以北,处于中南地区中部偏北的位置。本省地势起伏较大,地形较为复杂,兼有山地、丘陵、岗地、平原、盆地等多种地貌类型,对气候影响十分明显。

我国古代气候意指"时节",具有复杂性、过渡性和季节性的湖北气候,不仅南北气候有别,东西气候迥异,而且兼有北亚热带、中亚热带以及南温带、中温带等多种气候类型。湖北四季分明,季节变化明显,中国自然灾害比较频繁的省区之一,其主要自然灾害有洪涝、干旱、大风冰雹、霜冻、寒潮、病虫害、山崩地裂陷和地震等,而发生次数最多,造成损失最大的是洪涝和干旱等灾害。从公元101年(东汉永元十三年)到1949年,湖北共发生大小水灾650次,平均2.8年一次;公元201年到1949年,共发生大小旱灾421次,平均4.2年一次。自然灾害的发生,对于人民大众的日常生活有着极大的影响,婚姻也不例外。

(二) 社会背景

近代湖北婚姻冲突的发生与社会背景的各种因素是分不开的。

其一,经济因素。国民政府时期政局动荡,内战频繁,水旱灾害不断,湖北国民经济在内忧外患的困境中,走过了几十年艰难曲折的历程。1927年4月宁汉对峙,湖北遭到国民政府的经济封锁,经济受到严重挫折。1927年9月15日,中国国民党宣告统一后,湖北政局相对稳定,国民经济逐渐好转。1931—1935年,湖北接连发生水、旱灾害,内战不休,加之世界资本主义国家为了转嫁严重的经济危

---

① 如武汉大学出版社出版的《武汉大学人文社会科学文库》丛书以及湖北教育出版社出版的丛书系列《长江文化研究文库》等论著对湖北地区的社会进行了不同层面的立体研究,但是比起江南、华南等区域史研究,不论从数量上还是质量上都存在一定的差距。

机，加紧对中国的经济侵略，湖北出现了经济凋敝、市场萧条的景象。为此，1935—1937年，国民政府采取一系列新的措施，积极恢复生产，湖北经济迅速发展，工农业生产和其他许多事业的发展，均达到了民国以来的最高水平。

抗战时期，1938年10月25—27日，武汉沦陷。从此，湖北的政治、经济、军事都进入战时状态。在经济上，按地域划分，形成国民政府统治区（简称国统区）、中国共产党领导的根据地及日本占领区3个不同性质的经济区域，各自采取了不同的经济政策和经济措施，并配合军事斗争，在区域之间开展经济斗争。

1945年8月，日本投降，湖北省国民政府由恩施迁回武昌办公，文教机关及一些厂矿也相继迁回，商店相继开业，大中城市出现一种"虚假繁荣"。但是，1946年下半年开始，一方面国民党发动全面内战，军费剧增，财政赤字日益增大。另一方面国家垄断资本在接收日伪资产中迅速膨胀，对私人工商业造成倚强凌弱的态势。加上美国利用它在第二次世界大战中膨胀起来的经济实力，以"援助"为名，向中国大量倾销剩余物资，日益占领中国市场。在湖北，美棉倾销剥夺了广大棉农的生计，1948年棉田面积与棉花产量分别比1947年减少11%和13%。美国棉纱与美国面粉的大量输入，使民族纺织业、面粉业受到冲击。内战、国家资本的垄断及美国商品的倾销，使民族工商业、农业走向衰落。1947年以后，通货膨胀又愈演愈烈，人民生活日益困苦，国民经济趋向全面崩溃。在下文的具体婚姻冲突的分析中，我们会发现经济因素在婚姻冲突过程中的重要作用。

其二，司法因素。辛亥革命后，鄂军政府和武汉政府在司法方面采取了一些改革措施，以适应当时的斗争形势和政治任务。在1911年10月11日，鄂军政府即设立了司法部，颁布有关司法的临时性律令。11月，又设立了江夏临时审判所和湖北临时上诉审判所。"鄂军政府存在时间很短，司法活动尚未充分展开，但它在法制方面是有建树的。"[①]

[①] 湖北省地方志编纂委员会：《湖北省志》（司法），湖北人民出版社1998年版，第33页。

北洋军阀政府在湖北实行军阀独裁统治,在法律方面恢复清朝旧制。王占元、吴佩孚等军阀统治湖北期间,积极按照清朝法制行事,于1914年3月撤销全部初级审判厅,由地方行政长官兼理司法。这种现象是一种历史倒退。在武汉国民政府时期,湖北司法体系得到进一步发展。1927年1月2日召开的司法改革会议决定实行国民政府驻广州时已经通过的司法制度改革方案,并颁布《新司法制度》作为补充,主要内容有:一是,废止沿用行政厅名称,将各级审判机关改称法院。并将"四级三审制"改为"三级二审制",即确定地方法院、控诉法院和最高法院三个审级。二是,废止审判机关内的行政长官制,法院的行政事务,组织"行政委员会"处理。三是,废止检察厅,在法院内酌设检察官。四是,采用参审制和陪审制等。武汉国民政府设有专门审判机构——法院,还根据革命发展的需要,在中国共产党的帮助下,设立特别审判机构,即省、县人民审判委员会和农民协会的临时审判组织。特别审判机构把军阀、土豪劣绅和其他反革命分子作为主要审判对象。但是由于国民党右派势力的阻挠,武汉国民政府的各项法令、法规尚未完全实行,而司法官的任用仍然操纵在旧法官手中,各级专门审判机构对于革命运动的配合非常消极。

国民政府则在逐步实施军政、训政、宪政的旗帜下,将司法行政化、特务化,作为镇压中国共产党人和异己的工具。但是不可否认的是,司法体系的确立为解决当时湖北的婚姻冲突有着重要的作用。在审级制度方面,国民政府实行的是三级三审制,"1930年,国民党中央政治会议确立了采行三级三审制的立法原则,即在县(或市)设立地方法院,在省设立高等法院,在南京设立最高法院"。[①] 而早在1927年冬,湖北省遵照国民政府训令,改湖北控诉法院为湖北高等法院。次年2月,湖北高等法院令湖北控诉法院第一分院(宜昌)改称湖北高等法院第一分院。至1935年,全省先后设立了第二、三、四、五、六分院。"旋因人力、财力不及,多数县、市成立地方法院

---

① 张晋藩:《中国司法制度史》,人民法院出版社2004年版,第526页。

困难，至1936年7月，全省71县、市仅建立16个地方法院。"① 抗战时期，全省划分3个巡回审判区：宜昌、建始、巴东等11个县为第一区；恩施、利川等6个县为第二区；其他县为第三区。同时，湖北高等法院也设立巡回审判第一、二、三区。抗战胜利后，湖北高等法院迁回武昌，各级司法审判机关也陆续恢复。1946年12月，全省有高等法院分院6所，直属法院1所，地方法院28所，县司法处43所。1948年1月，湖北高等法院第一分院改为宜昌分院，第二分院改为襄阳分院，第三分院改为恩施分院，第四分院改为沙市分院，第五分院改为郧阳分院，第六分院改为黄冈分院。

其三，社会风俗与婚姻冲突。近代以来，传统婚姻中的不良习俗如买卖婚姻、童养媳等行为还在社会上不同程度存在着，为使这些陈规陋俗有所改变，早在民国建立之初，在孙中山领导之下，即试图对旧的婚姻制度进行改革。在国民政府时期，相应制定了一些婚姻法规，采取了一些改革措施。民国时期，湖北各地的婚姻状况较之晚清更为混乱，沿袭数千年的封建婚姻陈规旧俗且又花样翻新，加之社会行政管理的混乱，在婚姻方面越发弄得乱七八糟。在民间，早婚、童养媳、买卖婚姻、抓婚抢婚等甚为普遍；官吏中一夫多妻或纳妾的现象也严重存在。

湖北省也不例外，至1946年的全省户口总查中，"全省8个督察区共有已届结婚年龄的男性7793641人，女性7203233人，有配偶的，男性5487208人，女性5248452人。有配偶人数占已届婚姻年龄人数的百分比为：男70.41，女72.86。湖北汉口地方法院民国二十八年度第一审，婚姻关系案件年表显示："离婚案件数计十一件，其中男方提起八件，女方提起三件；确认婚姻无效、成立或不成立案件数计九件，其中男方提起七件，女方提起二件；同居案件数计七件，其中男方提起四件，女方提起三件，一共合计二十七件。撤销婚姻案与解除婚约案零受理。民国二十九年该法院共受理婚姻关系案件共计

---

① 湖北省地方志编纂委员会：《湖北省志》（司法），湖北人民出版社1998年版，第56—57页。

37件，比民国二十八年多十件"。① 虽然笔者没有找到湖北汉口地方法院于1939年和1940年两年所受理的民事案件数量，但是从上述记载可以看出来，婚姻冲突呈现上涨的局面。

在该章中，我们从传统和近代两个阶段，大致描述出了婚姻冲突发生的历史背景，主要是为了说明近代湖北发生的婚姻冲突既与传统的中国社会有联系，更与近代中国的社会变迁密不可分，只有对这二者的大历史背景进行宏观的叙述，才能更好地理解后文各章近代湖北发生的婚姻冲突案件。

---

① 《伪汉口法院民刑事案件统计表》，1939年，武汉市档案馆藏（以下简称武档藏），资料号：105-1-245；《伪汉口法院29年度年表》，1940年，武档藏，资料号：105-1-246。

第二章 婚约纠纷案件研究

在传统社会里，婚姻主要经过订婚与成婚两个过程，订婚始于议亲，其成立之凭证即为婚约，如无婚约而有聘财，此订婚行为也能成立。男女双方在订婚之后虽然没有举行婚礼，但是在形式上已具有夫妻之关系，并受法律保护，例如《大清律例》中规定："凡男女定婚之初，若或有残、或废疾、病、老、幼、庶出、过房同宗、乞养异姓者，务要两家明白通知，各从所愿，不愿即止，愿者同媒妁写立婚书，依礼聘嫁。若许嫁女已报婚书，及有私约，谓先已知夫身残疾、老幼、庶养之类。而辄悔者，女家主婚人笞五十，其女归本夫。虽无婚书，但曾受聘财者，亦是。"[①] 然而，由于受到各地风俗习惯的影响，婚约也可以是非文本上的"口许婚"，男女双方的家长通过口头约定而达成的婚姻关系，也是婚约的另一种形式，主要体现在"指腹为婚""童养媳"等现象上面。

第一节 婚约及婚约纠纷的历史回顾

一 婚约的历史回顾

（一）婚约的定义

仅就"婚约"一词来看，是近代社会才出现的事物。民国学人陈顾远认为，从先秦直至宋元中国社会婚姻的订立，在男女两方分别具有不同的称呼，其中女方称为"许嫁"或"许婚"，即所谓的"女子

[①] 田涛、郑秦点校：《大清律例》，法律出版社1998年版，第203页。

许嫁，笄而字"；男方则以六礼为根据称之为"定聘"或"已纳聘"，即所谓的"聘则为妻"。迨至明清，男女婚姻的订立已有"定婚"用语，《大明律》和《大清律例》两法典中已经出现，即"凡男女定婚之初"。至于"婚约"一词正式写入法律之中是在国民政府时期制定的《民法》中，在《民法·亲属编》第二章"婚姻"里面，就专有一节介绍"婚约"的法律条文。[1]

对于婚约的定义，民国学人与当今学人的观点没有多大的区别，如胡长清认为："婚约者，一男一女间，以将来订立婚姻契约为目的，所订立之预约也。"[2] 史尚宽持相同观点："婚约谓一男一女约定将来应缔结婚姻之契约。"[3] 该两位学人代表了民国学人对婚约的基本看法，即婚约是男女当事人为结婚而定的契约或预约。今人对婚约的观点基本一致[4]，仲英指出："婚约，是男女双方以口头或书面方式表示愿意建立婚姻关系的事先约定。"[5] 仲英的观点进一步对婚约的定义作了细致的解释，认为婚约既有口头约定也有书面方式，"口许婚"在中国传统社会里是很常见的一种婚约现象，主要是因为子女婚姻由父母代订。例如1948年湖北浠水县的周秀英、艾谢勋之间所定婚约就是父母口许的，周秀英说这种婚约是"年幼，我父母笑说的"。[6]

（二）婚约的历史特征

由于订立婚约的行为也称为订婚，因此对婚约的历史特征进行考察也就是对订婚特征加以回顾。

---

[1] 陈顾远：《中国婚姻史》，上海书店1984年版，第121页。
[2] 胡长清：《中国民法亲属论》，商务印书馆1936年版，第56页。
[3] 史尚宽：《亲属法论》，中国政法大学出版社2000年版，第111页。
[4] 主要参见仲英《试析婚约》，《杭州大学学报》1981年第4期；王丽娟《婚约制度比较研究——由河北省隆化县婚约习俗引发的思考》，硕士学位论文，中国海洋大学，2006年；曾照霞《略论婚约——兼与蒋莺同志商榷》，《甘肃政法学院学报》1988年第3期；魏义《论婚约》，硕士学位论文，中国政法大学，2007年等。
[5] 仲英：《试析婚约》，《杭州大学学报》1981年第4期。
[6] 《湖北省高等法院对浠水地方法院审理周秀英、艾谢勋撤销婚姻案的上诉案的判决》，1948年，湖档藏，资料号：LS7-2-81。

其一，中国古代社会订婚最重视"父母之命媒妁之言"。由此可见家长和媒人在子女订婚中的重要作用，正所谓"嫁鸡随鸡，嫁狗随狗，嫁到叫花子提挎篓"①，这是其最大历史特征之一。近人陈顾远指出："媒妁传言于前，父母决定于后，堪称为婚姻意思者此耳。"②《诗经》中即有"娶妻如之何，必告父母"，也有"娶妻如之何，匪媒不得"。③

"父母之命媒妁之言"在订婚中的作用并非中国古代社会从始至终的信条，而是随着君主专制与宗法制度的加强而越来越重视的。西汉时期政府虽然实行"罢黜百家独尊儒术"的国策，可是属于儒学"六礼"范畴的订婚并没有严格地推行，这个我们可以从司马相如和卓文君私奔一事中可见。

魏晋南北朝时期战乱不息，在婚姻方面虽重视门第之风，但是"魏晋妇女改嫁之风，比汉代有增无已"，此外"贞节观念仍很淡漠，世人也绝无轻视寡妇再嫁的思想"④。到了唐代，由于经济社会文化各方面高度发达，在婚姻生活方面还不甚专制，订婚方面"唐代的妇女敢于主动追求爱情，未婚少女私结情好，已婚女子另觅情侣之事，屡见不鲜"⑤。

宋代以后，随着君主专制的加强，社会上宗法势力也进一步扩大。在宋朝，思想理论方面最大的变化便是程朱理学的兴起，这种新学说的主要特点便是压抑人的个性，所谓的"存天理去人欲"。在男女订婚方面，虽然政府法律并未确定家长在订婚方面享有主婚权，但是在现实生活中家长仍具有很大的权威。有学者对于宋代家长包办婚姻的原因作了解释："他们认为自己选了好的人、好的家庭而不是坏的。这样做忽视了男女本人的利益，他们的利益可能和家庭的不一

---

① 湖北省应山县志编纂委员会编纂：《应山县志》，湖北科学技术出版社1990年版，第646页。
② 陈顾远：《中国婚姻史》，上海书店1984年版，第141页。
③ 周振甫译注：《诗经译注》，中华书局2002年版，第140页。
④ 刘士圣：《中国古代妇女史》，青岛出版社1991年版，第146—147页。
⑤ 同上书，第201页。

致，特别是对嫁出去的女儿而言。"因此"在这样的社会里，挑选结婚对象的权力，不在性别之间而多在辈分之间进行分割。老一辈男女有相当大的权力决定孩子应该与谁结婚，同时，年轻人，无论男女，在决定他们自己的命运时只有有限的权力"。① 此后，家长对子女订婚的专制至清朝为顶峰，以致有的学者认为中国妇女的悲惨生活于清为最，"中国妇女的非人生活，到了清代，算是登峰造极了"！② "男尊女卑""三从四德"等观念在明清达到了无以复加的地步，家长对子女订婚的权力不仅在习俗上得到社会的承认，而且在法律上也进行了严格的规定："嫁娶皆由祖父母、父母主婚，祖父母、父母俱无者，从余亲主婚。其夫亡携女适人者，其女从母主婚。若已定婚未及成亲，而男、女或有身故者，不追财礼。"③

其二，中国古代社会订婚的另一大特征便是要有婚书或聘财。婚书是订婚完成的书面凭证，具体出现于何时，学界还没有一致的看法，但都同意对婚书从法律制度上首次进行详细规定的是《唐律疏议》。④ 该法律规定了男女订婚成立的两个条件，一是婚书，二是聘财，二者有一即可。宋、明、清等政府法律对婚书的规定基本一致。

订婚时下聘礼是古代社会早就有的习俗，六礼中的纳征便是此环节，《仪礼》中有："纳征，玄纁束帛、俪皮，如纳吉礼。"⑤《周礼》中也有相似的记载："凡嫁子娶妻，入币纯帛，无过五两。"⑥ 此后历

---

① ［美］伊沛霞：《内闱——宋代的婚姻和妇女生活》，江苏人民出版社2004年版，第54、70页。
② 陈东原：《中国妇女生活史》，上海书店1984年版，第221页。
③ 田涛、郑秦点校：《大清律例》，法律出版社1998年版，第204页。
④ 主要参见陶毅、明欣《中国婚姻家庭制度史》，第3章第2节内容，东方出版社1994年版；郭松义、定宜庄《清代民间婚书研究》第1章，人民出版社2005年版。后者是目前国内学界对古代婚书进行详细研究的大成之作，对笔者该部分的写作有重要的参考价值。
⑤ 李学勤主编：《十三经注疏·仪礼注疏（上、下）》，北京大学出版社1999年版，第68页。
⑥ 《周礼》卷2《地官司徒》。

朝纳征习俗大多类此，陈鹏指出："历朝所定纳币之仪，大略依此。"① 具体到聘财的清单，各个朝代还是有所区别，例如清代《万宝全书》中记有"聘礼书式"，摘抄如下："礼书双幅、代仪若干；礼银若干、喜钱几联；寿帕成幅、福果成筐；烟豚几趾、鲜豚几趾；德禽几翼、团酥几筐；福橘几合、凫燕几拾；鲜鱼几尾、鲁酒几樽。"女方的回仪是："朝帽一品、京靴成双、笔池成对、银笔成双。"② 可以看出，订婚时聘礼也不是很贵重的物品，大多是日常生活中的必需品。

（三）婚约的近代转型

近代湖北订婚习俗的变迁与中国近代社会所处的历史背景是分不开的，有必要对近代中国新式婚俗演变的趋势作一简略的叙述。

鸦片战争爆发后，面对"数千年未有之变局"，中国社会被动地走向了变革的道路。然而中国社会真正从传统向现代转型还是在甲午战争失败之后，使得婚姻制度与妇女命运同时发生变化："这才引起国人的注意，发愤图强的声浪，弥漫了全国；这才有人想到西洋文化也有它的好处；妇女生活也才随着有改变的倾向。"③ 新式婚俗于清末民初开始出现，《清稗类钞》对此作了记载："亲迎之礼，晚近不用者多，光、宣之交，盛行文明结婚，倡于都会商埠，内地亦渐行之。"④ 严昌洪也指出：早在民国初年，在晚清婚、丧礼俗变革的基础上，政府就制定了新式婚礼。⑤

此后，中国社会经过辛亥革命、五四新文化运动等革命运动的洗礼，男女平等、自由的西方民主思想得到了广泛的宣扬与实践，致使与之联系密切的新式婚俗的传播也不断扩大。特别是在1930年，南京国民政府《民法·亲属编》的制定与颁布，首次以法律的形式确立男女双方都享有平等自主的权利。在婚约方面《亲属编》作了详

---

① 陈鹏：《中国婚姻史稿》，中华书局1990年版，第207页。
② 转引自郭松义、定宜庄《清代民间婚书研究》，人民出版社2005年版，第66—67页。
③ 陈东原：《中国妇女生活史》，上海书店1984年版，第315页。
④ 徐珂：《清稗类钞》第5册，中华书局1984年版，第1987页。
⑤ 严昌洪：《中国近代社会风俗史》，浙江人民出版社1992年版，第258页。

细的条文规定，内容如下：

> 第 972 条：婚约，应由男女当事人自行订定。
> 第 973 条：男未满十七岁，女未满十五岁者，不得订定婚约。
> 第 974 条：未成年人订定婚约，应得法定代理人之同意。
> 第 975 条：婚约不得请求强迫履行。
> 第 976 条：婚约当事人之一方，有左列情形之一者，他方得解除婚约。
> 一、婚约订定后，再与他人订定婚约，或结婚者；二、故违结婚期约者；三、生死不明已满一年者；四、有重大不治之病者；五、有花柳病或其他恶疾者；六、婚约订定后成为残废者；七、婚约订定后与人通奸者；八、婚约订定后受徒刑之宣告者；九、有其他重大事由者。[①]

通过该法律的规定和古代婚约进行比较，可以看到，首先婚约的订定由家长变成男女当事人，不再要求"父母之命媒妁之言"；其次废除了婚书或聘财作为订婚成立的证明；再次对订婚的年龄、效力和婚约的解除等方面也作了说明，打破了婚约作为婚姻成立的必经程序，使之成为非必要的程序。民国学人史尚宽指出："婚约仅为婚姻之准备而非婚姻行为之要件。"[②] 同时期的胡长清进一步指出："现行亲属法则以写立婚书收受聘财，不但与共诺婚之主旨不合，且常因此演成种种之流弊，故毅然舍要式主义，而取非要式主义，即婚约，亦如一般契约，以当事人之意思合致为已足，其写立婚书及收受聘财与否，与婚约之成否无关。"[③] 前后对照，可以发现国民政府对于婚约制度的颁布，具有一定历史进步的意义，将男女从包办专制的订婚制

---

① 中国法规刊行社编审委员会编：《六法全书》，《民国丛书》第 3 编第 28 册，上海书店 1991 年版，第 87 页。
② 史尚宽：《亲属法论》，中国政法大学出版社 2000 年版，第 112 页。
③ 胡长清：《中国民法亲属论》，商务印书馆 1936 年版，第 58—59 页。

度中解放了出来。

中国婚约的历史特征前后具有鲜明的特色，从先秦到明清是包办专制式订婚不断加强的阶段，而近代以来又是包办专制式订婚的嬗变和变迁时期，婚约制度的变迁实质上也反映了人类社会不断向前发展的历史潮流。

二 近代湖北婚约的特点

鸦片战争以来的中国近代社会，是一个从传统向现代进行转型的时期，反映到近代湖北婚约上面也体现出两种特点，一是深受传统风俗习惯的影响，一些传统的订婚习俗延续下来；二是逐渐受到西方新式婚俗的渗透，传统订婚习俗发生了一定程度上的变革并产生了一些新的特点。

（一）传统订婚习俗的延续

1. 包办式订婚

订婚又称"合八字""传简""过节""行庚""讨红帖"等，近代湖北婚姻的订立仍然受到传统习俗的影响，是依靠家长的包办，"省内各地婚姻盛行'父母之命，媒妁之言'。由于男女授受不亲，儿女婚姻完全由父母包办，个人毫无自主权力，或者双方父母早有协定，或者请媒人上门代为说合"。再如黄冈地区，"建国前的婚姻，是遵循'父母之命，媒妁之言'的包办婚姻制度"。[2] 麻城地区也是如此，"人民共和国成立前，联姻凭'父母之命，媒妁之言'"。[3] 近人陈顾远也指出："媒妁传言于前，父母决定于后，堪称为婚姻意思者此耳。"[4]

近代湖北婚约的订立，除了父母包办之外，媒人的作用也很重要。俗语有"天上无云不下雨，地上无媒不成亲"，由此可见媒人在

---

[1] 湖北省地方志编纂委员会：《湖北省志·民俗方言》，湖北人民出版社1996年版，第149页。
[2] 黄冈县编纂委员会：《黄冈县志》，武汉大学出版社1990年版，第570页。
[3] 严仪周：《麻城县志》，红旗出版社1993年版，第542页。
[4] 陈顾远：《中国婚姻史》，上海书店1984年版，第141页。

婚姻中的作用是极其重要的,"欲缔结婚姻,先由媒人传辞"①。湖北各地媒人的称呼也有不同,"在鄂东南称为'月老',在本省西部、北部广大地区被称为'红爷'",所聘之媒分为两类,"有亲朋好友,亦有职业媒婆"。此外,媒人说媒"多是受人之托上门牵线,其中以男方聘媒为常见","有的则是媒人主动搭桥"。② 媒人在传统社会里比较重要,被尊称为"月老",但是在很多时候媒人为了得到一些物质上的利益,极力撮合男女婚姻的订立,导致了一些不幸福的婚姻存在,产生了不好的影响为人所诟病。如在武汉的青山地区,媒人被看作"一些专门撮吃撮喝、以做媒为生"的人。③

2. 订婚的过程与仪式

婚姻是人生的"终身大事",历来都受到社会的重视,随之而形成了一套严密的婚姻过程与仪式,近代湖北的订婚过程与仪式也不例外,并具有地方特色。

近代湖北的订婚过程通常是从"纳采""问名"等步骤开始的,例如汉川地区的订婚过程是:"先由媒妁出面,了解男女出生年月、家庭状况。互相说合后,男方赠送礼品(金银首饰、衣料、茶食),女方填写'庚帖'送给男方,叫'订亲',俗称'接八字'。"④ 公安地区的情况为:"清末和民国时期,本县男女婚姻,仍受封建礼教'父母之命,媒妁之言'束缚。男女幼儿时期即履行'发八字'(女家把女孩的'生辰八字'写在红纸帖上交媒人送到男家)订婚手续。男家接到'八字'就算亲事已定,双方不得轻易反悔。此种订婚形式,县内盛行。"⑤ 在湖北竹溪地区,纳采即"送礼求婚";问名为"请出女方姓名,生辰时间,同男方一起请算命先生测算";纳吉是

---

① 严昌洪:《武汉文史文丛·老武汉风俗杂谈》,中国档案出版社2003年版,第50页。
② 湖北省地方志编纂委员会:《湖北省志·民俗方言》,湖北人民出版社1996年版,第150—151页。
③ 武汉市青山区地方志编纂委员会:《青山区志》,武汉出版社2006年版,第873页。
④ 湖北省汉川县地方志编纂委员会:《汉川县志》,中国城市出版社1992年版,第664页。
⑤ 公安县志编纂委员会:《公安县志》,汉语大词典出版社1990年版,第584—585页。

"送礼订婚";纳征则指"给女方送聘礼"①。

近代湖北的订婚仪式十分讲究。首先要备好庚书,这是男女订婚的第一步,即男女双方交换生辰八字,也称"庚帖""八字""喜书"等。例如在公安地区议婚之后,"以单红帖书女庚章付媒妁送男家,其婚即定。一诺千金,绰有古风焉"。②其次,订婚时要有聘礼,通常聘礼的种类与数量是由各地的风俗习惯决定的。例如在武汉地区,男方在订婚时询问女方如何下聘礼时,"如女方通达的,只说听男家的意思;不通达的,就开口要几黄(金首饰)、几白(银首饰)、几套绸缎衣料。还有开口说要若干钱,作为首饰衣料的费用。连同抬盒的肉鱼喜饼茶食和请客陪媒人的酒席,所费实不少"。③在公安一带,聘礼为"挑盒子,或抬架礼,礼品多为肉、鱼、饼、糕之类";应城的聘礼为"男方须备十样礼,谓之'十金',女方则以衣帽为赠";在鄂东南一带,"交换庚帖,互赠礼品"。④

3. 订婚规则与禁忌

近代湖北的订婚不是男女双方随意而为的,需要注意四个方面的事项:

首先是异姓订婚,在湖北的一些地区不主张同姓为婚,如果同姓为婚须出"五服"。例如在宜都地区:"男女婚姻皆为异姓开亲,同姓开亲的要出五服。姨表开亲和姑表开亲的,称之为'侄女赶姑'和'回门亲'。"⑤

其次是"门当户对",订婚双方的男女不论在门第、地位等方面,还是在相貌、辈分等方面,都要大致相当,俗语里有"儿郎相配,门当户对",如麻城地区则"取门户相对者结姻"。⑥ 门当户对的订婚原

---

① 竹溪县志编纂委员会:《竹溪县志》,内部发行,第739页。
② 丁世良、赵放:《中国地方志民俗资料汇编·中南卷(上)》,书目文献出版社1991年版,第405页。
③ 《武汉文史资料》总第35辑,1989年第1辑,1989年3月,第175页。
④ 李德复、陈金安:《湖北民俗志》,湖北人民出版社2002年版,第330页。
⑤ 湖北省枝城市地方志编纂委员会:《宜都志》,湖北人民出版社1990年版,第638页。
⑥ 丁世良、赵放:《中国地方志民俗资料汇编·中南卷(上)》,书目文献出版社1991年版,第356页。

则，使得人们将订婚的对象选择了地理位置不远并且相对熟悉的人群里面。湖北省内少数民族较多，订婚时也按照"门当户对"的原则，如省内回族议婚，"必为同教，且不慕权贵、资产，以贤为贵。通常，先访门户籍贯，再行议婚"。①

再次，订婚时机也很讲究，一般"多选在农历二月。民间俗有'五荒六月不起媒，冬节腊月不敢提'之说。"② 在沙市地区，婚嫁一般选在下半年，"沙市婚嫁，下半年居多"。③ 在阳逻地区则"习惯在八月起媒，取团圆之意"。④

最后，订婚要算命。在传统社会里，订婚时也要请算命先生给男女双方算命，近代湖北也不例外，如果双方的属相或命相不合，是不能订婚的。属相是以十二生肖为依据，在鄂东有"忌龙虎相配，忌牛马同栏且有兔狗难安之说"，省内还有一首歌诀对婚配属相作了生动的描述："鼠羊相逢一旦休，白马不能见青牛，金鸡不与犬相见，兔子见龙不长久，蛇见猛虎如刀断，猿猴见猪泪交流。"⑤ 再如武汉青山地区，给男女双方算命是这样的过程："媒人牵线之后先要请人写生辰八字，再请算命先生'合八字'，合得好，这桩婚姻就成，合得不好，说是男女相克，如'鸡见猴泪双流，猴见鸡流眼泪（lí）'，就不能结婚。"⑥ 命相则按照金木水火土五行相生相克的规律进行推算，相生为吉男女双方可订婚，相克为凶不可订婚。

通过上述三个方面的考察，我们了解到传统订婚习俗在近代湖北的存在情况。在时代的大历史背景下，近代湖北身处社会不断转型的阶段，新事物不断涌现，虽然传统订婚习俗仍然具有较强的生命力而延续了下来，但是其发生一定的变革是则历史的趋势。

---

① 湖北省地方志编纂委员会：《湖北省志·民俗方言》，湖北人民出版社1996年版，第152页。
② 同上。
③ 《沙市文史资料》编辑部：《沙市文史资料》第四辑，1988年12月，第296页。
④ 新洲县志编纂委员会：《新洲县志》，武汉出版社1992年版，第657页。
⑤ 湖北省地方志编纂委员会：《湖北省志·民俗方言》，湖北人民出版社1996年版，第151—152页。
⑥ 武汉市青山区地方志编纂委员会：《青山区志》，武汉出版社2006年版，第873页。

(二) 传统订婚习俗的变革

在转型时期的大历史背景下，传统订婚习俗在近代湖北并非一成不变，也处于不断变迁的过程之中。

1. 订婚习俗过程的简化

传统婚俗有一套烦琐的礼仪制度，在近代的湖北这些礼仪程序得到了简化，如英山地区："古有纳采、问名、纳吉、纳币、请期、亲迎六礼，今只用纳采、纳币。"① 孝感地区为："婚礼有六，今才三：纳采、请期、奠雁耳。"② 这些事例说明，婚姻的"六礼"在近代的湖北已经简化了，只是保留了"六礼"中的某些过程。

2. 订婚时男女双方的年龄发生变化

在传统社会订婚时出现的娃娃亲十分常见，甚至有"指腹为婚"的现象，"旧时，鄂境民间联姻，颇有早婚习俗……因此，议婚、订婚年龄甚早。议婚形式多为指腹婚、娃娃婚、童子婚"。③ 再如江陵地区是："'定亲'年龄一般为10岁左右，也有个别指腹为婚者。"④ 这些现象在近代的湖北已开始得到改观，如以往常见的娃娃亲逐渐减少，在谷城地区"民国民间的婚姻程序和礼仪是：30年代前，多数都在幼儿时期订婚，以后，逐渐减少"。⑤

3. 订婚聘金的减少

近代湖北一些地区，男女订婚时的聘金有减少的趋势，例如枣阳地区："婚礼，不论财，以名柬为定，女家答柬如之。"⑥ 再如松滋地区："初，亦仿古纳采、问名礼，具币请庚，然从简略者恒多。"⑦ 均反映出，在近代湖北的某些地区，订婚时已不注重古代社会的重财之

---

① 丁世良、赵放：《中国地方志民俗资料汇编·中南卷（上）》，书目文献出版社1991年版，第368页。
② 同上书，第326页。
③ 李德复、陈金安：《湖北民俗志》，湖北人民出版社2002年版，第327页。
④ 湖北省江陵县志编纂委员会：《江陵县志》，湖北人民出版社1990年版，第678页。
⑤ 湖北省谷城县地方志编纂委员会：《谷城县志》，新华出版社1991年版，第471页。
⑥ 丁世良、赵放：《中国地方志民俗资料汇编·中南卷（上）》，书目文献出版社1991年版，第463页。
⑦ 同上书，第406页。

风气，节俭之风出现，这与近代中国社会经济的凋敝有很大的关系。

在近代湖北，传统订婚习俗还仍然延续着，在湖北省的大部分地区特别是农村等偏远落后地区，传统订婚习俗还具有顽强的生命力。但是在近代社会的激烈转型时期，特别是清末、民国阶段，婚姻文化与婚姻制度等方面均发生着巨大的变化，导致传统订婚习俗也发生了一定程度上的变革，然而近代湖北订婚习俗真正发生变革是近代西方新式订婚习俗的传入与传播。

（三）新式订婚习俗的兴起

受近代中国提倡的婚姻自由、男女平等等思想的宣传与实践，湖北地区在订婚习俗方面也在发生相应的变化，新式订婚习俗开始不断传播。

1. 婚恋观念的新变化

传统社会的婚姻观念是专制的，忽视子女的意志。近代以来，新式婚姻观念影响渐增，子女们已开始主动追求婚姻自由与幸福，男女之间可以自由订婚，导致订婚习俗不再讲究传统父母的包办，发生了新变化。受时代影响，近代湖北的婚恋观念也发生了许多新变化，竹枝词对此也有所反映。例如在恋爱方面，蔡寄鸥的《洪山竹枝词》对此作了详细的记载："宝通寺里去求神，信手抽将签一根。四句五言诗一首，不关嗣息即婚姻"，"红男绿女并香肩，菩萨低眉不管闲。但愿有情成眷属，佛家也是说姻缘"。[1] 这两首竹枝词均反映了恋爱中的青年男女，到寺庙中求神拜佛祈求美好婚姻的情况，虽有封建迷信的色彩，但一定程度上体现了近代湖北女性追求婚姻自由的愿望。又如："阿侬生小住江滨，惯引渔郎来问津。昔日茶为花博士，而今茶是妾媒人。"[2] 这首竹枝词形象地刻画了女孩通过卖茶这一媒介，找到心仪的男孩为配偶，择偶自由体现了近代湖北女性在婚姻方面的自主权，传统父母包办式的婚姻模式渐趋松动。

---

[1] 蔡寄鸥：《洪山竹枝词》，徐明庭、张颖、杜宏英辑校《湖北竹枝词》，湖北人民出版社2007年版，第84页。

[2] 田维汉：《蕲州花茶竹枝词》，徐明庭、张颖、杜宏英辑校《湖北竹枝词》，湖北人民出版社2007年版，第233页。

2. 西式订婚现象渐多

如汉阳地区，"本县婚丧喜庆多沿旧习。婚礼先行祭告礼，男则长袍马褂，女则凤冠绣裙。民国十五年以后，有以文明结婚者，其礼较简"。① 订婚方式也不再是传统的"父母之命，媒妁之言"，而是具有平等自由的形式，这在宜昌地区体现得较为明显，"30年代前后，欧风东渐，宜昌与鄂西各县，始有'文明结婚'之俗。先由亲友介绍，男女双方由友谊而情爱，经双方家长同意，遂宴请介绍人，互易戒指，即为订婚"。② 再如，近代湖北竹枝词也对此作了刻画："与郎携手并郎肩，六块洋钱镀个圈。只恨汽车行太速，万千心事不能言。"③ 这首词说明了男女之间能够自主择偶，同时也效仿西方社会，采用戒指作为婚姻成功的见证。

3. 男女订婚自由的实现

妇女解放运动是近代世界的一大潮流，从清末到民国时期，中国的妇女解放运动得到了社会各界的一致推动，取得了一定的成就，特别是对传统封建婚姻制度的批判，要求女性平等与自由的呼声日益扩大。近代湖北的竹枝词对此作了详细的描述，例如蔡寄鸥的《女子解放》记载："胭脂队里议纷纷，说到人权气不平。昔日自由今解脱，名词都为女儿新。"这首竹枝词指出了女性已知道男女人权平等，对过去男女不平等的时代表示了气愤。又如"每逢演说强先筹，呖呖莺声一串喉。博得人人争拍掌，女儿最好出风头"。④ 这首词是说女性也开始走向公共场合进行演讲，并且得到听众的支持和鼓掌，出尽了风头。再如："会场见客费周旋，握手殷勤礼最先。不用唠叨通姓字，一张名片送君前。"妇女解放在会客的礼节上也有所体现，该首竹枝词即展现了男女见面前先行握手礼，女性还把印好的名片送给对方。

---

① 《武汉文史资料》1991年第2辑，第197页。
② 湖北省宜昌县地方志编纂委员会编纂：《宜昌县志》，冶金工业出版社1993年版，第822页。
③ 蔡寄鸥：《女子解放》，徐明庭、张颖、杜宏英辑校：《湖北竹枝词》，湖北人民出版社2007年版，第56页。
④ 同上。

近代湖北新式订婚习俗的兴起，在很大程度上深受社会转型的影响，新式订婚习俗在湖北的影响日益扩大，不断得到百姓的实践，这符合历史演变的发展方向。

三 婚约纠纷的历史回顾

就如同任何事物不可能发展得一帆风顺一样，历史上男女之间的订婚也会产生种种的纠纷现象，下面拟从礼制和法制两个方面进行说明。

首先，从礼制方面来说。在传统社会里婚约的达成要经过纳采、问名、纳吉、纳征等六个过程，婚约纠纷也产生在这六个过程之中。然而，从礼制的角度来看，似乎没有对婚约纠纷进行考虑的必要，这也许是基于在传统社会中婚约是由家长做决定的，婚约达成后也很少反悔。有学者指出："婚姻所以合二姓之好，只要二姓的家长同意于其子女的结合，经过一定的仪式，婚事便成立了。直系尊亲属，尤其是男性的直系尊亲属，有绝对的主婚权。他的意志可以命令他的子女与任何一定的人结婚，社会和法律都承认他在这方面的威权，予以强有力的支持，不容子女违抗。"[1] 因此，基于子女反抗为特点的婚约纠纷是不常发生的，这从礼制的一些规定可以看出来。所以，在礼制方面传统社会只关注婚姻缔结的积极意义，要求社会民众遵从，而不考虑婚姻纠纷的现象，是因为从"礼制"的本身来讲它是不允许任何不好的方面存在。

其次，从法制方面来说。虽然从礼制的制度层面来看，婚姻的过程都是一片美好，但是在实际的婚姻生活中也会出现纠纷，男女之间订立婚约更不是一帆风顺的，这就需要相关法制层面的考虑。从已有的法律条文来看，婚约纠纷主要体现在以下几个方面：第一，订立婚约时没有将男女自身情况通知清楚引起纠纷，例如《大清律例》中规定："凡男女订婚之初，若或有残或废、疾、病、老、幼、庶出、过房同宗、乞养异姓者，务要两家明白通知，各从所愿，不愿即止，

---

[1] 瞿同祖：《中国法律与中国社会》，中华书局2003年版，第108页。

愿者同媒妁写立婚书，依礼聘嫁。"① 第二，已定婚约，再许嫁他人引起纠纷。《唐律疏议》中规定："诸许嫁女，已报婚书及有私约，（约，谓先知夫身老、幼、疾、残、养、庶之类。）而辄悔者，杖六十。（男家自悔者，不坐，不追聘财。）虽无许婚之书，但受聘财，亦是。（聘财无多少之限，酒食非。以财物为酒食者，亦同聘财。）若更许他人者，杖一百；已成者，徒一年半。后娶者知情，减一等。女追归前夫，前夫不娶，还聘财，后夫婚如法。"② 第三，订婚后妄冒者。订婚的对象出现了顶替，也是婚约纠纷的一个现象，法律对此也作了相关的设计，如："诸为婚而女家妄冒者，徒一年。男家妄冒，加一等。未成年者，依本约；已成者，离之。"③ 第四，订婚后男女一方去世引起纠纷，清律对此规定："若已定婚未及成亲，而男、女或有身故者，不追财礼。"④ 第五，已有妻子，又与他人订婚并结婚者。如《唐律疏议》中规定："诸有妻更娶妻者，徒一年；女家，减一等。若欺妄而娶者，徒一年半；女家不坐。各离之。"⑤ 第六，因口许或指腹等因素订立婚约导致纠纷的，例如《大清律例》对此规定："男女婚姻各有其时，或有指腹、割衫襟为亲者，并行禁止。"⑥ 第七，违反法律规定的订婚引起的纠纷，宋律规定："诸违律为婚，虽有媒聘，而恐吓娶者，加本罪一等；强娶者，又加一等。被强者，止以未成法。即应为婚，虽已纳聘，期要未至而强娶，及期要至而女家故违者，各杖一百。"⑦

但实际生活中，往往不会"依法判决"。例如订婚后一方病故导致的婚约纠纷："判得沈石氏子一英，曾凭媒聘邵培元之女为妻，未过门，而一英病死，是一英与邵女，未为六礼之迎，难遂双飞之愿。夫者尚不为夫，媳者曷云是媳。今邵培元将女另嫁，自属情直理壮，

---

① 田涛、郑秦点校：《大清律例》，法律出版社1998年版，第203页。
② 长孙无忌等撰：《唐律疏议》，中华书局1983年版，第253页。
③ 同上书，第255页。
④ 田涛、郑秦点校：《大清律例》，法律出版社1998年版，第204页。
⑤ 长孙无忌等撰：《唐律疏议》，中华书局1983年版，第255页。
⑥ 田涛、郑秦点校：《大清律例》，法律出版社1998年版，第205页。
⑦ 薛梅卿点校：《宋刑统》，法律出版社1998年版，第256页。

沈石氏得辄为阻挠，率尔禀控。……惟既有聘礼白银十五两，邵培元不早偿还，亦属非是，应令返还，以情纠葛。沈石氏以后不得再向邵培元缠挠，此判。"① 该案件中男方订婚当事人身故，女方另嫁，男方要求女方赔偿白银十五两。虽然官方认定女方另嫁正当，但仍要求女方家庭支付十五两的聘礼，并非"不追财礼"。

而从近代特别是国民政府时期的法律制度来看婚约纠纷，主要有：一是，婚约没有由男女当事人自行订定引起婚约纠纷。二是，男女当事人没有达到法定年限。三是，未成年人订定婚约没有得到法定代理人同意。四是，婚约订定后，再与他人订定婚约，或结婚者。五是，故违结婚期约者。六是，生死不明已满一年者。七是，有重大不治之病者。八是，有花柳病或其他恶疾者。九是，婚约订定后成为残废者。十是，婚约订定后与人通奸者。十一是，婚约订定后受徒刑之宣告者等方面。②

将古代和国民政府时期婚约纠纷的制度性设计进行比较，可以看出制度设计的出发点已经不同，一个侧重家族主义，一个侧重个人主义，这从男女当事人对订婚是否做主和必须达到的订婚年龄可以看出来。其次，就是对国民政府对婚约纠纷的现象作了更为详细的分类，这有利于对此纠纷作出更为合理的处理。例如1929年天津19岁女子刘淑英要求解除包办式婚约，原因在于她"后年龄稍长，人事渐解，始知婚姻之满意与否，关系于一生幸福者极大"，要求根据法律规定"婚约没有由男女当事人自行订定引起婚约纠纷"而解除婚约。③ 该事例清楚地反映出近代社会风气渐开的情形。

第二节 婚约纠纷案件的特征分析

在上文中我们已经指出，国内近代婚姻史研究之所以不够深入，

---

① 转引自陈鹏《中国婚姻史稿》，中华书局1990年版，第372页。
② 中国法规刊行社编审委员会编：《六法全书》，《民国丛书》第3编第28册，上海书店1991年版，第87页。
③ 《勇于自谋的女子解除了旧俗的婚约》，《大公报》1929年2月9日第9版。

最大的原因是对司法档案利用不足所导致的。① 对于学界忽视司法档案的现象，黄宗智曾指出："法制史研究的同人，过去作了很多很有价值的研究，但对法律制度的实际运作，注意比较少。有个别的学者，使用了案件档案，做了重要工作，但应该可以说还有很多工作等待着我们去做。"接着他呼吁道："我们多使用诉讼案件档案这个发掘不多的资料，结合所谓'旧'经济史和社会史以及所谓'新'文化史的研究，来进行一种可以称作'新法制史'的研究。"② 黄宗智不仅这样说，而且也这样做，其利用清代四川巴县、台湾淡水、新竹等县以及民国相关诉讼案件档案资料，做出了较有影响力的一系列学术前沿成果。黄宗智认为考察诉讼案件和司法档案有助于我们重新认识中国的法律制度，可以"探讨司法实践与官方和民间的表达之间的可能背离，由此重新理解过去的法制，进及国家与社会间的实际关系，以及旧政权组织整体的性质"。③

直到2006年10月，我国才召开有关近代司法档案的学术会议，即由河北省社会科学院主办的"民国河北高等法院档案与近代华北社会"学术研讨会，在该次研讨会上与会者一致认为："在河北召开这样一次有关民国河北高等法院档案与近代华北社会问题研究的学术会议，不仅可以引发各地专家学者加强其所在地档案的挖掘使用力度，同时也必将对近代华北社会研究向纵深方向发展起到重要的

---

① 主要参见梁治平《清代习惯法：社会与国家》，中国政法大学出版社1996年版；马钊《司法理念和社会观念：民国北平地区妇女"背夫潜逃"现象研究》，《法律史学研究》2004年第00期；黄宗智《清代的法律、社会与文化：民法的表达与实践》，上海书店2001年版；付海晏《变动社会中的法律秩序——1929—1949年鄂东民事诉讼案件研究》，华中师范大学出版社2010年版；黄宗智《法典、习俗与司法实践：清代与民国的比较》，上海书店2003年版；白凯《中国的妇女与财产：960—1949年》，上海书店2003年版；张佩国《财产关系与乡村法秩序》，学林出版社2007年版等。此外，还有一些日本学者如滋贺秀三、寺田浩二等，参见王亚新、梁治平编《明清时期的民事审判与民间契约》，法律出版社1998年版。

② 黄宗智：《中国法律制度的经济史·社会史·文化史研究》，《比较法研究》2000年第1期。

③ 黄宗智：《中国的法律、社会与文化系列丛书》（总序），上海书店2007年版。

推动作用。"① 本书利用的主要资料是保存下来的国民政府时期湖北省各司法机构档案。在本章中主要为婚约纠纷案件资料，有的档案卷宗虽然是两件，但都是关于某一个纠纷的就并到一个卷宗之中，共计搜集到纠纷案件数量为60件。这些案件资料不仅包括当事人的年龄、籍贯、住址、职业等情况，还具体到纠纷的原因、过程与结果等方面，成为我们研究婚约纠纷的主要资料载体。

一 婚约纠纷案件诉讼结果分类

婚约纠纷按照当事人所要达成的目的可以划分为主张婚约无效计28件、解除婚约计6件、婚约有效或成立（也即履行婚约）计23件以及撤销婚约计3件四类，共计60件。从法律行为之效力方面来看有时也可以将婚约无效和撤销婚约作为一个整体来看（见表2-1）。

表2-1　　　　　　　婚约纠纷案件诉讼结果分类

婚约纠纷种类	婚约无效	解除婚约	婚约有效	撤销婚约	合计
件数	28	6	23	3	60

（一）婚约无效案件

当事人主张婚约无效，是基于法律行为无效来说，是指该法律行为不发生效力，史尚宽指出："法律行为之确定的无效或终局的无效，谓法律行为当然确定的不生适合于意思表示内容之效力，亦单称无效的法律行为。"② 国民政府《民法》中规定："第71条：法律行为违反强制或禁止之规定者无效，但其规定并不以之为无效者不在此限；第72条：法律行为有背于公共秩序或善良风俗者无效；第73条：法律行为不依法定方式者无效但法律另有规定者不在此限。"③ 婚约纠

---

① 把增强：《关于近代华北社会问题研究的一次重要会议——"民国河北高等法院档案与近代华北社会"学术研讨会述评》，《高校社科动态》2007年第1期。
② 史尚宽：《民法总论》，中国政法大学出版社2000年版，第573页。
③ 蔡鸿源：《民国法规集成》第65册，黄山书社1999年版，第113页。

纷当事人主张婚约无效基本上是依据这些条件而作出的，婚约无效是说明该订立婚约的法律行为自始至终都是无效的。

至于婚约无效的原因，有学者指出："（1）当事人无意思能力或未届订婚年龄。（2）由他人代订（民法972条）。（3）有婚姻障碍者间之婚约，即①禁婚亲属间之婚约②有配偶人之婚约③与相奸者订立之婚约④待婚期间内结婚之婚约。（4）意思欠缺之婚约：①为他方明知之心里保留②虚伪婚约。（5）违反强制或禁止规定或违背公序良俗之婚约。此外，军人未经核准而订婚者，其订婚无效。"[①] 例如湖北通城县的夏雁峰与吴冬莲于1948年发生婚约纠纷，吴冬莲认为1946年双方婚约系父母包办，"当时并不知情，事后亦未同意，乃请求确认该项婚约对自己不生效力"，诉讼法院请求婚约无效。一审二审均支持吴冬莲主张。[②] 在这个案件中，婚约无效的原因既有当事人无意思表示或未届订婚年龄，也有他人代订的因素。笔者收集到这类婚约案件有28份，送过审判机关裁判的诉讼结果又分为三类。在此所要说明的是，有的诉讼经过全部的三审，但是笔者只搜集到其中的两审或一审，就以最后一审的结果作为诉讼的最终判决（下同）：一类是要求婚约无效，经审判准予无效的有6件；一类是后审对前审表示反对，原判决废弃的有5件；一类是后审驳回前审上诉请求的有17件（参见表2-2）。

表2-2 婚约案件无效诉讼结果

婚约无效诉讼结果	确定无效	原判决废弃	驳回	合计
件数	6	5	17	28

资料来源：湖档藏，资料号：LS7-2-1、3、5、20、33、40、66、82、86、87、88、99、100、102、109、113、144、146、150、151、167、188、190、191、196、200、224，LS7-1-1260。

---

① 史尚宽：《亲属法论》，中国政法大学出版社2000年版，第129页。
② 《湖北省高等法院对通城县司法处审理夏雁峰、吴冬莲婚约案的上诉案的判决》，1948年，湖档藏，资料号：LS7-2-113。

(二) 婚约撤销案件

法律行为的撤销，必须以当事人的意思表示为根据，民法第116条规定："撤销及承认应以意思表示为之。"① 但是关于婚姻方面的撤销权必须经过诉讼的程序，有学者指出："暴利行为之撤销（民法74条）、诈欺行为之撤销（民法244条）、婚姻之撤销（民法989条至997条）、两愿离婚之撤销（准用关于婚姻撤销之规定、收养及终止收养之撤销【院字第2271号解释、民诉583条】）应以诉为之。"该学者继续指出，法律行为经撤销后，该行为前后均不发生效力，"但例外的婚姻之撤销及收养之撤销等，惟向将来发生效力"。② 依上所看，撤销婚约和婚姻之撤销、两愿离婚之撤销是有区别的，"婚约之撤销，与结婚之撤销不同，无须向法院请求，而且可溯及婚约时消灭婚约之效力"，而婚约撤销的原因则需要："（1）错误；（2）被诈欺或胁迫；（3）不能人道。"③ 其中不能人道是指："可认为重大事由，如因对方故意隐秘则可构成因被诈欺而陷于错误，否则无过失之一方亦可解约而向他方请求赔偿，良以他方如不告知，则至少可认为有过失。"④ 例如1949年武昌县的成海仙（女）向法院提出撤销同廖蔚桂订立的婚约关系，其最主要的原因是该婚约"未得其同意"。⑤ 这种未得到当事人同意的婚约关系，是一种"错误"的法律行为，因此向法院申请撤销。国民政府时期湖北的婚约撤销案件，笔者仅收集到3件，诉讼的结果有三种：一为原告之诉驳回；一为原裁定废弃；一为未知（见表2-3）。

---

① 蔡鸿源：《民国法规集成》第65册，黄山书社1999年版，第115页。
② 史尚宽：《民法总论》，中国政法大学出版社2000年版，第589、594—595页。
③ 史尚宽：《亲属法论》，中国政法大学出版社2000年版，第130页。
④ 同上。
⑤ 《湖北省高等法院对武昌县成海记、廖蔚桂等撤销婚约案的抗告案的判决》，1949年，湖档藏，资料号：LS7-2-36。

表 2-3　　　　　　　　撤销婚约案件诉讼结果

撤销婚约诉讼结果	驳回	原裁定废弃	未知	合计
件数	1	1	1	3

资料来源：湖档藏，资料号：LS7-2-36、80、177。

（三）解除婚约案件

该解除需要两种原因，"一为约定解除，一为法定解除"[①]。虽然民法没有具体规定婚约约定解除的条件，但是从民法972条规定"婚约，应由男女当事人自行订定"，以及975条"婚约，不得请求强迫履行"来看，订立婚约的法律行为侧重在当事人个人意思之表示，那么婚约解除也为当事人同意即可。不经过法律程序协议解除婚约是当时社会采取的方式之一，上文中我们提到当时报纸上载有的解除婚约的广告即属于此类范围。婚约的法定解除，是前文中所提到的民法976条所列出的九种情形，只要具备其中一种情形该婚约就符合解除的条件。例如1947年随县的陈玉兰（女、原告）和被告安水因婚约纠纷请求解除，陈玉兰供说，婚约"于四五岁时由父母代订婚约，未经本人同意。且该婚约亦未经双方追认，依据法令此种婚约应属无效因，根据法令征得原告生父陈金山同意即向被告通知解除婚约，此原告在法律上应有之权利，被告不得任意反对。被告七载未归，杳无音信，未知存亡，乃被告之父安伦富尤要原告静待三载，原告绝对不得承认。现原告年已二十三，何能久待不字？"虽然原告之诉提到的理由不符合解除婚约之原因，但是法院也未按照解除婚约之规定裁判，而是根据《出征抗敌军人婚姻保障条例》之相关规定驳回原告之诉。[②] 该类纠纷案件共有6件，诉讼结果有三种，一是上诉驳回计有3件，二是原判决废弃计有2件，三是判决结果未知1件（见表2-4）。

[①] 胡长清：《中国民法亲属论》，商务印书馆1936年版，第64页。
[②] 《湖北省高等法院对随县地方法院审理陈玉兰、安水婚约案之上诉案的判决》，1947年，湖档藏，资料号：LS7-2-133。

表2-4　　　　　　　　　　婚约解除案件诉讼结果

婚约解除诉讼结果	驳回	原判决废弃	未知	合计
件数	3	2	1	6

资料来源：湖档藏，资料号：LS7-2-8、30、57、79、131、133。

（四）婚约有效或成立案件

虽然《民法》第972条规定婚约应由男女当事人自行订定，但是在实际生活中并不完全是这样的，我们从婚约纠纷的案件中可以看到这一点。主张婚约有效或成立的案件共计23件，从这些案件来看婚约并非男女当事人自行订立，反而都是双方家长代订的，但这不妨碍他们要求婚约有效或成立，因为在传统的习惯法来看"父母之命媒妁之言"的包办式婚姻是天经地义的。例如黄陂的黄庭波（男）因确认与张富云（女）所订婚约有效案。在该案中由于黄庭波在1944年当兵外出抗战一直未归，张富云抛弃先前所订婚约于1947年阴历九月初九与李顺意结了婚。1948年夏天黄庭波回家时，即与李顺意打起了官司，请求法院判决李顺意与张富云的婚约无效，供称的原因主要有两条：一是"我是抗战军人，对于婚约当有保障"；二是所定婚约系"几岁的时候我母亲与我岳父说好了，发的八帖"。[①] 确认婚约有效或成立的案件计有23件，诉讼的结果如下：原判决无效有5件；驳回上诉16件；确定婚约有效1件；未知1件（见表2-5）。

表2-5　　　　　　　　　　婚约有效案件诉讼结果

婚约有效诉讼结果	原判决废弃	驳回	确认婚约有效	未知	合计
件数	5	16	1	1	23

资料来源：湖档藏，资料号：LS7-2-16、17、19、26、35、39、42、56、75、77、93、111、120、145、152、157、165、166、184、187、209、231，LS7-1-1236。

---

① 《湖北省高等法院对黄陂地方法院呈黄庭波、张富云、李顺意婚约上诉案的判决》，1948年，湖档藏，资料号：LS7-2-165。

二 婚约纠纷案件的数据分析

关于空间和时间的考察，不仅在史学家，而且在人类学、社会学等学科中也十分常见，因为区域史研究是一个十分不强调学科界限的研究领域。① 其实在史学研究中，不论研究什么对象都离不开一定的空间和时间作为背景，忽视空间和时间的因素，无疑会使相关研究变成空中楼阁，研究中国农村市场经济的施坚雅对此指出："任何要了解市场结构的社会或经济范围的尝试，都必不可避免地要对它们的空间特征作出一些假设。"② 费孝通进一步指出："为了对人们的生活进行深入细致的研究，研究人员有必要把自己的调查限定在一个小的社会单位内来进行。"③ 虽然本书研究的是国民政府时期的湖北省，区域面积大过一个村或社区，但是上述学者的论点无疑对于笔者的写作有很大的启示作用。

（一）婚约纠纷案件诉讼发生地

国民政府《民事诉讼法》第一条规定："诉讼，由被告住所地之法院管辖。被告在中华民国现无住所或住所不明者，以其在中华民国之居所，视为其住所。无居所或居所不明者，以其在中华民国最后之住所，视为其住所。"④ 通过考察当事人的居所，可以看出婚约纠纷发生的地点以及城乡之分（见表2-6）。

---

① 有关中外村镇的研究成果参见［法］埃马纽埃尔·勒华拉杜里《蒙塔尤——1294—1324年奥克西坦尼的一个山村》，许明龙、马胜利译，商务印书馆2009年版；费孝通《江村经济——中国农民的生活》，商务印书馆2001年版；［美］韩丁《翻身——中国一个村庄的革命纪实》，韩倞等译，北京出版社1980年版等。有关近代中国县市的研究成果参见［美］罗威廉《汉口——一个中国城市的冲突和社区》，鲁西奇、罗杜芳译，中国人民大学出版社2008年版等。有关近代中国省级或跨流域研究的成果参见王笛《跨出封闭的世界——长江上游区域社会研究》，中华书局2001年版；台湾"中研院"近代史研究所主编《中国现代化的区域研究》等，特别是有关华南、华北、江南等区域的研究成果更是层出不穷。

② ［美］施坚雅：《中国农村的市场和社会结构》，中国社会科学出版社1998年版，第21页。

③ 费孝通：《江村经济——中国农民的生活》，商务印书馆2001年版，第24页。

④ 中国法规刊行社编审委员会编：《六法全书》，《民国丛书》第3编第28册，上海书店1991年版，第257页。

第二章 婚约纠纷案件研究

表2-6　　　　　　　　　　婚约案件诉讼发生地

婚约诉讼发生地	件数	当事人住所地	
		男	女
汉口	4	本市府南一路公正会计职业学校中山路37号 花楼街熊家巷第108号 大夹街57号	本市长堤街五百号支五号汉阳沌口 单洞横路36号 大夹街57号
武昌	4	武台乡侯家庙 得胜桥137号 大东门外二女中 中正路142号	汉口长湖路17号 得胜桥137号 巡道岭郭家巷1号 中正路142号
汉阳	2	本县西大街145号 黄阳乡张湖口	本县陡码头28号 本县西门桥普济堂31号
黄陂	3	不明 冯家畈 任家大湾	不明 罗家独湾 丁家下湾
浠水	2	袁桥乡 玉泉乡二保	朱店乡 新铺乡四保
孝感	5	复兴乡小河镇 团结乡 中山乡 城区小东门外土桥 中山乡	复兴乡小河镇 团结乡 中山乡 城区宪司街48号 中山乡
通山	1	兴治乡	城厚镇
通城	3	第一区十五保五甲 城厢乡第三保 鲤港乡八保	第二区二十一保四甲 县城西门博爱诊所 城厢乡二保
蒲圻	2	丁母乡六保九甲 泗水乡	丁母乡六保九甲 泗水乡
崇阳	3	龙浪乡 回头乡 铜钟乡	岳鹿乡 回头乡 岳鹿乡
麻城	3	中驿乡 城镇乡第十保 站镇乡	中驿乡 中驿乡 樊里乡

· 53 ·

续表

婚约诉讼发生地	件数	当事人住所地 男	当事人住所地 女
黄安	3	金山乡 二程乡 太平乡钟家岔	桃花乡 二程乡 太平乡张徐家村
汉川	1	汉川城湖乡第五保	汉阳县蔡甸
京山	1	方家岭	方家岭
罗田	7	北丰乡 凤山镇 集永尚乡 凤台乡 凤山镇 凤山镇 巴源乡	北丰乡 凤山镇 凤叶马河乡 东安乡 凤山镇 凤山镇 巴源乡
钟祥	1	县常备第二中队	县某某街（不明）
宜都	1	本县某乡（不明）	柳津滩乡
广济	1	觉生乡	觉生乡
英山	3	孔新乡 罗田茶场乡 石夹乡	石夹乡 金潭乡 石夹乡
随县	2	天河乡 舜平乡二保马家湾	天河乡 屏障乡一保黄家小垄
宜昌	1	姜孝乡五保	姜孝乡五保
当阳	1	漳沮乡	漳沮乡
郧县	1	松石乡十一保	扬武乡西菜园
来凤	1	三胡乡胡家沟	城区镇油菜坪
房县	1	姚黄乡	砖桥乡
礼山	1	第一区高家冲	第一区阮家田
均县	1	五老乡	五老乡
咸丰	1	白果乡第五保	白果乡第五保
合计	60		

从表2-6我们可以得出一些看法：

一是国民政府时期湖北婚约纠纷发生较多的地区是经济较为发达

或者离中心城市较近的地区。由表2-6可知，纠纷案件最多的是武汉地区，汉口、武昌、汉阳三地合计10件之多；其次是离武汉较近的罗田，计有婚约纠纷7件；再后就是孝感、黄陂、英山、浠水、崇阳、麻城、黄安等鄂中、鄂东地区，大都分布在武汉周围；而远离武汉的其他地区，婚约纠纷较少，有的地区一件也没有。当然，案件的发生的多少与笔者掌握的资料密切相关，但是反过来从这些随机收集的资料来看，偶然中也存在必然，相同条件下在武汉周边地区婚约纠纷爆发的可能性最大。

二是从当事人住所来看，居住于市县城区的不多，60对当事人一共120人，住在城区内的仅20余位，其余住所均在乡下。其他地区，由于经济发展不显著，婚约纠纷以乡村为主。但是，从整个湖北省来看，婚约纠纷的城乡之别还是很明显的，主要以乡村为主体。步德茂在研究18世纪中国田界纠纷时认为人口的密度与纠纷发生的次数密切相关，指出："纠纷多少与人口压力有一丝关联。"[①]笔者认为，此种分析也适合婚约纠纷的发生，从城市的角度来看，武汉由于其区域优势明显，婚约纠纷发生较多，当事人也以市民为主。费孝通认为传统的乡土社会是一个男女有别、注重安稳的社会，"乡土社会所求的是稳定"[②]。然而，从婚约纠纷的发生来看，传统乡土社会追求的稳定在一定程度上被打破了。费孝通指出，乡土社会是主张无讼的礼治社会，但是这种社会不能适应近代变迁很快的法治社会，"礼治的可能必须以传统可以有效地应付生活问题为前提。乡土社会满足了这前提，因之它的秩序可以用礼来维持。在一个变迁很快的社会，传统的效力是无法保证的"[③]。订立婚约属于传统"礼治"的范畴，但是家长包办式的婚约不能解决近代的一些婚姻问题，因为这种家长专制权力被定义为非法行为，必须通过"法治"的手段解决。

---

① ［美］步德茂：《过失杀人、市场与道德经济：18世纪中国财产权的暴力纠纷》，社会科学文献出版社2008年版，第81页。
② 费孝通：《乡土中国 生育制度》，北京大学出版社1998年版，第46页。
③ 同上书，第52页。

(二) 婚约纠纷案件发生的时间性

将一些纠纷或者犯罪行为与气候或月份联系在一起考察，也不断成为学界的研究内容。① 虽然不能一定认为气候或月份与婚姻冲突发生的数量多寡有直接的联系，但是从案件发生的平均数量上来看与气候或月份的关系还是有一定的意义。

国民政府湖北婚约纠纷案件发生的时间性一是指发生的年份，二是指发生的月份。由于有的案件持续时间较长，笔者以掌握的案件资料为中心，以其纠纷出现的最早记录时间为来源，60件婚约纠纷案件发生的年份（见表2-7）：

表2-7　　　　　　婚约纠纷案件年份分布

婚约纠纷时间	1928	1941	1942	1944	1945	1946	1947	1948	1949	合计
案件数量	3	1	1	1	1	15	22	15	1	60

因为笔者的档案资料主要来自湖北省档案馆，档案的选择性具有人工的痕迹，又由于抗战等时代环境的影响，使得很多档案没有得以保存，因此，仅就笔者所查阅的60份档案来看，还是能看出一些规律来。

从表2-7来看，婚约纠纷最早的发生时间为1928年案件数为3例，抗战期间合计案件数有4例，抗战后的4年有53例之多。抗战前后婚约纠纷发生的数量相差太远，但是从抗战后的4年来看，档案资料得到较为完整的保存，所以1946年至1948年婚约纠纷发生的数量不仅较多而且也相对平均。我认为主要的原因有两个方面：一是档

---

① 主要参见李文海主编《民国时期社会调查丛编》（婚姻家庭卷、底边社会卷），福建教育出版社2005年版；沈登杰、陈文杰《中国离婚问题之研究》，《东方杂志》1935年第32卷第13号等。近年来在研究中重视气候或月份的相关论著参见余新忠《清代江南的瘟疫与社会：一项医疗社会史的研究》，中国人民大学出版社2003年版；[美]步德茂《过失杀人、市场与道德经济：18世纪中国财产权的暴力纠纷》，张世明、刘亚丛、陈兆肆译，社会科学文献出版社2008年版等。另外行龙《开展中国人口、资源、环境史研究》（《从社会史到区域社会史》，人民出版社2008年版）一书中，曾呼吁在具体的研究实践中要运用人口学、地理学、生态学、社会学等学科的理论与方法。在环境史的研究中气候或月份是必须考虑的因素。

案资料因抗战时期湖北省政府西迁过程中遗失导致的；二是时局对百姓的日常生活影响很大，在抗战时期人民多是以抗战和生存为第一要务，会降低婚约冲突发生的概率，而抗战胜利后，国共内战对湖北省的影响没有抗战时期大，因此在生活较为安稳的1946年及之后，婚约冲突就较为明显地表现出来。

国民政府湖北婚约纠纷发生的第二个时间性是月份分布，我们根据档案资料中记载婚约纠纷发生最早的月份为依据，本书按照阳历的四季来归纳，在气候上四季是按照天气温度来区分的，在北半球通常每年的3—5月为春季，6—8月为夏季，9—11月为秋季，12—2月为冬季，如表2-8所示：

表2-8　　　　　　　　婚约纠纷案件月份分布

春季			夏季			秋季			冬季			合计
3月	4月	5月	6月	7月	8月	9月	10月	11月	12月	1月	2月	
5	7	8	4	6	1	8	4	2	8	3	4	60

表2-8反映出，就单个月份来说婚约纠纷发生最多的是4月、5月、9月、12月等四个月，约占整个纠纷案件的一半；从季节来看，春季是婚约纠纷发生最多的时候，有20件之多，占了整个纠纷案件的三分之一强；其次是冬季、秋季和夏季。在传统湖北社会里，订婚时机很讲究，一般"多选在农历二月。民间俗有'五荒六月不起媒，冬节腊月不敢提'之说"。① 在沙市地区，婚嫁一般选在下半年，"沙市婚嫁，下半年居多。"② 在阳逻地区则"习惯在八月起媒，取团圆之意"。③ 我们以此对照婚约纠纷可以看出，婚约纠纷也多发生在上半年的前期或下半年的后期，这与订婚的时机多有重合。因此可以推

---

① 湖北省地方志编纂委员会：《湖北省志·民俗方言》，湖北人民出版社1996年版，第152页。
② 《沙市文史资料》编辑部：《沙市文史资料》第4辑，1988年，第296页。
③ 新洲县志编纂委员会：《新洲县志》，武汉出版社1992年版，第657页。

断出，婚约纠纷的发生就在于当事人否定已定婚姻关系，试图在适合订婚的时节里重新寻找一个合适的对象。

三　婚约纠纷案件当事人考察

在婚约纠纷的案件中，当事人一般都要说明自己的姓名、年龄、籍贯、住址和职业等几个内容，因此对此内容进行考察也有助于我们对婚约纠纷的理解。从上文中的婚约纠纷诉讼发生地来看，当事人的籍贯基本上都是当地人，不同省份或县市之间的流动较少。

下面我们主要考察婚约纠纷诉讼发生时当事人的年龄、订婚时的年龄以及所从事的职业等分布情况，以此考察当事人从事的职业、年龄等因素与婚约纠纷之间的联系。必须交代的情况是，笔者以60件档案资料为考察中心，共涉及男女人数为120人，但是档案对当事人的情况记载并不十分清晰，例如有的当事人已经去世、很多当事人的年龄信息为无、有些人没有说出所从事的职业等方面。因此笔者仅以档案资料的详细记载为主，对于没有记载的可以根据资料推断出来的信息加以补充，其余情况不明的均不涉及，情况如表2-9所示：

表2-9　　　　　　　　婚约纠纷案件诉讼当事人年龄分布

性别 年龄	男	女	合计（人数）
20岁以下	8	11	19
20—25岁	14	15	29
25岁以上	9	4	13
共计（人数）	31	30	61

根据笔者统计情况来看，男方最低诉讼年龄为14岁，女方为15岁；男方最大年龄为42岁，女方为27岁。从表2-9所显示的情况看，我们认为婚约纠纷诉讼当事人男、女双方年龄段以20—25岁为主，从数量上看25岁之前发生婚约纠纷多于25岁之后。从婚约纠纷案件中也可以观察到当事人订婚时的年龄，以此能够了解到国民政府

时期湖北的男女订婚年龄大致在一个什么年龄阶段上（见表 2 – 10）。

表 2 – 10　　　　　　婚约纠纷案件当事人订婚年龄分布

性别 年龄	男	女	合计（人数）
0—5 岁	4	4	8
6—10 岁	5	4	9
11—15 岁	1	5	6
16—20 岁	4	4	8
21—25 岁	5	2	7
共计（人数）	19	19	38

表 2 – 10 反映出国民政府时期湖北男性订婚年龄段主要集中在 10 岁之前或 15 岁到 25 岁之间，女性订婚年龄段主要集中在 20 岁之前，因而女性普遍订婚要早于男性。从表 2 – 9 和表 2 – 10 中，我们可以进一步比较得知，男女订婚的年龄差距情况，见表 2 – 11：

表 2 – 11　　　　　　婚约纠纷案件当事人订婚年龄差

	男女同龄		2 对
男大女		1 岁	3 对
		2 岁	2 对
		3 岁	1 对
		4 岁	3 对
		5 岁	1 对
		7 岁	1 对
		8 岁	1 对
女大男		1 岁	4 对
		2 岁	5 对
		3 岁	1 对
		5 岁	2 对
共计			26 对

表2-11反映出的历史现象是，订婚时男方的年龄普遍大于女方，男方大于女方的年龄差在4周岁以内为主，计有9对。女方大于男方的年龄差以3周岁为限，计有10对，不仅数量可观，而且这也较符合传统社会里的一句俗语"女大三抱金砖"的说法。男女同龄的现象较为少见，26对当中只有2对男女订婚时是同龄。同时，订婚时男大于女与女大于男的数量是一样的，放大比例来看，二者在整个湖北省呈现同等的局面。因此，在国民政府时期的湖北男女双方订婚的年龄，要么是男大女小，要么是女大男小，男女年龄一样的不多见，并非主流认识那样男大女小。

王跃生在对民国时期婚姻行为研究中，得出的一个结论是"从全国来看，夫妇婚龄差异以夫长于妻为主，但以河北、山东和辽宁为代表的北方地区有高比例的妻长于夫婚姻。不过，这种妻长于夫婚姻并非极端的妻长夫幼，年龄差多数在3岁以内"。[①] 虽然王跃生是从婚龄来看夫妻年龄差距，我们上面是从订婚的年龄来看的，本质上来看双方具有可比性，如果订婚的男女后来结婚了，他们订婚的年龄差距其实也就是婚龄上的差距。从上面的研究来观察，得出的结论与王氏的前一句结论是不一致的，根据上述的研究数据就可知道，在社会上夫的年龄长于妻不一定为主要部分，我们认为妻长于夫与夫长于妻的数量是大体同等的。如果仅从妻大于夫的年龄段来看，本书的结论与王氏的结论是一致的，主要在3岁以内。

第三节 婚约纠纷案件原因透析

我们已经知道，在传统社会里包办婚姻是婚姻缔结的主要形式，婚姻成立的一个基本因素在于男女双方是否订立婚约。在国民政府时期"男女平等"思想为民法一贯之主张，这改变了过去传统社会法律制度重视国家、宗族利益忽视个人权利的一面，但是在婚姻缔结部

[①] 王跃生：《民国时期婚姻行为研究——以"五谱"长表数据库为基础的分析》，《近代史研究》2006年第2期。

分，新式民法又保留了过去传统社会订婚的名称——"婚约"。在这种"旧瓶装新酒"的情形下，一方面法律支持订婚时男女个人权利的要求，另一方面社会上仍旧存在包办式的订婚现象，当这两种矛盾的事物在一个社会里存在时，纠纷是不可避免的。

此外，还要再进行交代的是，传统社会订婚与结婚是一体的，订婚后即具有形式上的婚姻关系并受法律保护，如果悔婚是要受到法律惩处的，上文也有说明。然而，在国民政府时期国民政府法定婚约为"不要式"契约，即已有婚约不能强迫履行，可以随时解除婚约，其与结婚是两回事。在下面我们将会看到，受民间习惯的影响，传统意义上的订立婚约现象层出不穷，也是整个婚姻过程中的一个重要组成部分，婚约与结婚（嫁娶）之间的界限并不十分清晰。因此，笔者仍然把国民政府时期的婚约作为整个婚姻体系的一个部分作为考察的对象。

一　家长包办导致婚约纠纷

虽然近代以来新式婚姻不断扩大影响力，但是国民政府时期湖北传统式订婚习俗还仍旧存在着，例如在襄阳、谷城等地有幼许婚习俗："自男女幼小时由双方父母将男女草庚互送为质，俟其男女长成后乃讨八字（即另立正式庚书）。"[①] 可以看出传统风俗习惯在国民政府时期的湖北仍然存在着，然而由于在法律制度层面上和新式婚姻观念上都提倡自由婚姻形式。因而，由家长包办订婚产生了许多纠纷，包办婚约是婚约纠纷中最主要的形式，在本书60件婚约纠纷案件中超过50件与此有关。

例如1948年崇阳县回头乡的丁国虎与陈友贵（女）二人发生婚约纠纷，陈氏坚称其与丁氏只订婚没有结婚，并请求婚约无效，丁氏则主张其已与陈氏结婚，二人打起官司。原告陈友贵的状词为：

[①] 前南京国民政府司法行政部编，胡旭晟、夏新华、李交发点校：《民事习惯调查报告录》（下），中国政法大学出版社2000年版，第942页。

窃我国向来陋习男女婚姻种于襁褓中，父母做主代订，置个人幸福于不顾，最后大多兴讼或命案结局。国父已鉴于此，故于约法中对于婚姻予人民以绝对自由。声请人年仅六七岁时，父母仅听媒人等感言，与丁姓祖德之子国虎代订婚约，年龄相隔悬殊，揆诸礼数均有不合。且自由权利法律予人民以享受者，无故被人剥夺，任何人所不心甘。此种婚约实为法律所不保护，最高法院早有判例，只要一方通知即视为解约。况去岁，父续配继母饶氏百般刻薄，以致日食不获一饭，难堪虐待。未婚夫丁国虎孱弱不通情意，更难忍受。总综上各情不得不申请，合前准予择取通知主义，解除婚约实为德便。

这段状词反映出，导致原告陈友贵诉讼到当地司法处请求解除婚约的原因，主要有：一是小时候由父母包办婚姻未得其同意于法不合，二是丁家之虐待、丁国虎不通情意。

再看被告丁国虎、丁祖德的状词：

民丁祖德经媒证丁水生、殷早林说合，为民与陈中林之女友贵为妻。友贵十一岁，中林送归民家为童养媳，民□□爱□逾恒，抚养成立。去年八月十日举行结婚典礼，原媒齐来，亲朋毕集，仪式既备，证人亦全。乃陈中林之女嫌民家贫，口萌悔婚之念，友贵有家不归，中林复纵之翻，竟以预约未婚及继以虐待等谎申请解约。不知以婚约论，虽彼此均未成年，然双方家长许可，已得法定代理人之同意，揆之于法应无不合。以法婚论，既有公开之仪式，又有原媒二人之证明，时逾一年，依法不在请求撤销之列。至继母饶氏即中林为民之作伐慈以逮下尚落继母口口，族邻共悉，可调可查，何独对于民妻有虐待耶？若嫌贫悔婚，理所不合情，此不容于法。①

---

① 《湖北省高等法院处理崇阳县丁国虎、陈友贵婚约无效案》，1949年，湖档藏，资料号：LS7-2-1。

第二章 婚约纠纷案件研究

被告丁国虎和丁祖德父子认为，陈友贵与丁国虎在已结婚的前提下有家不归，并非丁家人对陈虐待，最大的原因是陈嫌贫爱富。可是，根据婚约解除的法定条件来看，家庭虐待或嫌贫爱富均不构成婚约解除的条件，法律看重的是该婚约是否未经子女之自行订定而由父母包办的。在司法机构看来，了解原被告双方谁的话更可信更为重要。因此在1948年10月崇阳县司法处经过二次审讯和一次调查，最终查明事实真相，丁与陈并未结婚只有婚约存在，因此司法处在审判的时候，依法作出了"两造间之婚约确认无效"的判决。

从上述案件我们能够看出，婚约纠纷的借口是父母包办代订。其实，在婚约纠纷的背后含有更深层次的因素。例如，陈友贵之所以解除婚约，除了父母代订外，家庭矛盾也不能忽视，因为陈在丁家童养数年，对丁家情况十分了解。因此，丁家的虐待以及未婚夫丁国虎"孱弱不通情意，更难忍受"等家庭原因进一步促使陈友贵提出解除婚约的请求。对当事人及其家庭因素在婚约纠纷中的影响，我们也应加以考虑。如果说这个案件当事人一方对另一方的不满还有所遮掩的话，下面这个案件则将对方的不满直接表露了出来。

1946年郧县的汪兴瑞和金二女发生婚约纠纷，双方将官司打了前后约三年的时间。第一审认定二者婚约有效，但是二审和三审均作出了有利于被告金二女的判决，即双方婚约无效，法院根据的法律条文即民法的第972条，"如其婚约并非由男女当事人自行订定，而由其父母代为订定者，则除子女事后合法追认当作别论外，自不能认为有效，亦经最高法院著为判例"。在该案件中金二女没有对父母代订婚约进行追认，表示："父亲把我许给他，我不知道，到过期我才知道，没有得我同意我不愿意。"然而，除此之外，金二女对原告汪兴瑞自身的不满也是其不履行婚约的一个很重要的因素，这从湖北省高等法院第五分院的公判对话中可以看出来：

法官问金二女：你们年龄相当为什么不愿意？

答：他好打牌、好喝酒，不成东西，不愿跟他。①

从上述的对话可知，金二女不同意与汪兴瑞的婚约，父母代订是其中一个因素，但是汪兴瑞"好打牌、好喝酒、不成东西"对金二女废除婚约也有着不可缺少的影响。

在近代中国，很多人已经认识到，妇女解放的前提之一便是职业的解放，只有妇女从事有报酬性的工作后才能在经济上独立，才能不依靠男子而过寄生的生活，鲁迅就曾指出："所以一切女子，倘不得到和男子同等的经济权，我以为所有好名目，就都是空话。"② 民国时有人对此指出："女子所以堕到了现在地位，完全是因为伊们在经济上失了独立。"③ 这些看法均说明了经济独立对妇女解放的重要意义，但是妇女通过从事职业来取得经济独立却又是一件困难的事。因为在民国时期妇女从事的职业途径仍然很狭窄，有人指出："现社会的妇女，是不是有职业？我敢大胆地说：除极少数的妇女以外，是没有职业。因为凡职业应该具有'独立性'，不是具有独立性的职业，只可算是被压迫的劳动，不能算有职业。"④ 在他看来，当时的妇女极少有"独立性"的职业，因此很多妇女在结婚后仍然要依靠丈夫的养活。对此马钊在其民国妇女"背夫潜逃"研究中一语中的地指出："在一定程度上，这种传统的延续性反映出现代主义学者和女权主义者抨击的民国时期中国社会发展之后的现实，也就是说工业化的缓慢发展限制了妇女就业机会的普及……不过，诸如'滞后'和'歧视'实际上反映的是民国政府以及后来的西方学者是怎样看待中国妇女'从属'地位和受歧视的经历。"可是，当时的妇女并没有认识到她们在社会经济结构中存在

---

① 《最高法院对湖北省高等法院鄞县地方法院审理汪兴瑞、金二女确认婚姻成立上诉案的判决》，1948年，湖档藏，资料号：LS7-2-42。
② 丁守和主编：《中国近代启蒙思潮》（下），社会科学文献出版社1999年版，第254—255页。
③ 中华全国妇女联合会妇女运动历史研究室：《五四时期妇女问题文选》，生活·读书·新知三联书店1981年版，第302页。
④ 同上书，第309页。

不平等的待遇，相反，她们认为生计有赖于作为"主"的丈夫，而不是她们出去务工。① 因此，像上文中住在农村的金二女，仅以务农为生，其在选择结婚对象时要考虑男方是否具有相当的经济能力，而汪兴瑞显然不具有这些特点。所以，在金二女以父母代订婚约为由的措辞下，在婚约纠纷中男方的自身因素特别是经济能力实是一个不能明说的重要因素。

又如孝感地区的刘寿安和杨明清于1937年发生婚约纠纷，原告杨明清，女，19岁，其请求确认与被告刘寿安（17岁）婚约无效的原因为："原告自幼小时由父母之命，媒妁之言，许字被告为室，现原告年已及笄。此种包办婚约，未得原告同意，依法自应解除。况被告卖油条为生，毫无生活能力，原告尤难追认，当然无效。"② 因为，法律支持父母代订婚约无效，因为杨明清以此为借口，但是被告以卖油条为生无经济能力的情况，其实是原告解除婚约的关键理由。在上述案件中，婚约纠纷究竟是父母代订为主要因素所导致，还是当事一方的经济能力是根本因素，案件没有告诉我们，我们也不能推测，不过可以肯定的是男方当事人的经济能力大小能够左右婚约纠纷发生的概率。

通过上述案件分析，我们已经了解到，在以"父母代订婚约"为主要借口的婚约纠纷中，背后还隐藏着诸如家庭人际关系、经济条件等方面的因素，对此类因素的分析有助于我们进一步认清婚约纠纷的深层次内涵。

二 聘礼问题与婚约纠纷

聘礼是婚约订立时重要的手续之一，由于聘礼涉及财物，对订婚男女双方都具有重要性。在此笔者将单独考察婚约纠纷中的聘礼纠纷。我们已经知道，在传统社会订婚是要纳聘的，至于财物的多少则

---

① 马钊：《司法理念和社会观念：民国北平地区妇女"背夫潜逃"现象研究》，《法律史研究》2004年第00期。
② 《湖北省高等法院和孝感地方法院审理刘寿安、杨明清婚约案及上诉案情况》，1937年，湖档藏，资料号：LS7-2-200。

取决于订婚双方家庭经济条件的状况。《礼记》有"非受币，不交不亲"①，就是说订婚时没有聘财是不能定亲的，聘财作为订婚成立的一个主要依据。可是，由于这一原因，很多学人认为传统社会的订婚形式是买卖婚，将女子视为有价的商品用来交换。这种带有男女平等思想的看法虽有其可取之处，但是将聘财作为订婚的一个重要内容还是有它存在的社会意义。②

在国民政府时期湖北婚约纠纷案件中，有关聘礼的争论时常发生，尤其男女双方已订婚约被解除，先前的男方聘礼归还问题就必须搞清楚。如麻城的周骐伢、叶花香因解除婚约打起官司，1948年4月8日麻城地方法院的法院问叶花香订婚时得过多少财礼的问题时，叶花香明确回答："没有得财礼的。"在1948年6月26日麻城地方法院的公开辩论中，法官询问周骐伢的哥哥周汝渭："订婚时送了礼物没有？"周汝渭答道："送了两匹布，买了些肉送去。"1948年9月29日的言辞辩论阶段，法官问周骐伢这一问题时，周回答说："订婚时，有一匹蓝布花布为礼。"③ 上述案件反映出，有关聘礼的问题男女双方各执一词，对于此问题的判定是法院要做的事情。对于我们来说，可以观察到在民国时期湖北婚约纠纷反映两种现象：一是订婚时是否遵从传统社会聘礼习俗的纠纷，二是在发生纠纷的时候聘礼是否归还的问题。如果从民间习惯看，已经订婚的男女，在一般情况下如果女方无故毁约，应向男方赔偿其订婚时的花费；如果男方毁约，则女方不必返还男方的聘礼。但是在实际生活中，婚约纠纷的双方不是在争论聘礼的多少，往往在有无聘礼的问题上纠缠不清。例如浠水县的张国林与蔡金蓉发生的婚约纠纷

---

① 李学勤主编：《十三经注疏·礼记正义（上、中、下）》，北京大学出版社1999年版，第51页。

② 笔者认为，男方的聘财直接决定女方陪嫁的多寡，除非女方的家庭十分的富有而不在意男方家庭聘财数量的多少。在通常意义上来看，聘财一般都会作为女方个人的私有财产，这对于组建新家庭起着至关重要的物质基础作用，参见白凯《中国的妇女与财产：960—1949》，上海书店2003年版。

③ 《湖北省高等法院对麻城地方法院审理周骐伢、叶花香解除婚约案的上诉案的判决》，1948年，湖档藏，资料号：LS7-2-79。

第二章　婚约纠纷案件研究

中，张国林曾指出订婚时花费的聘礼情况："从订婚以至现在，花费起媒酒与礼金二百四十串，以及每年三节所送之礼品与夫金银首饰衣物为数不在少数。"同时指出，如果蔡金蓉不能履行婚约必须赔偿张氏的损失，"据此以观，则过失完全在女一方，该蔡金蓉既不愿履行婚约，依法应负赔偿民之损害，方合人情法理"。对于张国林的说法，蔡金蓉表示有异议，指出："如有事实当应举出过手人证实，方为有效。且订婚事，既系口头言语，又无媒证，更何得有礼金之说？"① 该案件陈述的事实是，男方认为女方过失在前应负赔偿责任，但是从女方来看，本来就不存在聘礼的事实，聘礼问题使本来就不好解决的婚约纠纷更加复杂化。

由于婚约纠纷与聘礼问题是两种不同性质的诉讼标的，因此有时男女双方在解决婚约纠纷之后，往往针对聘礼问题会再起诉讼。例如1947年英山县程金香幼年与陈有美长女陈春枝订立婚约，但是后来程金香从军抗战，战争结束回家才发现陈春枝许给他人，另外陈春枝未婚已亡。程金香随后打起官司，要求陈有美返还聘礼，"计青蓝土布各三匹，一钱五分口赤金耳环一对，鸡鸭各一对，猪肉六十斤，红糖一斤，挂面十斤，红棉线女袜一双，粉一盒"②。

由于该案缺乏第一审材料，本书以第二审判决作为案件分析依据。该案件所争执的问题只有一个，即上诉人程金香要求被上诉人陈有美返还聘礼，聘礼的清单在判决书中已有说明，但是从被上诉人来看，一认为订婚时并无聘礼，二认为即使有聘礼，由于订婚的女方当事人已经死亡，根据民间习惯是不退聘的。最后法院在综合考虑之下，没有采纳上诉人的诉讼主张，依法作出了"上诉驳回，第二审诉讼费用由上诉人负担"的判决结果。

家长包办、聘礼等因素只是婚约纠纷产生的两个主要理由，除此之外，婚约纠纷还涉及男女双方的各种因素，例如男方的身体状况、

---

① 《湖北省高等法院对浠水地方法院呈张国林、蔡金蓉婚约上诉案的判决》，1946，湖档 LS7-2-145。

② 《湖北省高等法院对应山县司法处呈程金香、陈有美返还聘礼上诉案的判决》，1947，湖档 LS7-2-170。

道德品行等，女方的身体缺陷、文化素养等，只要一方想废除婚约，任何一个原因都可以往法律条文上靠，用来作为"依法废除"的依据。

  本章主要从婚约纠纷的历史背景、特征以及纠纷发生的原因等三个方面进行论述，分析的重点在于国民政府时期湖北婚约纠纷的历史背景与其动态的一面，对于婚约纠纷案件对家庭、社会及其背后所反映的是一种什么样的社会秩序本章并没有过多的交代，例如黄宗智同样是通过考察司法档案，则深入地探讨了清朝与民国时期的成文法、民间习俗及司法实践等内容，得出了法律的"表达"与"实践"的矛盾以及清代与民国之间法律与实践的异同点，值得笔者深思。[①]

[①] 参见黄宗智《清代的法律、社会与文化：民法的表达与实践》，上海书店2001年版；《法典、习俗与司法实践：清代与民国的比较》，上海书店2003年版。

第三章 重婚案件研究

　　人类进入文明社会之后，一夫一妻制成为法制婚姻的基本要求。但是，在社会现实生活中还仍然存在重婚的现象，成为夫妻之间婚姻冲突的一个显著方面。在传统社会中，重婚主要指"有妻娶妻（或有夫嫁夫）"的现象，如《大清律例》中规定了对此罪的处罚："若有妻更娶妻者，亦杖九十，后娶之妻离异，归宗。"[①] 在国民政府时期刑法对重婚罪的认定是："有配偶而重为婚姻或同时与二人以上结婚者，处五年以下有期徒刑，其相婚者亦同。"[②] 而在中华人民共和国时期，于1997年3月14日重新修订颁布的《中华人民共和国刑法》第258条对重婚罪的认定是："有配偶而重婚的，或者明知他人有配偶而与之结婚的，处二年以下有期徒刑或者拘役。"[③] 虽然从上述不同时期、不同社会制度环境下对重婚及重婚罪的认定均有所不同，但是可以看出对重婚的表述本质上是一致的，即具有双重或多重夫妻关系的婚姻违法行为。

　　对于国民政府时期的重婚研究，学界还缺乏专题性和深刻性的学术成果。在民国时期，对重婚的考察主要是从法律的层面上进行研究，而多数只是将重婚作为其中论述内容的一部分，例如史尚宽的《亲属法论》和胡长清的《中国民法亲属论》即为其中作品的代表。史著对重婚的含义、处罚和起诉等方面做了阐述。胡著仅仅就

[①] 田涛、郑秦点校：《大清律例》，法律出版社1998年版，第206页。
[②] 蔡鸿源：《民国法规集成》第65册，黄山书社1999年版，第251页。
[③] 参见http：//news.xinhuanet.com/legal/2003-01/21/content_5679505.htm。

单婚与重婚进行了简单的比较。① 新中国成立以后，学界对重婚的考察多是关注当今社会现实，对古代及近代社会的重婚现象研究较少。首先对重婚的概念有不同认识，比如在陈鹏看来，"重婚"不是"有妻娶妻"，而是指"重叠交互为婚姻也"，是"政治婚及门第婚之另一形态"②。绝大多数学者的看法同上述定义相一致，与陈鹏不同。其次，虽然学者大多研究的是新中国成立后的重婚现象，但是对我们考察国民政府时期湖北的重婚行为仍有极大的借鉴意义，因此有必要对相关研究成果做些概述。一是在有关重婚的立法定义和内涵等方面，不仅在司法界有分歧，就是在学界也是一个争论比较大的问题。有人指出："近年来……重婚行为已经成为一个严重的社会问题，并有愈演愈烈的势头，其表现、成因呈多样化、复杂性，对社会、家庭造成严重的危害，而在司法实践中，法院受理的重婚案件较少，因重婚行为而受到法律制裁的人更是凤毛麟角。出现这种现象的原因是多种多样的，但主要在于立法的滞后和混乱。"③ 二是重婚现象既有"事实重婚"也有"法律重婚"，对于二者的关系也是学界研究的重点。④ 三是婚姻无效及撤销制度与重婚的关系也有学者进行过考察，其认为新中国成立后引入的婚姻无效和婚姻撤销制度对重婚的影响还没有界定清楚。⑤ 四是从司法和实践两种层面对重婚罪现象进行考察，分析其利弊得失。⑥ 五是仅仅就重婚罪本身进行考

---

① 参见史尚宽《亲属法论》第3章，中国政法大学出版社2000年版；胡长清《中国民法亲属论》第2章，商务印书馆1936年版。
② 陈鹏：《中国婚姻史稿》，中华书局1990年版，第69页。
③ 杨青松：《试论重婚罪》（摘要），硕士学位论文，武汉大学，2004年。
④ 参见吴爱辉《事实婚姻与"重婚"关系之探讨——兼议民刑"重婚"之关系》，《西南民族大学学报》2006年第3期；文亚苗《重婚罪的立法完善研究》，硕士学位论文，湖南大学，2009年；左斌《事实重婚犯罪问题研究》，硕士学位论文，湘潭大学，2007年；杨方泉《重婚罪新论》，《政法学刊》2006年第6期；贾凌、曾粤兴《重婚罪解读》，《学术探索》2004年第3期等。
⑤ 张铭宇：《重婚问题研究》，硕士学位论文，郑州大学，2005年。
⑥ 参见周新玲《重婚罪疑难问题研究》，硕士学位论文，郑州大学，2004年；姚海东《重婚罪研究》，硕士学位论文，兰州大学，2007年；杨青松《试论重婚罪》，硕士学位论文，武汉大学，2004年；等等。

察，探讨重婚罪的认定、诉讼和预防等内容。[①] 从中反映出，学界在有关重婚、重婚罪及相关司法制度层面做了比较详细的考察，对于重婚与重婚罪的历史性和实证性的分析较少，重学理轻实践。从上述学术前史的大概描述中，可以对本书的写作加以借鉴。因此，在我们分析国民政府时期湖北的重婚现象时，我们则侧重于案件本身的实践分析，试图通过重婚现象进而观察当时的社会、家庭日常现象以及男女双方的日常行为。

第一节 重婚的历史回溯

文明时代的婚姻本应是夫妻之间的二人生活，重婚的出现则打破了一男一女之间合法的婚姻关系，考察重婚的历史必须对一夫一妻制进行简单的涉及。在中国传统社会，婚姻方面的一个显著特色便是"妾"的存在，然而这种现象却符合"一夫一妻制"，二者的并存说明什么问题，也有必要加以考察。此外，针对重婚的现象，历朝的相关法律制度是如何发展演变的，司法实践的表现有何特点，都需要进行说明。

一 一夫一妻制

从原始社会以来，男女的婚姻数目大体经历过多夫多妻制、一妻多夫制、一夫多妻制、一夫一妻制等阶段，民国学人胡长清对此指出："由婚姻人数上观察，通说多谓系由乱婚进于定婚，而于定婚制度中，则由团体婚进于个别婚，又于个别婚制度中，系由一妻多夫婚、一夫多妻婚进于一夫一妻婚。"[②] 按照马克思主义理论，人类历史主要经历三种主要的婚姻形式，大体上与人类发展的三个主要阶段相适应，"群婚制是与蒙昧时代相适应的，对偶婚制是与野蛮时代相

[①] 参见吕殿云《重婚罪研究》，硕士学位论文，黑龙江大学，2005年；张鸿翔《关于重婚罪若干问题的法律思考》，硕士学位论文，兰州大学，2009年；等等。
[②] 胡长清：《中国民法亲属论》，商务印书馆1936年版，第45页。

适应的,以通奸和卖淫为补充的一夫一妻制是与文明时代相适应的。在野蛮时代高级阶段,在对偶婚制和一夫一妻制之间,插入了男子对女奴隶的统治和多妻制。"① 此处的专偶婚制即等同于一夫一妻制,此种婚姻制度存在的经济基础在于财富集中在男子手中,"这种财富必须传给这一男子的子女,而不是传给其他任何人的子女。为此,就需要妻子方面的一夫一妻制,而不是丈夫方面的一夫一妻制,所以这种妻子方面的一夫一妻制根本没有妨碍丈夫的公开的或秘密的多偶制。"② 马克思主义理论从经济的观点考察了专偶制存在的原因,但是这种看法是否适合于中国的历史,还有待商榷。不过,从中国传统社会来观察,男性在经济上处于支配地位是明显的现象,这是否就一定导致妻子对丈夫忠心,而丈夫就能够有"公开的或秘密的多偶制"? 却也未必。

（一）经济因素

从中国传统民间习惯来看,家庭的财产继承通常"传男不传女",主要在于女孩对家庭来说是"赔钱货",俗语说"嫁出去的姑娘,泼出去的水"。根据白凯的研究,这种现象在明清时期最为常见,妇女的财产权被严重地剥夺。③ 财产被男子掌握,在婚制方面要求妇女对丈夫的专一,印证了马克思主义的经济观点。而且,家庭经济比较贫困的男子如能找到合适的女子结婚,就已经是一件很了不起的事情,这从间接方面支持了一夫一妻制,因为纳妾毕竟是有钱、有能力的家庭才能办得起。例如下面这个事例,对此做了清楚的解释:

（问）一般什么样的人纳妾?（答）在农村是没有孩子的人。

（问）仅仅是有钱人吗?（答）如果没有钱也就没有妻,因此妾就更不用说了。

---

① 《马克思恩格斯选集》第4卷,人民出版社1972年版,第70—71页。
② 同上书,第71页。
③ 参见白凯《中国的妇女与财产：960—1949》,上海书店2003年版。

（问）有孩子，又纳妾可以吗？（答）有孩子还纳妾，在农村几乎没有；在城市，当官的人中很多。

（问）正妻有孩子却纳妾者没有吗？（答）没有。妾是为生孩子的，另外经济上不富裕。①

上面这段对话反映出，经济因素成为一夫一妻制存在的一个十分重要的因素。滋贺秀三进一步指出："也许在某种程度上要对社会上的人们炫耀而要求纳妾。另一方面，在占人口大部分的农村的大众中间，纳妾是极其稀有的现象。"② 在传统社会的农村地区，娶妻尚且不易，纳妾就更不要指望，重婚的发生也就微乎其微了。例如张研等人在对19世纪中期的家庭进行研究时，也已指出："在164个已婚家庭中，原配夫妻（一夫一妻没有侧室或妾）为最主要的婚姻形态，占家庭总数的50%；纳妾和续弦的家庭只有7例，占家庭总数的2.8%。出于经济条件、社会地位等方面的原因，案例中的大部分当事人婚后无子或原配亡故后都没有采取纳妾或续娶的方式进行弥补。"③

（二）宗法制度

从周代到近代的两千多年的封建宗法制度，已经深深地渗透到男女的婚姻生活中了，主要表现在以下几个方面：

首先，一夫一妻制的婚姻具有宗族意义。男女婚姻不仅关乎祖先，也事关后代繁衍，所谓"人丁兴旺"之说。因此，费孝通指出："婚姻对象的选择非但受着社会的干涉，而且从缔结婚约起一直到婚后夫妇关系的维持，多多少少，在当事人之外，总有别人来干预。"④ 所以，婚姻的意义，不单是男女自身的事情，也是两个家庭或者两个

---

① ［日］滋贺秀三：《中国家族法原理》，张建国、李力译，法律出版社2002年版，第451页。

② 同上。

③ 张研、毛立平：《19世纪中期中国家庭的社会经济透视》，中国人民大学出版社2003年版，第148页。

④ 费孝通：《乡土中国 生育制度》，北京大学出版社1998年版，第129页。

家族的事情。

其次，在婚姻的缔结方面也维护了一夫一妻制。一是子女的订婚权掌握在家长手中，这在前文已经叙述过。从结婚礼仪也能看出宗法性，例如《礼记》记载："聘则为妻，奔则为妾。"① 男子娶的第一任是妻子，结婚时必须纳聘礼，而对于妾则不同，妾的迎娶是不能举行"六礼"仪式的，只能偷偷摸摸，"娶妾不能用鼓吹迎送、并坐花轿、犯者族中提议罚款、以示与正式婚姻有别"。② 妾有时是买来的，即"妻者，齐也，秦晋为匹。妾通买卖，等数相悬"。③ 瞿同祖进一步指出："妾在家中实非家属中的一员。她与家长的亲属根本不发生亲属关系。不能像妻一样随着丈夫的身份而获得亲属的身份。她与他们之间没有亲属的称谓，也没有亲属的服制。"④ 二是妻与妾的不同在宗谱的立传方面也有区别，例如清代有宗谱规定："氏妇早孀守节及以身殉夫者，无论有无子女，旌表与否皆据实书之，表节烈也。妾亦如之，然必至五十，方许请族立传，勿得妄为褒奖，以致鱼目混珠。"⑤ 在宗谱的称呼上妻与妾也有不同，如："前代书妣，近时书配、原配、继配、侧室，据实直书，不得蒙混。"⑥ 三是同姓不婚。男女结婚禁止同姓通婚，虽然在现实生活中夫妻同姓的也时常发生，但同姓不婚仍是传统社会婚姻生活的一个禁忌，主要目的是保持宗族血统的纯洁性。例如有的宗谱规定："同姓不婚，周礼昭然，世亦有不遵周礼者，凡我族人戒之慎之。"⑦

最后，一夫一妻制对于抚养后代有着重要的作用。在传统社会妻子所生的子女与妾生的子女在地位上是不同的，有"嫡出"和"庶出"之分，上至天子下到黎民百姓都是如此，这些子女在财产继承与

---

① 李学勤主编：《十三经注疏·礼记正义（上、中、下）》，北京大学出版社1999年版，第871页。
② 转引自［日］滋贺秀三《中国家族法原理》，法律出版社2002年版，第446页。
③ 长孙无忌等：《唐律疏议》卷13，中华书局1983年版，第256页。
④ 瞿同祖：《中国法律与中国社会》，中华书局2003年版，第146页。
⑤ 《湖北阳新袁氏宗谱》卷首1《家规》，湖北省图书馆藏，1993年重修。
⑥ 《湖北江夏桂氏宗谱》卷首《凡例》，湖北省图书馆藏，1996年续修。
⑦ 《湖北鄂城徐氏宗谱》卷首2《凡例十二则》，湖北省图书馆藏，1995年续刊。

名分称谓等方面均有不同。在费孝通看来，婚姻的根本目的是抚育所生的孩子，这是男女结为夫妇的首要责任，他指出："婚姻之外的两性关系之所以受限制还是因为要维持和保证对儿女的长期的抚育作用，有必要防止发生破坏婚姻关系稳定性的因素。"① 很显然，一夫一妻制的稳定性十分符合对子女的抚育，祝福新婚夫妇"白头偕老""百年好合"等俗语都具有这方面的意义，从而反观出重婚行为是一种不可接受的现象，它破坏了一夫一妻制的稳定性，更不利于抚育后代。

上面主要从经济和宗族两方面，简略地考察了传统社会一夫一妻制存在的原因，也从侧面对重婚的现象做了比较，二者处于一种对立的关系状态。然而，在我国传统社会里，虽然禁止重婚，但是不禁止纳妾，有必要对妾这一特殊的婚姻形态做论述。

二　妾

在传统社会婚姻方面实行一夫一妻制，但是同时妾制也与之并存。有的学者称这种妻妾并存的婚制为"一夫多妻制"或"以一夫一妻纳妾为表现的多偶制"，也有称之为"一妻多妾制"。② 不管如何描述，一夫只能娶一妻，但妾可以多纳，并不属于重婚行为。

（一）妾的起源

妾的出现在我国有很长的历史，《礼记》中有："古者天子后立六宫、三夫人、九嫔、二十七世妇、八十一御妻，以听天下之内治，以明章妇顺，故天下内和而家理。"③ 这是一段传说，具体时间不详，但是反映出妾的出现很久远，只不过彼此的名称不一样而已，可以肯定的是天子的妻子只有一个"后"。从而可以发现，黄帝除了妻子嫘祖外，还有别的妾为其生子。

---

① 费孝通：《乡土中国　生育制度》，北京大学出版社1998年版，第125页。
② 参见陶毅、明欣《中国婚姻家庭制度史》，东方出版社1994年版；瞿同祖《中国法律与中国社会》，中华书局2003年版等。
③ 李学勤主编：《十三经注疏·礼记正义（上、中、下）》，北京大学出版社1999年版，第1624页。

之所以妾制与妻制并存，主要目的仍然是繁衍后代，达到扩家壮宗的目的。有学人指出："我国妾制之流行，最为普遍即上自天子，下至庶人，莫不有妾，据典籍所载，周代天子之后宫，达一百二十人之多，而妾之数不兴焉，春秋之时，天子一娶十二女，三夫人就媵，诸侯一娶九女，一妻八妾，卿大夫一妻二妾，士一妻一妾，庶人虽无备妾之文，但《孟子》云：'齐人有一妻一妾'，《战国策》云：'楚人有二妻'，是战国之时庶人亦有妾矣。妾制及后世，已稍稍取缔，如明律，于王公之选媵妾，皆设有定额，而于庶人之娶妾，亦附以'四十以上无子'之条件，即其明证。"①

（二）妾的身份与地位

妾的家庭身份不同于妻，上文已经通过婚姻的缔结、宗谱立传等方面稍作说明，在此我们再略加阐述。例如在称呼方面，瞿同祖做了详细的说明："他们以姨太太或姨娘呼之，她也只能像仆从一样称呼那些人为老太爷、老太太、老爷、太太或少爷、小姐，甚至对于老爷太太所生的子女如此称呼，除非是她自己所生的子女，她才能直呼其名而有母子的关系，同时太太所生的子女因她有子才加一母字而称之为庶母或姨娘。"②然而，在现实生活中并不十分强调妻与妾的区别，二者往往以"姐妹"相称，"所谓第一夫人、第二夫人作为顺序先后、长幼关系对待的倾向，得到相当广泛的承认"③。因此，妻与妾虽然在身份上不同，但在实际生活中却保持着一致性，如果妻子不幸去世，后面的妾即有可能被"扶正"为妻。妾与他人通奸或背夫潜逃以及与他人结婚，都会受到严厉的惩罚。丈夫去世，妻与妾一样都要为夫守孝三年。④

妾与妻的家庭地位也有不同。妻子结婚时不仅要得到丈夫宗族和家长的同意，而且必须在祠堂里拜见丈夫的列祖列宗，即"上事宗

---

① 胡长清：《中国民法亲属论》，商务印书馆1936年版，第55页。
② 瞿同祖：《中国法律与中国社会》，中华书局2003年版，第146页。
③ 转引自[日]滋贺秀三《中国家族法原理》，张建国、李力译，法律出版社2002年版，第450页。
④ 同上书，第447页。

庙",妻子才算被彻底接受为男性家庭的一员。对于这些,妾是没有权利取得的,因为"更重要的,她也不能上事宗庙——这是婚姻的功能,她不能参加宗族的祭祀,也不能被祀(有子则为例外,但只能别祭,不能入庙)。妾无论如何是不能加入家长之宗的"①。妾在家庭的地位仅比仆人高些,比妻子低,不能和丈夫同桌吃饭,"从到夫家直至死亡,都不得去夫的任何亲属家,也不得在客人面前出现"②。不过,在实际生活中,特别是农村地区,情况就会有不同,如"太太与小婆,烧饭、推磨、洗衣服、做衣服、出门种田,无论什么活都一起干"。这种情况在农村来说是正常的现象,并不因为妾比妻的地位低下就多干活。再如下面的对话:

(问)"二房"是什么意思?(答)是说第一个妻没有生孩子时,再另娶一人为妻者。

(问)她像第一个妻一样劳动吗?(答)一样地劳动,无论什么都一样的。③

从理论上说妻与妾不论在身份上,还是在家庭或社会地位上,都具有差别性,但是在实际生活中,也许就会发生变化,特别是在下层社会里妻与妾的区分没有太大的不同。

(三)纳妾程序④

夫妻之间是结"秦晋之好",对于妾则要掩饰很多,不能明媒正娶,前文已经提及。妾的迎娶大多是富有商业交易气息的买卖婚,例如下面这件明万历年间的纳妾契约:⑤

---

① 瞿同祖:《中国法律与中国社会》,中华书局2003年版,第147页。
② [日]滋贺秀三:《中国家族法原理》,张建国、李力译,法律出版社2002年版,第450页。
③ 同上书,第450—451页。
④ 参见陶毅、明欣《中国婚姻家庭制度史》,东方出版社1994年版,第242—243页。
⑤ 参见[日]仁井田升之《中国身份法史》,转引自陶毅、明欣《中国婚姻家庭制度史》,东方出版社1994年版,第243页。

X里某境X人有诉（亲）生自养女子，立名某娘奴，年已长成。凭某人某氏，议配X境X人为侧室，本日受到聘银若干两。……今欲聘证，故立婚书为照。

（四）妾的立嗣权与财产继承权[1]

在白凯看来，妻子的立嗣权和财产继承权从宋代至清末均处于下降的一个过程，虽然国民政府的法律赋予了男女平等的权利，但是"与新法立法者的善良愿望相对照，妇女虽然获得了某些新的权利，但她们也丧失了旧有的权利"。从各个方面均不如妻的妾，在立嗣权和继承权方面更是处境不妙，"从宋至清，我们看到妾的法律地位的逐渐上升，从不过是性的婢女上升到类似于小妻。到了清代，妾得到了与妻相符的某些权利，包括在她丈夫去世以后对他财产进行监护的权利，以及在丈夫身后无子的情况下为他立继的权利。但是在民国时期，因为坚持'现代的'一夫一妻的理念，妾的法律上的存在被彻底否定。面对支配民法的西方财产逻辑，没有法律身份对妾的财产权利有着十分重要的影响"[2]。

滋贺秀三的看法与此类似，夫死无妻后立嗣权和财产权均暂时掌握在宗族的手中，他认为："妾对于夫家的家产没有任何形式上的主体者的权利；夫死后，以终身在家被抚养的资格，作为一种重要人物有某种程度的发言权。可以这样理解，妾在所谓宗之理念秩序之中没有地位，而在日常生活方面一旦成为夫之家庭的一员，在逻辑上也正相对应。而像这样的妾的地位与妻一样，只要夫死后不改嫁而留在夫家，就会被保有。"[3] 因此反映出，妾如果为夫守节，留在家中，其各种权利才能得到保留。

---

[1] 参见［日］滋贺秀三《中国家族法原理》，法律出版社2002年版；［美］白凯《中国的妇女与财产：960—1949》，上海书店2007年版；卢静仪《民初立嗣问题的法律与裁判：以大理寺民事判决为中心（1912—1927）》，北京大学出版社2004年版。

[2] ［美］白凯：《中国的妇女与财产：960—1949》，上海书店2003年版，第5、149页。

[3] ［日］滋贺秀三：《中国家族法原理》，张建国、李力译，法律出版社2002年版，第453—458页。

不管如何，纳妾与重婚是不同的，主要的因素在于纳妾没有对妻的地位和身份产生威胁，而重婚则不同。重婚和纳妾的区别从下面这个对话中可以清晰地得到反映：

> 如何区别重婚与姨太太？妻是以轿子迎来行拜天地之仪式，而姨太太没有。如果行拜天地等仪式，就构成重婚，也可作为刑事案件控告。①

由此可知，纳妾和重婚是不一样的，纳妾不仅有利于繁衍后代，对家庭的经济、日常事务等方面的贡献也有一定的积极作用，与妻子的作用相互配合。但是，重婚则是有妻之外再娶妻，不仅破坏了一夫一妻制的稳定性，也破坏了宗法制度的延续性，对家庭和社会都具有负面的影响。

三 法律与事实下的重婚

传统社会主张一夫一妻制，不禁止再婚，但反对重婚。历史上各时期对重婚的法律条文有何规定？有无相同点？在司法实践方面对重婚采取何种立场？

（一）法律表达上的重婚

传统社会法律上禁止重婚，主要原因在于重婚对家族及国家的冲击，其打乱了宗法和血缘关系。在民间，主流看法也是反对重婚的，如下面这个发生在晋朝的事例："晋张华曾造甲乙之问曰，甲娶乙后又娶丙，居家如二适，子宜何服？太尉荀凯议曰：'春秋讥并后匹适，令不可犯礼而遂其失也；先至为适，后到为庶，而子宜以适母服乙，乙子宜以庶母服丙'"。②婚姻在传统社会属于"礼"的范畴，《礼记》指出："夫礼始于冠，本于昏"，"故曰：昏礼者，礼之

---

① 转引自［日］滋贺秀三《中国家族法原理》，张建国、李力译，法律出版社2002年版，第447页。

② 《晋书·礼志》20，转引自瞿同祖《中国法律与中国社会》，中华书局2003年版，第143页。

本也"①。因此,从上面这个对话来看,男子娶二妻是不符合礼制要求的,只承认先娶为妻,后娶为妾,有"嫡""庶"之别。

唐律对重婚的规定是:"诸有妻更娶妻者,徒一年;女家,减一等。若欺妄而娶者,徒一年半;女家不坐。各离之。议曰:依礼,日见于甲,月见于庚,象夫妇之义。一与之齐,中馈斯重。故有妻而更娶者,合徒一年。'女家减一等',为其知情,合杖一百。'若妻妄而娶',谓有妻言无,以其狡诈之故,合徒一年半。女家既不知情以法不坐。仍各离之。称'各'者,谓女氏知有妻、无妻,皆合离异,故云'各离之'。问曰:有妇而更娶妇,后娶者虽合离异,未离之间,其夫内外亲戚相犯,得同妻法以否?答曰:一夫一妇,不刊之制。有妻更娶,本不成妻。祥求理法,止同凡人之坐。"②唐朝律例对重婚的行为规定了详细的惩处力度,并对处罚措施做了解释。该法例并没有刻意地对男性权利进行保护,相反对女性的婚姻权利考虑得较为周全。例如男性以欺骗的方式与不知情女性重婚,男性"徒一年半",而女性则"以法不坐"。宋朝基本沿袭了唐代对重婚惩罚的法律条文。

至明朝时期,法律方面有关重婚的规定较为少见,比唐宋时代变化甚大,仅见"逐婿嫁女"一条与此有关:"凡逐婿嫁女,或再招婿者,杖一百。其女不坐。男家知而娶者,同罪。不知者,亦不坐。其女断付前夫,出居完聚。"③如果女方家长将女婿驱逐出去另外嫁女,实际上即犯重婚罪,与唐宋处罚不同的是,将女方家长"杖一百。其女不坐"。而法律对男方重婚的规定没有提及,似乎存在不足的地方。在清朝,不仅继承了明朝的此项法例,也重新对重婚作了惩处规定:"若有妻更娶妻者,亦杖九十,后娶之妻离异。归宗。"④通过唐宋与明清的比较可以发现,有关重婚行为的法律惩处力度在减弱,这似乎与封建专制力量的强化有很大的关系,唐宋时期婚姻自由度相比明清

---

① 李学勤主编:《十三经注疏·礼记正义(上、中、下)》,北京大学出版社1999年版,第1620页。
② 长孙无忌等:《唐律疏议》卷第13,中华书局1983年版,第255—256页。
③ 怀效锋点校:《大明律》卷第6,法律出版社1999年版,第61页。
④ 同上书,第60页。

宽松很多，重婚现象在唐宋时出现的频率比明清时要多，因此在唐宋时期有关重婚的法律规定就严格一些。再由于重婚行为本身就是一件比较复杂的现象，对于它的界定比较模糊，有关法律的条文也不能制定得较为全面，使得对重婚的惩罚力度就越来越小，这从近代的相关法律条文里也能够看出来。

《大清民律草案》是清末新政改革的产物，其第1335条规定："有配偶者，不得重婚。"北洋军阀时期的《民国民律草案》沿用此条规定。[①] 而对于重婚行为的惩罚措施，大体上仍使用《大清律例》中的相关规定。直到国民政府时期制定的《中华民国刑法》重新对重婚做出了判罚："有配偶而重为婚姻或同时与二人以上结婚者，处五年以下有期徒刑，其相婚者亦同。"[②] 该法制定得较为简单，但在实际司法操作中利用的空间较大。在国民政府时期，虽禁止重婚，但并不反对纳妾。虽然国民政府立法的理论在于男女平等，但是从这点反映出，其立法方面的缺陷还是存在的，男女平等至少在这一点上没有得到实现。

传统社会对重婚是禁止的，并通过制定法律来加以约束，在实践中是如何体现出来的？是否做到了依法审判并保护了当事人的权利？还要通过实例进行观察。

（二）司法实践与重婚行为

从司法实践来考察重婚案件，因为限于资料，我们主要以下面两个相关案例进行说明。

清代中期乾隆年间，广东阳江县陈名德供：其女陈氏与梁泽晃结婚6年，因女婿家贫难度，常外出乞讨。陈名德起意将女陈氏改嫁吴亚虾，后双方产生纠纷，诉讼到官府。[③] 该案例反映出，妻子因家贫私自改嫁，对妻来说属于重婚的行为，因为她并没有和丈夫脱离夫妻

[①] 杨立新点校：《大清民律草案·民国民律草案》，吉林人民出版社2002年版，第171、350页。

[②] 蔡鸿源：《民国法规集成》第65册，黄山书社1999年版，第251页。

[③] 转引自王跃生《清代中期婚姻冲突透析》，社会科学文献出版社2003年版，第28—29页。

关系。在当时的司法审判中所强调的是是否违法，而不是实际生活的障碍，因此王跃生指出："清代中期，法律维护的是婚姻秩序，女性在现有婚姻状态下能否生存下去并不是法律所考虑的。对女性来说，即使生存出现问题，也不能成为离婚的理由。"[①]

1930年江苏吴县张丁氏为张茂荣之妻，因不甘于贫苦，夫妇关系紧张。后背夫潜逃嫁与谢荣仁为妻，双方诉讼至吴县地方法院。经过审理，依据刑法第254条、第64条判处张丁氏有配偶而重为婚姻一罪，处有期徒刑两个月。依据刑法第44条第1项、第3项后段、第45条第1项、第254条、第64条判处媒人华雨顺帮助有配偶而重为婚姻一罪，处有期徒刑两个月。[②] 在本案中张丁氏因生活困难，主动要求改嫁，最终嫁给谢荣仁为妻，而其与张茂荣之夫妻关系仍然有效，触犯重婚法律，最后在吴县地方法院的审理下判决处罚。

从上述两个事例中，我们可以发现，男女重婚的原因多种多样，但大体上来看男性重婚主要目的是延续血脉，从上述对妾的分析也能够证明此点。对于女性重婚行为来说，主要是出于生活的压力，当丈夫不能养活自己的时候，发生婚变的概率就会增加。在传统社会，丈夫是妻子的"天"，依靠丈夫养活是理所应当的事，不论是习惯还是法律对此都给予承认。然而，从法律的实践出发，司法机构对重婚的审理并不是站在传统的习惯或是对现实生活的考虑上面，他们对重婚行为的审判只是建立在相关法律条文的基础之上，然而道德、习惯和现实并不能减轻司法机关对重婚行为的禁止。

第二节 重婚案件概览

对国民政府重婚行为研究的缺乏，不能不说是受制于史料挖掘的问题。本部分所用资料主要来自武汉地区的诉讼档案，一共50件，

[①] 转引自王跃生《清代中期婚姻冲突透析》，社会科学文献出版社2003年版，第29页。

[②] 谢森、陈士杰、殷吉垾：《民刑事裁判大全》，北京大学出版社2007年版，第287—288页。

其中汉口地方法院重婚案件为 10 件，武昌地方法院重婚案件为 40 件。以下将从三个方面进行分析。

一 重婚案件分类

（一）告诉人之性别分析

由于重婚案件的诉讼属于公诉案件，此案必须由当事人向检察官提起告诉，方可进入司法程序。尽管后面这 50 份重婚案例，最终并没有都得到司法机关的承认，但是我们仍然可以通过对这些重婚案件告诉人〔或称原告（声请人）等〕的性别分析，可以观察到当时的湖北社会，以重婚为借口打官司的男女比例情况，进而可以反映出哪一方发生重婚行为的可能性大一些（见表 3-1）。

表 3-1　　　　　　　　重婚案件告诉人

告诉人（包括代理人）	夫	妻	合计
人数	16	34	50

资料来源：湖档藏，资料号：106-2-29、31、48、69、76、82、93、116、129、134（135）、181、190、196（197、198）、202、205、326、329、332、348、352、357、363、384、403、425、447、463、474、491、500、563、589、592、638、639、658、679、827、828、887、888；105-2-31、726、914、1061、1321、1810、13475、13629、13630。

表 3-1 反映出，国民政府时期武汉地区发生的 50 件重婚案中，丈夫告妻子重婚的案件有 16 例，占 32%，妻子告丈夫重婚的案件有 34 例，占 68%，二者共计 50 份案例。由此我们知道，在国民政府时期武汉地区发生重婚行为以丈夫为主，但是，妻子发生重婚的现象也不可小视，约占重婚案件的 1/3。

（二）重婚诉讼处理方法

在国民政府时期，重婚案件属于刑事案件，因此对此类公诉案件在起诉时是由检察官向所在地的管辖法院提出，《中华民国刑事诉讼法》第 243 条规定："提起公诉应由检察官向管辖法院提出起诉书为之。"[①]

[①] 蔡鸿源：《民国法规集成》第 65 册，黄山书社 1999 年版，第 290 页。

在这之后，法院才能对此案件进行审判（见表3-2）。

表3-2　　　　　　　　　重婚诉讼处理方法

处理方法	起诉判决	不起诉	不明	合计
数量	23	13	14	50

在50件重婚案件中，被检察官受理起诉的只有23件，不到一半。没有起诉的重婚案件有13件，情况处理不明的有14件，总的来看，当事人以重婚为借口打官司，在很大程度上并不可信，可能以此为由而达到其他的目的。

下面对受理起诉的案件做进一步考察，情况不明的案件暂不论述，现将不起诉的13份案件综合分析一下。刑事诉讼法第231条规定了不起诉处分的十大条件："一、曾经判决确定者；二、时效已完成者；三、曾经大赦者；四、犯罪后之法律已废止其刑罚者；五、告诉或请求乃论之罪者，其告诉或请求已经撤回或已逾告诉期间者；六、被告死亡者；七、法院对于被告无审判权者；八、行为不罚者；九、法律应免除其刑者；十、犯罪嫌疑不足者。"[①] 在没有受理起诉的13件重婚案例中，符合不起诉规定的主要有以下几个类型；

第一个因素是案情并不符合重婚罪的法律规定，即"有配偶而重为婚姻或同时与二人以上结婚者，处五年以下有期徒刑，其相婚者亦同"。例如，1943年武昌的李胡氏状告其丈夫李竹山与刘氏重婚，检察官最后没有受理：

湖北武昌地方法院检察官不起诉处分书，三十二年度侦字第50号。

被告李竹山，男，年四十八岁，武昌人，住武昌操家塘七号密查。

右被告因重婚一案，业经本检察官侦查终结，认为应不起

[①] 蔡鸿源：《民国法规集成》第65册，黄山书社1999年版，第290页。

第三章 重婚案件研究

诉，兹叙述理由如左：

本案据被告李竹山辩称"我与李胡氏没有结婚，是姘居，我同刘氏也是姘居，没有接客敬神"等语，并不承认有重婚之事。而告诉人李胡氏又不能举出证据证明李竹山确系重婚，是被告之犯罪嫌疑不足。爰依刑事诉讼法第231条第十款，予以不起诉处分。

中华民国三十二年三月十一日

湖北武昌地方法院检察官易嘉祥[①]

从该案中，我们看出李胡氏向法院提起重婚诉讼，检察官没有受理的主要原因在于李胡氏不能证明李竹山是其丈夫，因而李竹山能够同时和两个以上的妇女姘居，而不犯重婚罪。虽然李胡氏在诉状中称已与李竹山结婚："嗣有李竹山者，与我同在纱厂做工，被伊百般术诱，于二十四年三月二十八日，在大朝街两仪饭店结婚，那时我仅十五岁，年幼无知。又系异乡之人，百般依从，迄今成婚已有八年之久。……去年七月初十日，乘我不家之隙，将所有被卧衣服箱子田地约据，以及婚约等件，卷席一空，当将结婚之约扯碎，以为湮没证据。"李胡氏认为李竹山将婚约扯碎，才导致她没有相关的证据来证明二人的夫妻关系。然而，检察官并不认同她的说法，如果没有充分的证据就不能做出有利于当事人的结果。

第二个因素是起诉书所载各项不符合规定。《刑事诉讼法》第243条第一款规定，起诉书应载有下列各项，否则不予受理起诉，即"被告之姓名、性别、年龄、职业、住所或居所，或其他足资辨别之特征"。[②] 例如汉阳的詹凤云于1948年状告其丈夫杜贤益与杜刘氏重婚，最终检察官没有受理其请求：

湖北汉口地方检察官不起诉处分书

被告：杜贤益、杜刘氏

[①] 《李竹山重婚》，1943年，武档藏，资料号：106-2-639。
[②] 蔡鸿源：《民国法规集成》第65册，黄山书社1999年版，第290页。

右开被告民国三十七年度侦字第330号重婚案件，业经侦查完毕，认为应不起诉，兹特叙述理由如左：

前据詹凤云诉被告重婚，业经处分在案，嗣据该告诉人以杜刘氏居住汉阳大集场包子岭鹤龄庙何湾，并非何庙何湾，声请再议，本处即撤销原处分，再函托汉阳地方法院检察处调查，兹准复称该地并无杜刘氏其人。而告诉人又不遵传到案，足见被告犯罪不能证明，仍应依刑事诉讼法第231条第十款予以不起诉处分。

中华民国三十七年十月二十九日

检察官陈克诜①

该案清楚地说明了，告诉人詹凤云没有在起诉书中将被告杜刘氏的个人情况详细地作好登记，再加上她本人也没有再上法庭接受传讯，从而进一步促使法院做出不起诉处分书。

第三个因素是经过他人调解当事人和好，或者当事人主动撤回诉讼申请，使得法院不对重婚嫌疑者进行起诉，要符合不起诉第五款的要求。例如1944年武昌的万周氏因丈夫万崇玉与万余氏重婚，提出诉讼，最后万周氏主动撤回诉讼请求而息讼。

武昌地方检察署检察官不起诉处分书，三十三年度侦字第10号

被告：万崇玉，男，二十八岁，武昌人，住复兴乡22保；万余氏，女，未到

右被告因万周氏告诉妨害婚姻一案，业经本检察官侦查终结，认为应不起诉，兹叙述理由如左：

缘万周氏告诉万崇玉与万余氏妨害婚姻一案，正侦查核实间，据万周氏具状请求撤回告诉等情前来，查系告诉乃论之案，

---

① 《王敏清、杜贤益等妨害秩序、重婚，王夏氏妨害家庭》，1948年，武档藏，资料号：105-2-914。

既据该告诉人具状申请撤回，自应准许，爰依刑事诉讼法第231条第5款，予以不起诉处分。

中华民国三十三年二月十四日①

至于万周氏为何主动撤回诉讼请求，案件中没有交代，但是原因大多是经过别人调解或者当事人重归和好，再有可能是接受既存事实，打官司对此问题没有任何益处。例如1943年武昌的李魏氏起诉丈夫李重喜与李黄氏重婚，后来便是在邻居友人的调解下和好撤诉的，"据证人张承桂、毛其昌供称：'两造实为家庭细故反目，现经邻右调解，均愿和好如初，不再诉追'"②。最终，湖北武昌地方法院检察官做出了不起诉处分书的审判结果。

第四个因素是对于已经审判过的重婚案件，在其有效期内不能再提起诉讼，这符合刑事诉讼法231条第1款的规定。例如1939年赵刘氏以重婚罪的名义将其丈夫赵庆林和重婚对象赵徐氏告上汉口地方法院检察处。赵刘氏在1938年就已经以同样的理由将其丈夫告上法庭，从下面检察官和赵刘氏的问答中能够体现出来：

侦查笔录：

（检察官）问：赵刘氏年、籍？

（赵刘氏）答：三十一岁，奉天人，柏家二巷四十号。

问：赵庆林是你何人呢？

答：是我丈夫。

问：你前次告赵庆林伤害已经起诉，现在你又告他们为何事呢？

答：前次是赵徐氏打的，不是我丈夫打的。现在因为我丈夫不管闲事，他又重婚，请老爷做主办他们。

问：你去年三月间不是告了他两人吗？

---

① 《万崇玉等重婚》，1944年，武档藏，资料号：106-2-474。
② 《李重喜等重婚》，1943年，武档藏，资料号：106-2-589。

答：去年是告的伤害，老爷判的重婚判了我丈夫六个月，赵徐氏没有判。

问：你判决书带来否呢？

答：判决书已失了。①

早在1938年汉口地方法院就已经判处赵庆林重婚罪六个月缓刑二年，因此该判决于1939年仍然有效。赵刘氏于1939年再次状告其丈夫重婚罪，显然不符合刑事诉讼法第231条第一款的规定，因此法院检察官没有受理其申请，理由如下：

武汉特别市汉口地方检察厅检察官不起诉处分书

被告赵庆林，年三十岁，奉天人，住柏家二巷十四号；赵徐氏，年二十七岁，老河口人，住柏家二巷十四号

右开被告于民国二十八年度侦字第389号重婚堕胎一案，业经检察官侦查完毕，认为应行不起诉。兹将叙述理由于后：

……本案关于赵庆林重婚部分，据告诉人赵刘氏供称已于去岁诉经前汉口地方法院刑庭，判处被告赵庆林徒刑六月宣告缓刑二年等语。查案经判决确定者，依法应为不起诉之处分，故所诉重婚部分自应免于置议。……依刑事诉讼法第231条第一款、第十款处分不起诉。

中华民国二十八年十月十七日

该案反映检察官不受理重婚起诉的申请，主要原因在于赵刘氏已于1938年提出过诉讼，法院也做出了判决。但从另一方面也能够看出，在国民政府时期的湖北武汉，虽然此时已处于日军侵占时期，但法院在处理重婚罪时仍然适用国民政府法律，可是对重婚罪的判处较为量轻。这对于禁止社会重婚现象的出现是十分不利的，没有体现法律惩戒性的一面，从赵刘氏两次告其丈夫重婚便是一个很好

---

① 《赵庆林等重婚堕胎》，1939年，武档藏，资料号：105-2-13475。

的例子。

第五个因素是国民政府大赦政策的因素。国民政府时期的方针政策也能对司法活动产生很大的影响,例如在其统治时期施行的"大赦"即有两次,一次是在国民政府刚刚完成国内统一的1931年1月1日颁布实施的"政治犯大赦",一次便是在抗战胜利后的1947年1月1日实行的大赦。在传统社会里,遇到新皇帝登基等重要时刻,也会颁布"大赦天下"的政策,主要目的不外乎两个,一是笼络民心,二是维护统治。国民政府施行的这两次大赦也主要是基于这两个目的,第一次是在国民政府形式上统一全国的时候,需要维护新的统治局面。而第二次大赦,则主要是争取民心维护看似巩固的政权,以打击中国共产党领导的解放区。

1947年1月1日颁布的"大赦令",主要内容是:"凡犯罪在中华民国三十五年十二月三十一日以前,其最重本刑为有期徒刑以下之刑,而无大赦令(乙)项所列各款之情事者,均赦免之。"[①] 由于重婚罪刑罚为"五年以下有期徒刑",符合"大赦令"的规定,所以使得一些之前发生的重婚罪变得无罪了,对此类案件检察官也不再受理起诉。例如住在武昌的鄂城人张黄氏,于1947年春季状告其丈夫张兴汉与李秀英重婚,结果武昌地方法院检察官做出了不起诉的处分:

湖北武昌地方法院检察官不起诉处分书

被告:张兴汉,男,三十四岁,鄂城人,住武昌厨子街15号。

右被告因三十六年度侦字第398号重婚案件,经侦查终结认为应行不起诉,兹叙述理由如左:

……

本件被告张兴汉原与告诉人张黄氏为配偶,复于二十七年与李秀英结婚,触犯重婚罪责。惟查重婚罪之最重本刑系有期徒刑以下之刑,且并无大赦令(乙)项所列各款情事,其行为应在赦

---

① 《张兴汉重婚》,1947年,武档藏,资料号:106-2-29。

免之列。合依刑事诉讼法第 231 条第 3 款予以不起诉处分。

中华民国三十六年五月三十日

检察官周宗洛①

又如汉口的晏东于 1947 年状告其妻尹群秀与谭永奎重婚一案，虽然检察官最终认定了尹群秀重婚事实，但是根据 1947 年 1 月 1 日颁行的"大赦令"赦免尹群秀之罪行，并不对尹群秀作起诉处分。②所以，从这两个重婚案例清楚地看出，国民政府颁行的"大赦令"，没有从实际出发，对社会上的一些犯罪行为实行了纵容的做法，损害了当事人的合法权利。从而可以看出，"大赦令"只是一种政治上的宣传策略，对司法审理与人民日常生活产生了一定的负面影响。

（三）审判结果

现在，我们对起诉并受到判决的 23 份重婚案件进行分析，通过考察后发现，判处被告无罪的案件有 6 例；判处被告有罪的案件合计 16 件，其中有期徒刑的案件有 6 例，有期徒刑并缓刑的有 10 例；情况不明的一例，合计 23 件（见表 3 – 3）。

表 3 – 3　　　　　　　　　重婚案件审判结果

判决结果	无罪	有期徒刑	有期徒刑并缓刑	不明	合计
数量	6	6	10	1	23

资料来源：武档藏，资料号：106 – 2 – 69、76、82、116、129、134（135）、190、196（197、198）、202、205、326、329、403、463、491、563、828、887、888；105 – 2 – 1061、1321、13601、1810。

首先，来考察一下判处被告无罪的 6 件重婚案件，其中 3 件经过一审，3 件经过二审。在二审案件中，有 1 件重婚案在第一、二两审中判决结果一致，其他两例重婚案件，在第一审中均做出了被告重婚

---

① 《张兴汉重婚》，1947 年，武档藏，资料号：106 – 2 – 29。
② 《尹群秀等重婚》，1947 年，武档藏，资料号：105 – 2 – 726。

第三章 重婚案件研究

有罪的判决，但是在第二审中均推翻了第一审判罚，做出了被告无罪的判决结果。通过这6件判决无罪的重婚案件，发现其共同点在于虽然检察官认定被告犯有重婚罪，但是在审理过程中法院并没有认定被告有重婚行为。例如1948年汉口的程喜珍向法院申请其丈夫雷玉亭与雷姜氏重婚，检察官做出了起诉雷玉亭及帮助其重婚的纪海山等人的处分，指出："纪海山、陈道斋、陈书文等明知雷玉亭有妻雷姜氏，并未离婚，竟于本年一月二十五日介绍程喜珍（即雷程氏）在本市璇宫饭店与之结婚。嗣经程喜珍查觉乃具状诉求侦查。被告雷玉亭、纪海山、陈道斋、陈书文等虽均畏究避匿不到，致无供可采，但右开犯罪事实既据告诉人程喜珍状诉甚详，自难谓被告等无刑法第237条前段之罪嫌，除被告雷玉亭为正犯外，余则为帮助犯。请依刑法第30条论科，合依刑事诉讼法第230条第一、二两项提起公诉，请依法审判。"①虽然检察官采纳了程喜珍的诉讼请求，对雷玉亭等人提起公诉，但是法院最终却判决雷玉亭等人无罪，详细情况见下：

> 湖北汉口地方法院刑事判决，三十七年度公字第1071号
> 被告雷玉亭，男，四十六岁，九江人，住渝荫里六号，古董业
> 选任辩护人范振元律师
> 被告：纪海山，原告诉状讹作季保者，男四十八岁，鄂城人，住吉庆街83号，商；陈道斋，即陈道齐，年纪不详，住崇里16号。
> 右列被告因重婚案件经检察官提起公诉本院判决如左：
> 主文
> 雷玉亭、纪海山、陈道斋均无罪
> 理由
> 查刑法第237条之重婚罪以有配偶而重为婚姻为构成要件，本件被告雷玉亭与告诉人程喜珍于本年元月二十五日结婚事实已据供认不讳。惟被告以前仅有姘妇姜氏而无正式配偶，已据被告

---

① 《雷玉亭等重婚》，1948年，武档藏，资料号：105-2-1061。

雷玉亭、纪海山一致述明，即告诉人于告诉本案之口亦随经具状声明'雷玉亭并无前妻，告诉实系出于误会'等语。被告雷玉亭以前既无配偶之证明，其后与告诉人结婚自不负重婚罪责。被告纪海山亦即无帮助重婚可言，被告陈道斋经合法传唤未到，不待其陈述，迳予判决被告陈书文所在明获案另结。

据上论结应依刑事诉讼法第293条第一项第298条判决如主文。

中华民国三十七年九月三十日

湖北汉口地方法院刑一庭

从上述判决结果可以看到，法院之所以判处雷玉亭等人无罪，即在于雷玉亭之前并没有同姜氏结婚，二人只是姘居关系，不是夫妻关系，因此雷玉亭同程喜珍结婚并不触犯重婚罪。因此，如何区分同居（非法同居）与重婚的关系，是国民政府需要解决的问题，之前我们已经提起过，根据传统习惯，如果男女双方以夫妻名义，持续稳定地共同居住生活就是一种事实上的婚姻关系，即使二人没有办理结婚手续。然而，在国民政府时期，结婚是要式行为，必须有相关的手续，男女结婚才有效。民法第982条规定："结婚，应有公开之仪式及二人以上之证人。"① 所以，除了姘居外，即使二人结婚了，但是没有采取该法律规定的要求，在法庭上并不会得到法官的支持。如1946年武昌的吴郭氏状称其丈夫吴家钰与朱宗友重婚，检察官也提起公诉，但是法院最后认定吴家钰无罪，理由即是吴家钰并没有同朱宗友举行结婚仪式，仅仅是一种同居的关系，重婚罪不成立。②

其次，考察一下判处有期徒刑的重婚案件。该类案件并不复杂，被告重婚事实清楚，经过审理判决一定的刑罚。例如武昌地区的雷绍富与雷冯氏于1930年结婚，并未离婚。在1933年阴历六月雷冯氏与

---

① 中国法规刊行社编审委员会编：《六法全书》，《民国丛书》第3编第28册，上海书店1991年版，第88页。

② 《吴家钰等重婚》，1946年，武档藏，资料号：106-2-129。

不知情的郭正龙再婚，后来被其丈夫雷绍富告上法庭。武昌地方法院经过审理于1946年11月5日判处"雷冯氏有配偶而重为婚姻，处有期徒刑六月；郭正龙无罪"。①

最后，考察一下判处有期徒刑并缓刑的重婚案件。法院虽然认定了被告的重婚行为，但是由于被告为首次犯法等因素，在判处有期徒刑的基础上又作出缓刑执行的结果。例如1947年汉口的张正国因其妻张魏氏与王金榜重婚，向当地检察官提起诉讼。在6月11日，汉口地方法院经过审判后判处"张魏氏有配偶与人重为婚姻，处有期徒刑三个月，缓刑二年"，主要理由在于"再查被告等均未曾受有期徒刑以上刑之宣告，认为以暂不执行为适当，并予缓刑，以励自新"。②

除了初犯是判处缓刑的因素外，还有其他的因素为法院所考虑，如夫妻感情。武昌的陈胡氏于1941年起诉丈夫陈佑进与傅氏重婚，武昌地方法院于8月30日判处陈佑进"有配偶而重为婚姻，处有期徒刑三个月，缓刑二年"，原因在于"惟查该被告未受有期徒刑以上刑之宣告，且为保全其夫妇感情起见，以暂不执行为适当"。③ 又如以养家等原因处以被告缓刑，在传统观念来看，妻子被丈夫养活是一种正常的现象，但是如果丈夫自身力量有限，不能担当起养家的责任，妻子往往也要从事劳作，上文中已经提起因生活贫困一方再为重婚的事件。1946年武昌的吴文伦以其妻吴唐氏与马长青重婚，提起诉讼，武昌地方法院最终判处吴唐氏重婚"有期徒刑两个月，缓刑二年"，是因为"（被告）且以务农养家，认为暂不执行为适当，特予缓刑二年，以励自新"。④ 再如以被告年幼无知等情况，而判处缓刑。武昌的曾年秀与汤锦富于1942年结婚，后曾年秀私自出走，汤锦富寻至曾年秀之母家，经曾母允其以后可另娶妻室。汤锦富于1947年与知情的汤余氏结婚，后曾年秀得知情况后回家将汤锦富和汤余氏告上法院。1948年3月30日，武昌地方法院判决汤锦富和汤余氏"各

---

① 《雷冯氏等重婚》，1946年，武档藏，资料号：106-2-76。
② 《胡廷洪等重婚》，1947年，武档藏，资料号：105-2-1321。
③ 《陈佑进重婚》，1941年，武档藏，资料号：106-2-887。
④ 《吴唐氏重婚》，1946年，武档藏，资料号：106-2-202。

处有期徒刑两月，均缓刑二年"。原因在于"惟念该被告等均年幼识浅，审酌其知识程度，爰酌处以较轻之刑，略示薄惩"。①

从以上能够看出，法院经过依法审理，对国民政府时期武汉地区的重婚案件进行了判决。不管是何种判决结果，从检察官和法院来看都大体做到了依法办事。但是，由于国民政府的法律对重婚罪的认定存在不足，再加上判处的刑罚过于量轻，实际上对社会的重婚现象是阻止不了的。从对重婚当事人处以缓刑来看，就能证明重婚的发生并不仅是当事人故意为之，可能是多种因素综合作用的结果。比如夫妻一方莫名失踪、经济压力等原因促使了夫妻一方在没有办理离婚手续的前提下与他人再婚。在这种"情有可原"的情况下，法院对重婚当事人的判罚也就不再严格，从50件以重婚为名义的案件中，仅有23件得到起诉审理，而23件重婚案件中只有6例处以有期徒刑，有10件是缓刑处理，其他案件大多被判为无罪。从而可以反映出，当时司法机关对重婚罪的处罚并不是看得很重，重婚罪在整个刑事犯罪的案件中所占比例也是十分少。

二 案件的时空特点

从地域上来看，我们已经知道，50份重婚案件中归属武昌地方法院管辖地区的有40件，归属汉口地方法院管辖地区的有10件。当时汉阳地区发生的讼案归汉口地方法院受理。从地域面积上来看，虽然笔者没有进行统计，汉口和汉阳两地面积应该不会少于武昌地区，但是发生的重婚案件武昌地区却比经济条件要好些的汉口及汉阳要多得多。重婚与经济因素有无联系，也值得思考。下面，我们会从重婚当事人的职业和居住地两个方面来分析。

从重婚诉讼发生的时间上看，最早的发生在1939年，最晚的是1949年，前后历经十年，前面我们已经交代了，由于抗战等原因，导致档案资料的延续性不强。如果除去抗战时期不说，1945年抗战胜利后的重婚案件共有34件，其中1947年发生的重婚案件最多，见表3-4：

---

① 《汤锦富重婚》，1948年，武档藏，资料号：106-2-326。

表 3-4　　　　　　　　　重婚案件年份

年份	1939	1941	1942	1943	1944	1945	1946	1947	1948	1949	合计
数量	2	2	2	4	3	3	10	17	6	1	50

从表 3-4 我们看出，从单一年份上看 1947 年发生重婚案件 17 件，其次是 1946 年的 10 件，最少的是 1949 年的 1 件。抗战期间（1939—1945）共发生重婚案件 16 件，解放战争时期（1946—1949）共计 34 件。我们发现，战争与政治对重婚有着一定的影响，抗战时期湖北省很多区域沦陷，司法机关审理各类纠纷就受到很大的限制，档案保存也不够完善。抗战后，特别是 1946 年和 1947 年两年，国民政府统治进一步巩固，国内虽然发生国共内战，但对湖北省的影响还很小，司法机关也能照常运行。在社会环境相对良好的情况下，重婚诉讼发生量大增，两年共发生重婚案件 27 起，占到总数量 50 件的一半还多。

从月份上考察重婚案件的发生也有一定的意义，以此观察重婚诉讼的发生与季节和月份是否存在一定的联系。如表 3-5 所示：

表 3-5　　　　　　　　重婚案件诉讼发生月份

| 春季 ||| 夏季 ||| 秋季 ||| 冬季 ||| 合计 |
3月	4月	5月	6月	7月	8月	9月	10月	11月	12月	1月	2月	
4	9	4	2	4	6	2	5	6	4	4	0	50
17			12			13			8			50

表 3-5 的月份统计，主要是笔者根据档案中每个重婚案例诉讼时间最早的月份来计算的。从而发现，当事人一方提起重婚诉讼请求以春季最多，其次是秋季，冬季最少。从月份上看，4 月是申请审理重婚案件最多的月份，2 月则没有重婚案件申请，主要原因应该是 2 月通常在阴历上是中国的传统新年时期，打官司的诉讼申请减少或没有也实属正常。而具体到 16 件重婚案件中，重婚行为发生的月份分布情况如何？见表 3-6：

表 3-6　　　　　　　　　重婚行为发生月份

春季			夏季			秋季			冬季			合计
3月	4月	5月	6月	7月	8月	9月	10月	11月	12月	1月	2月	
1	1	1	1	3	0	1	2	1	1	1	3	16
3			4			4			5			16

由表 3-6 可知，从发生重婚行为的季节分布上来看，基本上一年四季都一样，在每个季节都会发生重婚现象，春夏季发生的重婚行为较秋冬季节少。单从月份上看，7月和2月发生重婚行为的较多，而8月却没有一例重婚发生，这是一个很有趣的现象。从阴历上看，每年的下半年一是良辰吉日较多，一是农活不多，这些因素都有利于婚姻的举办。

三　重婚案件当事人考察

（一）当事人年龄情况

在此部分中我们主要对确定为重婚案件的16对当事人进行考察，重婚案件中夫妻双方的年龄情况如表 3-7 所示：

表 3-7　　　　　　　　　重婚案件当事人年龄

夫妻诉讼时年龄情况（以夫年龄为准，升序排列，右同）		夫妻结婚时年龄情况		夫妻重婚时年龄情况	
夫	妻	夫	妻	夫	妻
20	16	15	14	17	16（婚后2年）
20	19	16	18	20	16（同年）
21	23	20	16	21	23（婚后5年）
25	15	20	20	25	15（婚后1年）
28	28	21	25	26	30（婚后5年）
32	36	24	14	27	27（婚后7年）
36	33	29	15	36	33（婚后1年）

续表

夫妻诉讼时年龄情况（以夫年龄为准，升序排列，右同）		夫妻结婚时年龄情况		夫妻重婚时年龄情况	
夫	妻	夫	妻	夫	妻
37	31	35	32	37	31（婚后1年）
40	不详	36	30	41	27（婚后12年）
41	27	不详	16	40	不详
不详	23	不详	16	不详	18（婚后2年）
不详	26	不详	18	不详	26（同年）
不详	27	不详	23	不详	26（婚后8年）
不详	28	不详	26	不详	27（不详）
不详	30	不详	不详	不详	29（婚后13年）
不详	33	不详	不详	不详	30（婚后7年）

资料来源：武档藏，资料号：106-2-69、76、82、116、134（135）、196（197、198）、202、326、329、463、491、563、887、888；105-2-1321、1810。

表3-7的数字是夫妻一方发生诉讼、结婚及重婚三个阶段的年龄情况。从重婚诉讼年龄表大致可以看出，夫大于妻的有6对，夫妻年龄一样的有1对，妻大于夫的有2对，共计有9对当事人年龄能够看出来。这个情况和第二章订婚年龄的男女情况相符合，因为订婚时男女年龄之差，在结婚时是不变的。丈夫年龄大于妻子的最大岁数是14岁，最小岁数是1岁。丈夫小于妻子的年龄差一个为2岁，一个为4岁。夫妻结婚时的年龄比较与此类同，通过二者的比较来看，在当时的社会上丈夫年龄普遍大于妻子是主要趋势。

而通过对档案资料信息的收集，笔者得出了夫妻一方重婚时的年龄情况以及与结婚年龄的比较后发现，有2例是结婚当年就与他人重婚，婚后1年与他人重婚的有3例，婚后2年、5年及7年重婚的各2例，婚后8年、12年和13年重婚的各1例，不详的有2例，共计16例重婚案件。因此，去除情况不详的2例外，在婚后5年内发生重婚的案例有9例，约占56.25%，婚后5年之后发生重婚的有5例，约占

31.25%。由此可见，婚后5年这一时间段是发生重婚行为的多发期。

（二）当事人籍贯、居住地和职业情况

重婚案件为16例，原配夫妻为16对，男女一共32人，现将此32人的籍贯、居住地和职业等情况加以考察，这有助于进一步了解当时重婚行为的发生背景，见表3-8：

表3-8　　　　重婚案件当事人籍贯、居住地、职业信息

夫			妻		
籍贯	居住地	职业	籍贯	居住地	职业
汤锦富（为重婚当事人），鄂城人	住广福坊21号	开店	曾年秀，武昌人	住土地堂裕大粮会	不明
张永远（为重婚当事人），籍贯不明	不明	跑广东做生意	张许氏，武昌人	住福寿乡一保	不明
陈佑进（为重婚当事人），嘉鱼人	住武昌大观山23号	修汽车	陈胡氏，武昌人	住胡林翼路江家巷291号	帮工
龚泽润，武昌人	住武昌县纸坊乡青林寺南岸嘴	不明	周丁蒂（为重婚当事人），武昌人	住纸坊乡14保	农
王源泰，汉阳人	住汉口前花楼苗家码头二十八号	经商	王刘氏（为重婚当事人），汉阳人	住毛家堤第9保第7甲	帮工
陈金发（为重婚当事人），黄冈人	住中正路225号	商人	周兰英，黄冈人	住汉成里小东21号	不明
吴文伦，武昌人	住太平乡第7保第5甲陈家2村	农	吴唐氏（为重婚当事人），武昌人	住太平乡唐家村7保	农
张正国，孝感人	住天一后街139号	挑水	张魏氏（为重婚当事人），武昌人	住航空路	家务
蒋钊钧（为重婚当事人），汉阳人	住祥和里5号	汉口市党部职员	何颜娇，籍贯不明	不明	不明
董家荣，籍贯不明	不明	不明	董李氏（为重婚当事人），武昌人	住山坡乡三保	不明

第三章　重婚案件研究

续表

夫			妻		
籍贯	居住地	职业	籍贯	居住地	职业
袁汉斌，武昌人	住小陶家巷7号	拉人力车	姚兰英（为重婚当事人），武昌人	住小陶家巷7号	不明
张崇桂，汉阳人	住崇福山4号	铁匠	陈素华（为重婚当事人），黄冈人	住双柏庙8号	不明
雷绍富，黄陂人	现住武昌玻璃厂	豆腐生意	雷冯氏（为重婚当事人），武昌人	住徐家棚25号	不明
贺正发，籍贯不明	不明	不明	贺尹氏（为重婚当事人），武昌人	住刘家模村	无业
李德昌，籍贯不明	不明	不明	宋芙蓉（为重婚当事人），武昌人	住后峰门104号	不明
黄维汉，武昌人	不明	十八军当连长	马玉梅（为重婚当事人），武昌人	住王惠桥后堤街33号	不明

由表3-8可以看出：一是，妻子发生重婚的行为有11例，丈夫发生重婚的行为只有5例，妻子发生重婚的比例大于丈夫。王奇生在对民国初年的女性犯罪进行研究时，曾指出："从1914—1936年的犯罪统计中，我们还发现，虽然女性总的犯罪率远低于男性，但女性犯罪（妨害风化、妨害婚姻家庭）的比例却反在男子之上。"[1] 从表中考察男女重婚比例的结果来看，也比较符合王奇生的观点。二是籍贯方面，在16名男性中籍贯不明者有4例，来自外地的有5人，没有外省人，武汉三镇的共计7人。16名女性中，籍贯是外地的有2例，籍贯不明者有1例，其余13名女性均来自武汉三镇。夫妻相比较，妻子多以武汉人为主。三是居住地方面，除了5人住所不明外，均大多在武汉三镇。四是职业方面，16名男性从事的职业大多属于下层

---

[1] 王奇生：《民国初年的女性犯罪（1914—1936）》，《近代中国妇女史研究》1993年第1期。

社会的范围，而女性方面更是如此。即使是职业不明者，我们通过这些女性之间职业的比较或者居住所来看，应该是帮工、务农或无业之类。此外，通过其丈夫所从事的职业，也能反映出其妻子所从事工作的大概情况。因此，从上述16例重婚案件当事人夫妻的籍贯、住所及职业情况可以看到，国民政府时期武汉地区重婚当事人所处的社会位置，他们几乎置身于下层或者过着贫困的生活。日常生活的艰辛和压力，对促使重婚行为的发生有着不可忽视的影响力。对于重婚案件发生的原因和过程，我们在下节进行详细的研究。

第三节　重婚原因与重婚案件审理

禁止重婚的观念在国家与社会的共同塑造下已成为民众信奉的主流婚姻观念，但未必牢不可破。在国民政府时期重婚行为即十分常见，从当时各地出现的重婚诉讼案件可窥一斑，如1927年北平地区丈夫作为被告导致的离婚案共计340件，其中因其发生"重婚"而致案件有33起，占近10%的比例。① 1930年在广州地区，"重婚"在整体离婚原因中有近8%的比例，从1937年3月至1938年11月在成都，"重婚"在离婚原因中占14.29%的比例。② 从上述地区来看，重婚行为在社会上的发生率，不可谓不高。在禁止重婚观念较为普遍与严格的国民政府时期，重婚现象仍频繁发生，性别差异在重婚行为的原因中是否具有较大不同？其与社会环境有何关联？下面以笔者所掌握的该时期湖北重婚案件为基础，对上述问题进行分析。

一　男性重婚因素

（一）夫妻感情不合

丈夫以夫妻感情不和为理由与他人重婚，是国民政府时期男性重

---

① 李文海主编：《民国时期社会调查丛编·婚姻家庭卷》，福建教育出版社2005年版，第393页。
② 同上书，第419—420页。

婚的一个重要需求。嘉鱼县陈佑进是陈胡氏丈夫，二人结婚十余年，后夫妻"因感情不睦，时生争吵"，于是陈佑进乘陈胡氏外出帮工之际，与傅氏重婚。① 丈夫移情别恋与他人重婚也属于夫妻感情不合的恶果。再如张永远与张许氏于1934年结婚，张永远因二人感情不和"另有所爱"遗弃其妻及幼女，与王治华相恋半年，聘媒人说合于1948年1月底公开举办婚礼，正式娶王氏为妻。② 在上述案例中，丈夫均以与妻子感情不合为由，与他人恋爱乃至结婚，因而构成重婚罪。

（二）妻子背夫潜逃或离散失踪

由于夫妻矛盾导致妻子背夫出走，丈夫因此与他人重婚。例如1942年汤锦富与曾年秀结为夫妻，后曾年秀因生活作风问题"私自出走"，汤锦富至曾年秀娘家寻找未果，同时曾母允诺汤氏以后可再娶。1947年汤锦富在与曾年秀婚姻存续期间，又与汤余氏再婚，因而触犯重婚罪。③ 虽然汤锦富与他人重婚是事实，但其妻曾年秀私自背夫潜逃屡寻不获，间接促成汤锦富的重婚行为。

以妻子失踪为借口与他人重婚，也是男性重婚的动机之一。例如1935年黄冈人陈金发与周兰英结婚，至1940年在湖南又与杨习群重婚，其理由是："寄信与周兰英无回信，并听说她已死了，才与杨习群结婚。"④ 又如汉口人马佩华是徐志杰妻子，二人婚后同往湖南工作，后因日军入侵长沙导致二人离散，音讯全无。徐志杰在逃往成都后，遂与尤绍泉重婚。⑤ 因妻子离散失踪，丈夫与人重婚，在战乱年代到和平团聚时期多由此引发婚姻诉讼。

（三）子嗣承继

在传统宗法制社会里，宗族的延续是缔结婚姻关系的主要目的，俗语有"不孝有三，无后为大"，"无子显然与婚姻最主要的神圣的

---

① 《陈佑进重婚》，1941年，武档藏，资料号：106-2-887。
② 《王治华等重婚》，1948年，武档藏，资料号：106-2-196、197、198。
③ 《汤锦富重婚》，1948年，武档藏，资料号：106-2-326。
④ 《陈金发重婚》，1946年，武档藏，资料号：106-2-82。
⑤ 《尤绍泉重婚》，1948年，武档藏，资料号：106-2-403。

目的相悖",婚后生子的目标不能实现,夫妻关系即有解除之可能。①传宗接代的思想在中国社会具有根深蒂固的影响,在国民政府时期的湖北,成为男性发生重婚行为的需求。例如汉口人何颜娇与蒋钊钧结婚有年,夫妻至四十余岁时仍膝下无子,后经他人说媒,蒋钊钧与安慧云相识并重为结婚。②该案例反映出在国民政府时期的湖北,传统宗族观念仍有一定的影响力,特别是重男轻女的思想在社会上仍广泛存在。

二 女性重婚因素

同男性相比,女性发生重婚的原因大致有以下数端:

(一) 丈夫失踪

由于各种原因丈夫失踪,但夫妻婚姻关系仍然存在,妻子以丈夫失踪为借口与他人结婚,是为重婚。特别在战争时期,丈夫失踪的现象十分常见,妻子与他人建立婚姻家庭,实际上这是不合法的重婚行为,比如抗战时期独特的"国难太太"。有人对此指出:"抗战以来,较有资产的阶层,流行着'国难太太'的口号,原有的妻室,不在身边,因而在外另行娶妻者颇多。同时在比较贫困的阶层,尤其是这一阶层的已婚妇女,也因为原有的丈夫生死未卜,或天各一方,因而在外另行婚嫁者亦很多。这些有配偶而与人结婚者,都是重婚。"③在湖北地区女性以丈夫失踪为由,遂与他人重婚的案例不时出现。例如1945年武昌人马玉梅同黄维汉结婚,因黄氏为国民党军官,后随军赴东北一直未归。在母亲的支持下,马玉梅以丈夫失踪"不要她了"为借口,与他人再行结婚。④

(二) 夫家经济困难

对底层女性而言,夫家经济困难是她们发生重婚的重要因素。在国民政府时期,社会经济凋敝,生存是人的首要问题,一旦丈夫不具

---

① 瞿同祖:《中国法律与中国社会》,中华书局2003年版,第137页。
② 《蒋钊钧重婚》,1947年,武档藏,资料号:105-2-1810。
③ 陈盛清:《战后的婚姻问题》,《东方杂志》1940年第37卷第7号,第19页。
④ 《马玉梅等重婚》,1946年,武档藏,资料号:106-2-329。

备养家糊口的能力,妻子通常"背夫重婚"。有学人对民国北平"背夫潜逃"的现象做了很深的研究,指出夫家贫困妻子生活无着,是女性选择背夫潜逃的主要动机。因为在女性看来丈夫有养活她们的责任,一旦丈夫"无力养活,他就肯定失去了作为'主'的地位和妻子陪伴生活的权利"。① 该观点具有很强的洞察力,从传统文化来看,丈夫养活妻子是"天经地义"的事情。

俗话说"嫁汉嫁汉,穿衣吃饭"。"背夫重婚"与"背夫潜逃"在本质上具有一致性,如果丈夫不能很好地保证妻子的生存问题,她们易与别人重婚,希图得到新的抚养。例如汉阳的王刘氏与王源泰在1937年结婚,共同生活七年后,夫家经济贫困,王刘氏以丈夫"不给我吃、我穿,他又无田、无地"为理由,背夫潜逃与萧有全重婚。② 再如1941年黄冈人陈素华与张崇桂结婚,后因丈夫张崇桂赴湖南做工,"生活艰窘",于是诡称单身,于1942年与陈少卿重婚。③

(三) 丈夫纳妾

丈夫纳妾也能成为女性重婚的原因,例如武昌人吴唐氏是吴文伦妻子,1939年吴唐氏潜逃湖南,并在1943年于湖南南县与马长青重婚,其原因是:"吴文伦纳妾,被逐出门,故复与马长青结婚。"④ 纳妾现象为南京国民政府法律所禁止,但在社会上却广泛存在。妻子以丈夫纳妾为由与他人重婚,并非抵制丈夫的不良行为,而是因为丈夫纳妾后不顾其生活所致,从而与别人重婚,换取新的生活抚养。

(四) 家庭暴力

夫妻之间发生矛盾本是常见现象,但由此演变成家庭暴力则是一个严重性社会问题,丈夫对妻子使用家庭暴力,是导致妻子重婚的原因之一。武昌人雷冯氏本系雷绍富妻子,在该婚姻存续期间,雷冯氏

---

① 马钊:《司法理念和社会观念:民国北平地区妇女"背夫潜逃"现象研究》,《法律史学研究》2004年第00期。
② 《王刘氏重婚》,1946年,武档藏,资料号:106-2-135。
③ 《陈素华重婚》,1942年,武档藏,资料号:106-2-563。
④ 《吴唐氏重婚》,1946年,武档藏,资料号:106-2-202。

指出丈夫"时常加以殴打，不能在家安居，因之逃出"。① 雷冯氏以丈夫对其家暴为理由，离家出走与郭正龙重婚。

又如孝感人张正国与张魏氏是夫妻，婚后妻子常遭受丈夫殴打，后逃出夫家。张魏氏"与其夫张正国口角后，气忿出走"，后与王金榜再次结婚。张魏氏之所以逃出不敢回夫家，是因为"不敢回去，怕张正国父子打我"。② 也有部分女性受家庭暴力侵害，被动与他人重婚，最后被司法机关判处重婚罪。例如宋芙蓉本系李德昌之妻，二人结婚多年，后因女方行为不检触怒李德昌之父，父子二人强迫将宋芙蓉卖与他人为妻。③ 在家庭暴力面前女性通常是弱势一方，但她们没有得到法律的帮助，反而采取逃避或者被逼的方式与他人结婚，因此触犯重婚罪，受到法律惩罚。本来是法律的救济对象，后来反而变成法律的惩治人员，反映了在社会剧烈变迁时期，女性处于社会弱势地位的现象。

（五）婚姻买卖

女性发生重婚行为有时来自外部因素，特别是娘家人的操纵。例如武昌人贺尹氏早年与袁牛伢订立婚约，尚未结婚。后由其继父主婚嫁与贺正发，二人婚后生活近十年并生育子女。1945 年贺尹氏母亲将其接回娘家，"即令贺尹氏与袁牛伢重行结婚"。④ 娘家人操纵女儿发生重婚行为，多与获取钱物有密切关系。再如武昌人周丁蒂系周林氏女儿、周锡才之姐，与蔡海卿互定婚约并约定婚期。不久在周林氏与周锡才的操纵下，又将周丁蒂许配与龚泽润，得财物若干，举行正式婚礼。后周林氏与周锡才母子找借口将周丁蒂接走，又与蔡海卿完婚。⑤ 这个案例清晰地显示出，女性重婚是娘家人为了得到更多的钱财而造成的，女性在事件的过程中处于被动地位，毫无个人自主选择的意愿，成为婚姻买卖的商品，反映了该时期女性社会地位的低下。

---

① 《雷冯氏等重婚》，1947 年，武档藏，资料号：106 - 2 - 76。
② 《胡廷洪等重婚》，1947 年，武档藏，资料号：105 - 2 - 1321。
③ 《宋芙蓉等重婚》，1946 年，武档藏，资料号：106 - 2 - 463。
④ 《尹杨氏等重婚》，1946 年，武档藏，资料号：106 - 2 - 69。
⑤ 《周林氏等重婚》，1948 年，武档藏，资料号：106 - 2 - 888。

由上可见，男女两性各自发生重婚行为的因素虽差别较大，但除了上述一些自身的因素外，外在社会环境也是重婚行为产生的必备条件，战乱、职业、发生地、道德观念、社会风俗习惯等方面均可诱发重婚行为。不过，经济因素是男女尤其是女性发生重婚行为的一个根本动因。有学人在总结1937年至1938年成都地区刑事案件时，曾指出"犯罪原因中最主要的要算是经济的原因"，特别是以重婚罪为主要构成的"性欲罪"和贫穷有密切关系。尤其是女性，在贫困面前有两条出路："一条是出卖劳力，另一条是出卖肉体。"[1] 当女性不愿或不能出卖劳力时，为了生存只有出卖肉体与他人重婚，换取他人抚养。有人对民国北平100名女犯进行研究时也指出，女性犯罪也多因经济因素导致，"北平女子之所以犯罪，其可能的主要原因是经济压迫"[2]。以上观点在国民政府时期的湖北地区也是符合事实的，例如1939年汉口人苏云秀起诉其夫马子斌重婚罪一案，对于原告来说经济贫困是其主要动机，"我要马子斌给我赡养费"[3]。又如1946年吴朱氏明知吴家钰已婚仍与其重婚，理由是"我在当时是没有办法，所以靠他养活我"[4]。再如1943年鲁银珍状告其夫陈金山重婚，是因为丈夫不顾其生活，"日无饱食，夜卧地榻，形成囚犯，因之而身得重病，脚腿生疮，行走维艰"[5]。同男性相比，女性由于社会地位、教育、职业等存在不足，更易受到不良婚姻行为的危害，即使其发生重婚行为，也多是生活所迫的被动选择。

综上所述，不论是重婚行为的主动践行者或是被动参与者，由于性别差异导致了重婚原因的多样化，但是经济因素均是当事人特别是女性发生重婚的根本推动力量，最终通过许多内外在条件演化成他（她）们发生重婚的各种"合理"因素。

---

[1] 李文海主编：《民国时期社会调查丛编·底边社会卷》（上），福建教育出版社2005年版，第197—198页。

[2] 同上书，第315页。

[3] 《马子斌重婚伤害》，1939年，武档藏，资料号：105-2-13630。

[4] 《吴家钰等重婚》，1946年，武档藏，资料号：106-2-129。

[5] 《陈金山重婚等罪》，1943年，武档藏，资料号：106-2-592。

三　从轻处罚：重婚案件审理

已婚人士与他人必须举行公开结婚仪式才是重婚行为，否则以非法同居论。国民政府《民法》第982条规定："结婚，应有公开之仪式及二人以上之证人。"[①] 将重婚行为比照结婚仪式，在公开场合举办结婚典礼及酒席，这成为司法机关审判重婚罪的一个重要依据。因此当事人隐瞒不了重婚行为，必须公开化，也就会被外界所知。如果没有相关人士告发，重婚者似乎值得庆贺，一旦被人特别是被配偶告发，就会演变成重婚案件。重婚行为由此进入司法机关审理，意味着个人与国家、行为与法律之间发生直接冲突。

重婚案件是"告诉乃论罪"，即使没有告诉人，属地检察官都得依利害关系人之申请制定代行告诉人。从司法审理重婚罪的过程来看，大致是原告（即告诉人）将诉状递交被告所在地司法机关，由检察官向原被告双方进行调查侦讯，最终做出不起诉或者起诉、审判的结果。

（一）审理不起诉重婚案件

对于不起诉的原因，根据国民政府时期《刑事诉讼法》第231条规定有十项内容："一、曾经判决确定者；二、时效已完成者；三、曾经大赦者；四、犯罪后之法律已废止其刑罚者；五、告诉或请求乃论之罪者，其告诉或请求已经撤回或已逾告诉期间者；六、被告死亡者；七、法院对于被告无审判权者；八、行为不罚者；九、法律应免除其刑者；十、犯罪嫌疑不足者。"[②] 从该时期湖北地区重婚案件来看，检察官做出不起诉的原因主要侧重于第3、5、10等条款。例如张黄氏于1947年告发其夫张兴汉与李秀英重婚一案，武昌地方法院检察官审理后作出不起诉处分书，原因在于1947年1月1日国民政府所颁布的大赦令，认定"凡犯罪在中华民国三十五年十二月三十一

[①] 中国法规刊行社编审委员会编：《六法全书》，《民国丛书》第3编第28册，上海书店1991年版，第87页。

[②] 蔡鸿源：《民国法规集成》第65册，黄山书社1999年版，第290页。

日以前，其最重本刑为有期徒刑以下之刑，而无大赦令（乙）项所列各款之情事者，均赦免之"。① 虽然检察官认定张兴汉与李秀英重婚行为成立，但其发生时间在1938年，同时重婚罪最高刑罚为五年以下有期徒刑，均符合本次大赦令要求，因此最终驳回原告诉讼，决定不予起诉。

检察官作出重婚罪不起诉的另一个重要因素是原告撤诉，如1944年武昌人万周氏状告其夫万崇玉与万余氏重婚一案，在检察官侦查核实过程中，万周氏要求撤诉。② 再如1943年李魏氏状告丈夫李重喜与李黄氏重婚，在检察官侦查期间经邻里调解，李魏氏与李重喜均愿和好，告诉人李魏氏随之请求撤诉。③ 原告于重婚罪一审前撤诉，符合相关法律要求："告诉乃论之罪告诉人于第一审辩论终结前撤回其告诉，但本刑为七年以上有期徒刑之刑者，不得撤回。"④

检察官不认定有重婚行为，也是重婚罪不起诉的依据。例如崇阳人黄翠芳于1947年起诉丈夫吴汉维与陈美龄重婚，检察官经过侦查后认为该重婚行为不成立，因为"吴汉维与陈美龄仅属同居并未举行公开之结婚仪式，显虽认有犯重婚罪嫌，除关于通奸部分因告诉人事后宥恕依法不得告诉，应予免议外，爰依刑事诉讼法231条第十款，予以不起诉处分"。⑤ 再如李胡氏于1943年状告丈夫李竹山与刘氏重婚一案，面对检察官的侦讯，李竹山不承认与李胡氏结婚，也否认与刘氏重婚，理由是均没有与她们举办婚礼，"没有接客敬神"，只同意与此二人是姘居关系。⑥ 告诉人李胡氏也没有证据证明同李竹山是夫妻关系，进而也不能告发李竹山与刘氏重婚。最终检察官以嫌疑不足为理由，对该案不予起诉。

（二）审理起诉重婚案件

对于起诉的重婚案件，随后经侦查进入法院审判阶段，此后有一

---

① 《张兴汉重婚》，1947年，武档藏，资料号：106-2-29。
② 《万崇玉等重婚》，1944年，武档藏，资料号：106-2-474。
③ 《李重喜等重婚》，1943年，武档藏，资料号：106-2-589。
④ 蔡鸿源：《民国法规集成》第65册，黄山书社1999年版，第289页。
⑤ 《吴汉维重婚》，1947年，武档藏，资料号：106-2-384。
⑥ 《李竹山重婚》，1943年，武档藏，资料号：106-2-639。

审、二审或三审,因南京国民政府司法审判实行的是四级三审制,但重婚案件最多经过二审即告终结。地方法院对于重婚案件的一审有两个结果:被告有罪或无罪。对于宣判无罪的案件,法院的理由主要是针对被告重婚行为不成立。例如1948年雷程氏状告丈夫雷玉亭与雷姜氏重婚一案,检察官经过侦查认定被告雷玉亭犯重婚罪,并向汉口地方法院提起公诉。然后该法院在审理后一审宣判雷玉亭无罪,理由在于被告与雷姜氏仅有姘居关系,而非配偶,因此"被告雷玉亭以前既无配偶之证明,其后与告诉人结婚自不负担重婚罪责"。① 再如吴郭氏于1946年状告其夫吴家钰与吴朱氏重婚一案,经侦查后检察官认定被告吴家钰因娶吴郭氏无生育能力,另同吴朱氏重婚属实,决定提起公诉。武昌地方法院审理后裁定,1942年被告吴家钰与吴郭氏结婚,1945年又与吴朱氏非法同居,但认为被告与吴朱氏没有公开举办结婚仪式,不符合重婚罪要件,一审宣判吴家钰和吴朱氏无罪。② 上述两个案例说明,法院认定被告重婚罪名不成立有两点因素:一是被告与"原配"妻子婚姻关系不成立,与他人结婚显然不构成重婚行为;二是被告与他人仅姘居关系,没有举行正式婚姻,自不构成重婚行为。

也有不少重婚案例,被告一审被判无罪,但经原告上诉二审改判有罪。例如1948年武昌人龚泽润状告妻子周丁蒂与蔡海卿重婚一案,虽然检察官以重婚罪提起公诉,但武昌地方法院一审判处被告周丁蒂、蔡海卿等人无罪,其理由是:龚泽润诱骗周丁蒂结婚,并无结婚证书等"积极证据",很难证明二人"有合法婚姻关系之存在"。因此,被告周丁蒂再与蔡海卿结婚,缺乏重婚罪之要件,故难"律以罪刑"。对此判决,原告龚泽润不服,向上级法院提起上诉,湖北高等法院撤销一审判决,二审认定被告周丁蒂、蔡海卿均犯重婚罪,各判处"有期徒刑六月,缓刑三年"。缘由是:被告周丁蒂之母周林氏伙同周锡才以诈取钱财为目的,先后将周丁蒂许配与龚泽润、蔡海卿结婚,但被告周丁蒂与原告龚泽润婚姻关系成立,因之周丁蒂后与蔡海

---

① 《雷玉亭等重婚》,1948年,武档藏,资料号:105-2-1061。
② 《吴家钰等重婚》,1946年,武档藏,资料号:106-2-129。

卿结婚，即犯重婚罪。①

同时，有的重婚案件，被告一审被判有罪，二审则改判无罪。例如1948年武昌人萧万芝状告丈夫严世美与胡艾氏重婚一案，地方法院一审判处被告严世美犯重婚罪，判处有期徒刑两个月。其根据是：被告严世美与萧万芝婚姻关系存续期间，与胡艾氏公开举行婚礼，是重婚行为无疑。但被告严世美对一审判决不服，提起上诉，其上诉理由认为与胡艾氏举行婚礼"纯系捏词，毫无确实证据"。湖北高院受理被告严世美上诉申请，经过审理二审撤销原判决，宣告被告无罪。其理由是：原告提出的被告重婚证据不实，再核实街坊邻居证言，认定被告严世美与胡艾氏仅同居关系，"并未举行结婚仪式"，不能构成重婚罪。② 又如1948年原告张希俊状告王小鲁与李菊珍重婚案，武昌地方法院经过审理一审判处被告王小鲁犯重婚罪，处有期徒刑一年，缓刑三年。被告王小鲁不服判决，提出上诉，认为他与张希俊有同居关系，没有媒人、主婚人、介绍人、结婚证书及结婚仪式，二人不具备夫妻关系，此外他也不承认与李菊珍有结婚事实。湖北高院再审后否认被告上诉请求，认为他与张希俊有结婚事实，但支持他与李菊珍姘居关系，尚难证明二人有重婚行为。因此，二审宣判王小鲁无罪，撤销原判决。③

由此可知，司法机关对于不起诉或起诉并宣判被告无罪的重婚案件，其审理的核心观点是，不认为被告与他人具有重婚行为，而多认定为姘居关系，因此不构成重婚罪。从检察官和审判人员在重婚行为与姘居关系之间的取舍来看，实际上反映了当时司法机关对重婚罪行的放任。特别是对于一、二审均判处有罪的重婚案件，司法人员采取了"从轻处罚"的立场，更勿论宣判无罪或不上诉的重婚案了。

从笔者查阅的五十份重婚案件中，对重婚者判刑最重的仅有两例，被告均判有期徒刑一年，但附加缓期执行，这与重婚罪最高刑期

---

① 《周林氏等重婚》，1948年，武档藏，资料号：106-2-888。
② 《严世美等重婚》，1948年，武档藏，资料号：106-2-204。
③ 《湖北省高等法院审理武昌王小鲁等重婚案》，1948年，湖北省档案馆藏，资料号：LS7-6-4913。

五年相比，惩处其实减轻了很多。如武昌地方法院一审认定马玉梅与罗学志重婚罪名成立，各处有期徒刑一年。二人不服判决，提请上诉。湖北高院经过二审驳回上诉请求，维持一审判决，但罗学志改判缓刑二年执行，理由在于"该被告未曾受有期徒刑以上刑之宣告，且家贫亲老，佣工度日，认为暂不执行为适当，故缓刑以启自新。"①又如陈金发与他人重婚，被武昌地方法院一审判处有期徒刑一年，缓刑三年，原因在于其重婚行为发生在1944年6月1日之前，根据国民政府减刑办法以及陈金发未有前科，故缓期执行。相婚者杨习群因不知陈金发已婚事实，故对其作不处罚裁定。②

重婚案件中绝大多数判决体现了司法机关"从轻处罚"的特点，重婚者多判处最低有期徒刑二个月到三个月，同时多附加缓期执行的裁定。例如1947年袁姚氏重婚案，袁姚氏极力否认与袁汉武有事实的婚姻关系存在，以此证明其与雷志刚的婚姻关系非重婚行为，但武昌地方法院经过审理不认定袁姚氏的辩护意见，一审判处袁姚氏犯重婚罪，处有期徒刑三个月。③再如1949年董李氏重婚一案，被告董李氏与董家荣结婚多年，后与胡基旺重婚，经董家荣上诉到武昌地方法院，也因董李氏未受过任何刑事处罚，一审判处董李氏有期徒刑三个月，缓刑二年执行。④

司法机关对重婚者采取"从轻处罚"的做法，主要是考虑到重婚者多"知识浅陋""愚昧无知""未曾受有期徒刑以上刑之宣告""生活所迫""家有老幼""保全夫妇感情"等因素，或遇政府的"减刑""大赦"等制度便利，故对重婚者处以较轻刑罚，以使其达到"以励自新""期其自新"之目的。然而，通过以上论述透露出国民政府时期司法机关在审理重婚罪的过程中，虽然采取种种现实借口作为对重婚者轻罚的依据，但实际上是对社会上重婚行为的放任与鼓动。与此同时，司法机关在审理重婚案件时也对男女重婚者有不同对

---

① 《马玉梅等重婚》，1946年，武档藏，资料号：106-2-329。
② 《陈金发重婚》，1946年，武档藏，资料号：106-2-82。
③ 《姚兰英重婚》，1947年，武档藏，资料号：106-2-116。
④ 《董李氏等重婚》，1949年，武档藏，资料号：106-2-491。

待，对于女性重婚者多处以刑罚，而对于男性重婚者则以免除刑罚为主，这突出反映出司法人员"男女不平等"的法治思想。

司法人员审判重婚案件，往往先从"情理"考虑，而将"法治"置于其后，这不仅达不到司法控制的效果，而且容易导致司法失控。有学者在研究民国司法机关对堕胎罪的规定执行不力时，指出其根源："民国法律引鉴西法，在制度上对堕胎罪作了严厉惩处的规定，体现出立法注重人权的特点。但由于侦缉困难、司法人员不足等客观原因以及宥于传统认知与习惯等主观原因，刑法关于堕胎罪的规定显然执行不力。"[①] 该观点用在国民政府时期重婚罪的审理中也是适当的，司法机关利用对重婚者处于"五年以下有期徒刑"的模糊规定，常常作出最低有期徒刑甚至缓刑的判决。对重婚者"依法"从轻发落，不仅不能有效打击社会上重婚行为的多发态势，间接上也是对重婚行为的一种默认和支持。

在法律制度与社会文化方面，国民政府时期的国家与社会对重婚罪的批判和惩处不谓不严，彰显了其打击重婚行为，维护一夫一妻制的婚姻家庭理念。然而，社会上多发的重婚行为并由此产生的法律诉讼案件，应促使国家与社会对现行的相关法律制度与社会文化进行反思和修正。不过，我们所看到的是民众对重婚行为没有过多的敬畏之心，而作为"社会良心"的司法机关，在审判重婚案件时态度消极，没能守住社会的底线。不仅如此，该时期司法机关在审理重婚案件时，不仅不能做到男女平等，还总为重婚者寻找免罚借口，同时利用司法制度的漏洞，对重婚者从轻处罚，反映了该时期社会现实与司法制度的脱节。

[①] 龙伟：《堕胎非法：民国时期的堕胎罪及其司法实践》，《近代史研究》2012年第1期。

第四章 通奸案件研究

在传统社会通奸被称为"和奸",表示发生通奸的男女二人均是自愿的行为,即所谓的"私通",这和强奸、重婚均有所不同。根据词典的解释,通奸是指:"男女双方没有夫妇关系而发生性行为(多指一方或双方已有配偶)。"[1] 史尚宽认为通奸为:"有配偶而与异性之他人性交",同时须符合以下几个条件:一须有有效之婚姻。二须有性的接合。三须有故意或恶意。[2] 因之,通奸主要是男女双方或一方在已有配偶的情况下自愿与异性发生两性关系的行为,这成为影响夫妻婚姻生活质量的一个主要因素。

第一节 通奸现象的历史考察

一 学术史研究的回顾与思考

学界对于近代及以前历史的通奸现象有一定的研究成果,但是对通奸现象进行考察多是作为相关论著中的一部分内容,还比较缺乏通史性的著作。对通奸罪进行整体历史考察的有张贤钰,通观通奸罪的历史沿革,他认为:"在人类社会发展的奴隶制和封建制时期,法律对于男女间的通奸行为采取了严酷、野蛮、愚昧和专横的制裁方法,而且公开规定男女在法律上的不平等地位,维护丈夫特权。"[3] 由于

---

[1] 《现代汉语词典》,商务印书馆1990年版,第1149页。
[2] 史尚宽:《亲属法论》,中国政法大学出版社2000年版,第241页。
[3] 张贤钰:《通奸罪的历史考察》,《法学》1984年第10期。

第四章 通奸案件研究

通奸罪属于性犯罪的一种，下面将对学界的相关研究成果做一简略的回顾与思考。

对先秦与秦汉时期的通奸现象进行研究的主要有王金丰、贾丽英等人，对唐宋时期通奸行为的研究成果不多，主要见于美国学者伊沛霞对宋代的婚姻和妇女生活的研究，是在历史动态的过程中研究了婚姻生活中的女性角色。在这部著作中作者用了很少的笔墨对通奸行为做了叙述，主要目的是说明通奸、乱伦和离婚等事情"并不都像人们想象的和愿意的那样和谐"①。伊沛霞通过史实生动地描绘了宋代女性在家庭和社会中的重要作用，认为妇女也是历史的参与者，她们并没有被男性的历史排除在外，这个观点给笔者极大的指导作用。

对明代通奸现象的记载主要见于一些文学作品当中，如《水浒传》《金瓶梅》《三言二拍》等，以文学作品为载体，学界对明代通奸的现象也做了一些有意义的研究。如程海燕以《三言二拍》一书为中心，探讨了明代的奸情故事与社会婚姻秩序的关系，认为这些奸情，不仅与当时正统社会所提倡的道德理学相冲突，同时也违背了传统的伦理观念。可是，无论发生奸情的男女主角身份、地位、处境、所面对的环境如何，奸情发展到最后绝大多数都式微了，由伦理道德、社会价值取向和法律条文等因素构成的整个社会的婚姻秩序，不会因为大量而长期存在的奸情而崩溃。②

清代以来的通奸现象是学界研究最为集中的对象，大多体现在对婚姻家庭及民刑案例的研究内容中。比较有代表性的学者有郭松义、王跃生等人，郭松义以清代的民刑案例对"私通"行为做了研究，认为："男女私通在清代司法审理中占有相当的比重，表明它已构成当时不可忽视的一个社会问题。本书就当事者的年龄、婚姻、家庭状况以及他们之间的关系进行了数量统计和对比说明。根据案例的内容，把私通原因归纳为出于感情、家境困难或缺乏劳力、带有某种挟

---

① [美]伊沛霞：《内闱——宋代的婚姻和妇女生活》，胡志宏译，江苏人民出版社2004年版，第229页。

② 程海燕：《"三言二拍"中的奸情故事与婚姻秩序》，硕士学位论文，华中师范大学，2007年。

制性通奸和其他四大类，其中以前两类案例量最大、情况最复杂。并对私通产生的后果，传统道德、政府法律、婚姻家庭制度与私通的关系等等做了探讨。"① 王跃生的代表作《清代中期婚姻冲突透析》一书，是对清代婚姻冲突进行研究的权威之作。作者用了三章的篇幅考察了夫妻通奸行为，主要论述了婚外性行为的表现及发生原因、婚外性行为中男女关系特征分析以及妇女婚外孕等方面内容。②

台湾地区的赖惠敏从情欲与刑法的互动出发，对清前期犯奸案件进行了历史解读，该文利用清代刑部的档案讨论了女性的犯奸案件。从法律层面上看，尽管法律上对于男女犯奸或者丈夫的买卖休妻行为有所处分，但由于当事人不提出告诉，地方衙门也不主动追究。不过，如果男性拐骗了女性逃走或杀死丈夫，就会受到法律的制裁。犯奸案件说明了清代人口发展与迁徙时，男女比例悬殊，新开发的地区较常发生奸情，而且男女奸情并不只求情欲的舒解，还可能代表了下层社会人士的生活模式。③ 赖惠敏和朱庆薇二人对雍乾时期拐逃案展开分析，通过对"刑科题本婚姻命案类"收集的约100件和诱拐逃案件的研究，讨论社会变迁对下层女性及家庭所产生的一些影响。认为在18世纪的中国，经济发展虽然可能松动了下层社会家庭中家长对家庭成员行为的约束力，但是公私领域结合交织的社会控制力量仍然在地方社会维持着旧秩序。④ 这两篇论文研究的视角和分析的方法均和大陆学人有所不同，在探讨奸情拐逃案件时能够注重对案件背后社会因素的关注，学术理论水平具有一定的深度。

清末民初的犯罪案件也是学界重点研究的对象，以艾晶为代表，她通过一系列论文考察了清末民初女性犯罪和女性对不良婚姻家庭的

---

① 参见郭松义《清代403宗民刑案例中的私通行为考察》，《历史研究》2000年第3期；郭松义《伦理与生活——清代的婚姻关系》，商务印书馆2000年版。
② 王跃生：《清代中期婚姻冲突透析》，社会科学文献出版社2003年版。
③ 赖惠敏、徐思泠：《情欲与刑罚：清前期犯奸案件的历史解读（1644—1795）》，《近代中国妇女史研究》1998年第6期。
④ 赖惠敏、朱庆薇：《妇女、家庭与社会：雍乾时期拐逃案的分析》，《近代中国妇女史研究》2000年第8期。

第四章 通奸案件研究

反抗。① 民国时期女性的犯罪问题也是艾晶重点研究的内容，例如通过对民初惩罚女性性犯罪的法律问题研究，认为民初国家对女性性犯罪的惩罚较前有所减轻。大理院通过一系列的解释例，对女性的通奸、重婚等性犯罪行为进行了相应的界定，强化女性性犯罪的告诉权；强调"无告诉权不理""律无处罚正文，即不为罪"等办案原则，对女性的性犯罪案件进行相应的宽宥处理。但在法律解释及司法实践中，北洋政府却也加强了对女性性犯罪的严格控制。② 然而，总览上述论文能够发现，研究风格深受王奇生的影响。王在其《民国初年的女性犯罪（1914—1936）》一文中，考察了民国初年的女性犯罪，认为犯罪的女性大多出自社会下层，在她们的诸多犯罪因素中，经济压迫和贫穷是主因。由于女性的活动范围受到限制，她们"多为通奸、溺婴、不孝公婆以及家邻之间的偷盗等，最严重的杀人，也大多限于结合奸夫杀害本夫等"。通奸属于"性欲罪"的范畴，王奇生统计的结果显示，性欲罪在所有女性犯罪的类别中仅次于"经济罪"和"眦害罪"。该文不仅从女性的角度更深一层地解析这一时期中国社会内部所隐讳的各种问题，亦有助于探析中国从传统走向现代的转型嬗变过程中女性所遭遇到的种种困厄。最后作者指出："总之，双重的压迫（社会的及经济的）和双重的道德观念是这个时期女性犯罪的症结。"③ 不过，通观王奇生的该篇论文，笔者发现其又深受民国学人周叔昭、严景耀等著作的影响，周严二人主要对民国二三十年代北平女性犯人的犯罪类型及犯人自身的婚姻、职业等情况进行实地

---

① 参见艾晶《清末民初女性犯罪研究（1901—1919年）》，博士学位论文，四川大学，2007年；艾晶《无奈的抗争：清末民初女性对不良婚姻家庭的反抗》，《中华女子学院学报》2008年第4期。

② 艾晶：《民初惩罚女性性犯罪的法律问题》，《史学月刊》2008年第12期；艾晶：《罪与罚：民国时期女性性犯罪初探（1914—1936年）》，《福建论坛》2006年第9期等。从罪与罚的角度探讨了民国时期女性性犯罪的原因，认为男权社会对女性的压制以及女性经济能力和知识水平的低下，同时民国时期追求性解放风潮的兴起是女性性犯罪的根本因素。对于女性犯罪的惩罚，民国时期的法律比以往要宽松得多，但较之于男性则依然要重。

③ 王奇生：《民国初年的女性犯罪（1914—1936）》，《近代中国妇女史研究》1993年第1期。

调查和研究，认为必须将女性犯罪与社会变迁联系起来才能较为深入地了解女性犯罪的深层次问题。女性犯罪作为社会问题的一个组成部分，通过从社会问题的角度去分析女性犯罪就会得出较为客观并让人信服的结果，周叔昭指出："因为社会问题之起源，乃由各社会力之失调。各个社会问题之间是有互相的关联的。"①

从以上研究概况来看，一是对民国及以前传统社会的犯罪特别是女性犯罪有较多的研究成果，研究的理论与方法也值得借鉴。然而，国内学人的研究路径大多是民国学人学术范式的延续，没有得到较大的改变。倒是港台及海外的学人研究有所突破，他们将女性犯罪置于更为宽泛的历史时空内，不仅仅就案例谈案例，而是通过对妇女与家庭、社会的互动、情感、经济等因素加以考察，给人耳目一新的感觉。二是研究的范围与材料的运用方面的特点，秦汉、宋朝、明清及民国时期研究得较多，其余历史时期的女性犯罪关注得较少。虽然有学人通过文学作品提供的材料考察女性犯罪，取得了很好的学术意义，但是在资料运用方面仍有不少的欠缺。除了利用第一历史档案馆和北平地区的一些史料外，各个地区的档案史料还没有进行很好的挖掘和利用。如果学界加大力度整理这些还没有完全开发的史料，相信对研究近代社会的女性犯罪会取得很好的效果。

二 贞节观念、通奸与司法实践

（一）贞节观念与法律表达中的"通奸"

在传统社会中婚姻生活讲究"三从四德"和"三纲五常"等封建伦理观念，我们已经了解到，男女二人的婚姻关系不仅关乎夫妻之间的日常生活，也与传宗接代有着重要联系，具有封建宗法性，特别是针对妇女的贞节观念自从宋朝以来就一直越来越严。可是，以儒家思想为渊源的封建伦理观念从前秦时期就开始出现了，比如有关妇女

---

① 参见周叔昭《北平女性犯罪与妇女问题》，《东方杂志》第 31 卷第 7 号，1934 年；周叔昭《北平 100 名女犯的研究》、严景耀《北京犯罪之社会分析》，均载李文海主编《民国时期社会调查丛编·底边社会卷》（上），福建教育出版社 2005 年版；严景耀《中国的犯罪问题与社会变迁的关系》，北京大学出版社 1986 年版；等等。

第四章 通奸案件研究

"从一而终"的贞节思想在《易经》中即有反映。《礼记》对此进一步发挥道："信，妇德也。壹与之齐，终身不改，故夫死不嫁。"此外还指出"妇人，从人者也。幼从父兄，嫁从夫，夫死从子"的"三从"伦理规范。① 所以，为了维护夫妻之间婚姻生活的稳定性，当时已经开始制定相应法律惩罚通奸行为，可见，在先秦时期，男女通奸的行为被法律所禁止。虽然先秦时期封建婚姻观念还处于初创时期，但是从上面的记载来看，则反映出社会要求妻子对丈夫"守贞"思想的倡导和宣传已经开始了，并且通过制定相关的法律制度对此加以保障。

秦汉时期，政府开始介入贞节观念的宣传，使其得到进一步发展。刘向、班昭等人著书鼓吹贞节观念，如班昭宣扬"夫有再娶之义，妇无二适之文"。在东汉时期，政府甚至对守节的妇女进行奖赏。不过，虽然有政府对贞节的褒奖，有刘向、班昭等人的鼓吹，但是在秦汉时期的社会，贞节观念仍没有占据主流文化地位。"社会对于贞节，终不严重看视。妇人再嫁，无人制止，也有人愿娶，这足证明汉代不过是贞节观念由宽泛向严格的一个过渡时代。"② 然而，在社会剧烈变迁的魏晋南北朝时期，贞节观念却为社会各界人士所践行，并不处于松散的状态，陈东原指出："世道越不好，贞烈越是提倡，诏旌门闾的事越是盛行。"③

至唐代时，贞节观念并不注重，上至公主下到庶民离婚改嫁的女性十分的常见。④ 陈东原也指出："贞节的问题在两汉时便已成立，至今七八百年，行之已甚远。现在说唐代贞节观念很淡薄，并不是个个妇人夫死都要改嫁，不过社会上不禁止改嫁，不逼令守节罢了。"⑤

---

① 李学勤主编：《十三经注疏·礼记正义（上、中、下）》，北京大学出版社 1999 年版，第 814—815 页。
② 陈东原：《中国妇女生活史》，上海书店 1984 年版，第 55 页。
③ 同上书，第 84—85 页。
④ 参见曹大为《中国历史上贞节观念的变迁》，《中国史研究》1991 年第 2 期；蔡凌虹《从妇女守节看贞节观在中国的发展》，《史学月刊》1992 年第 4 期；侯杰《列女传与周秦汉唐妇德标准》，《陕西师范大学学报》2003 年第 6 期；等等。
⑤ 陈东原：《中国妇女生活史》，上海书店 1984 年版，第 121 页。

可是，和社会上宽松的贞节观念相比，唐代的法律对通奸的处罚态度却十分严格和细致，例如："诸奸者，徒一年半；有夫者，徒二年。部曲、杂户、官户奸良人者，各加一等。即奸官私婢者，杖九十；奴奸婢者，亦同。"① 该法律不仅规定了通奸男女的惩罚力度，而且对于不同阶级之间的通奸行为也作出了处罚规定，不过良人和部曲、杂户等贱民阶层的惩罚是有区别的。瞿同祖也认为："奴奸良人者较常人相奸为重，良奸贱者则较常人相奸为轻。"② 除此之外，唐律还对亲属之间的通奸行为作了详细的规定。③

贞节观念至宋代时方达到兴盛的时期，在"存天理、灭人欲"为号召的程朱理学的大力宣传下，贞节观念渐成为全社会女性婚姻行为的指导思想。鲁迅先生曾说："由汉至唐也并没有鼓吹节烈。直到宋朝，那一班'业儒'才说出'饿死事小失节事大'的话。"④ 反映了宋朝程朱理学的创立者程颐反对"男再娶女再嫁"的思想。贞节观念也开始作为宋朝政府公开提倡的政策向社会推广，但是从宋朝有关通奸的法律来看，大部分沿袭唐朝的法律制度，并无很大的差别，此外，《宋刑统》对汉族人与少数民族之间的通奸行为，也一样受到相同法律条文的制裁，如果僧尼中有犯通奸等奸情者，"依法科刑，仍勒还俗。罪至死者，准法处分"。⑤

元、明、清时期，贞节观念更趋兴盛，不仅政府提倡和奖励，而且下到各地宗族与民众也实行种种手段宣传和实践贞节观念。⑥ 和贞节观念相左的通奸行为，元明清时期也都给予了详细的规定。《大明律》中对"犯奸""纵容妻妾犯奸""亲属相奸""诬执翁奸"等十条均作出了明文规定，其内容均和前代有了较大的差别。可以发现，

---

① 长孙无忌等：《唐律疏议》卷26，中华书局1983年版，第493页。
② 瞿同祖：《中国法律与中国社会》，中华书局2003年版，第240页。
③ 参见长孙无忌等《唐律疏议》，中华书局1983年版，第493—496页。
④ 鲁迅：《我之节烈观》，中华全国妇女联合会妇女运动历史研究室《五四时期妇女问题文选》，生活·读书·新知三联书店1981年版，第122页。
⑤ 薛梅卿点校：《宋刑统》卷26，法律出版社1999年版，第482页。
⑥ 参见拙著《幽光——晚清武昌府列女研究》，硕士学位论文，华中师范大学，2007年，第22—24页。

第四章　通奸案件研究

明朝法律对奸情的分类不仅细致，分为和奸、刁奸和强奸等类型，而且对相奸的对象与所生子女均也进行了详细的规定。清因明制，在有关奸情的法律规定方面，也与明朝相似，在《大清律例》当中，也是分为"犯奸"等十条。现在仅以清律第一部分"犯奸"中有关通奸的条文与明律相比较，所不同有以下方面："刁奸，无夫、有夫。杖一百。""若奸妇有孕，奸妇虽有据，而奸夫则无凭。罪坐本妇。"具体到职官、军民及奴婢之间的通奸惩处也各不相同。[①] 由此可见，清朝法律仅是对明朝法律作了一点细节方面的修补，使之更臻于完善。

上文对传统社会贞节观念和有关通奸的法律表达作了简略的对比，贞节观念随着历史的发展越来越严密，至清朝时达到高峰，几成一种带有"宗教化"色彩的封建伦理观念。然而，从对通奸的法律条文来看，虽然对相奸犯人的处罚规定越来越细致，可是从处罚的力度来看，则处于越来越宽松的一种状态。通过二者的比较可以看出，在社会日益推崇贞节观念反对改嫁、再嫁的同时，却对有违夫妇人伦关系的通奸行为处于不断宽松的趋势之中。例如，在唐朝时，对通奸的男女惩罚是"徒一年半；有夫者，徒二年"。到清朝，律例改为"凡和奸，杖八十；有夫，杖九十。"

近代以来的中国社会，西方自由平等的婚姻观念不断传入和实践，使得贞节观念受到了极大的批判，同时，政府对男女通奸行为的处罚规定也随之进一步减轻。[②] 例如，1911年1月25日新刑律中有："和奸有夫之妇者处四等以下有期徒刑或拘役。其相奸者，亦同。其为无夫之妇者，处五等有期徒刑、拘役或一百元以下罚金。"[③] 国民政府时期，对通奸罪的处罚是："有配偶而与人通奸者，处一年以下

[①] 田涛、郑秦点校：《大清律例》卷33，法律出版社1999年版，第521—522页。

[②] 参见艾晶《清末民初女性犯罪研究（1901—1919年）》，博士学位论文，四川大学，2007年；艾晶《无奈的抗争：清末民初女性对不良婚姻家庭的反抗》，《中华女子学院学报》2008年第4期；艾晶《民初惩罚女性性犯罪的法律问题》，《史学月刊》2008年第12期等。

[③] 转引自张贤钰《通奸罪的历史考察》，《法学》1984年第10期。

有期徒刑，其相奸者亦同。"① 由此可知，法律对通奸行为的处罚不再严厉。在法律审判的过程中，也极少有判处实际徒刑的，大多以缓刑了结。例如薛立海于1940年与张连荣的妻子张李氏通奸，一审判处有期徒刑六个月。② 1946年，龙诗樵与李佛君通奸，一审判处有期徒刑二个月，"缓刑二年"执行。③

通过以上考察，我们看出，在传统社会里，一方面要求妇女守节，另一方面却对男女通奸的行为"宽宏大量"，这值得我们深思。特别是在清代，尽管法律上对于男女犯奸行为有所处分，但由于当事人不提出告诉，地方衙门也不主动追究。不过，如果男性拐骗了女性逃走或杀死丈夫，才会受到法律的制裁。④ 近代中国，特别是国民政府时期，对通奸罪的处罚几乎等同具文，不仅规定的处罚力度大大减轻，而且在实践司法过程中，也多以缓刑或数月的处罚为常态。这对禁止社会上通奸行为的发生不会起到积极的作用，下文我们将对有关通奸罪的司法实践加以考察。

（二）司法实践中的通奸

一是依法审判。在传统社会里，有关通奸案件的司法审理，县官（司法机构）能够做到依法审判，在进入司法程序后从不接受民间调解，我们以清末民初的案例为考察中心。

保定清苑县的满董氏，光绪三十二年凭媒嫁给寄居天津的满赓宸为妻，平日夫妻和睦。宣统二年九月间，满赓宸因赴奉天谋事外出，不便携带，即令满董氏归住母家。二十六岁的王锡恩因与满董氏之父董永素识，时常往来，满董氏习见不避。宣统三年三月十四日，王锡恩至董永家闲坐，见满董氏在家独处，二人调戏成奸。随后二人恋奸情热，至五月二十五日，满董氏独自逃赴王锡恩家中，王锡恩无奈，遂将满董氏容留奸宿，后恐败露，将满董氏藏匿于不知情的何寿朋

① 蔡鸿源：《民国法规集成》第65册，黄山书社1999年版，第251页。
② 《薛立海等通奸和诱》，1940年，武档藏，资料号：105-2-11205。
③ 《李佛君等通奸》，1946年，武档藏，资料号：106-2-727。
④ 参见赖惠敏、徐思泠《情欲与刑罚：清前期犯奸案件的历史解读（1644—1795）》，《近代中国妇女史研究》1998年第6期。

家。董永因满董氏夜出不归，访明情由，将王锡恩起诉。后经保定地方审判厅依法审理，"合依和诱知情为首"，判处王锡恩"发极边足四千里安置例上量减一等，拟徒三年"。判处满董氏"应依被诱之人，于王锡恩满徒罪上，再减一等，拟徒二年半"。不知情第三者何寿朋"不知奸拐情由，免传省累，无干省释"①。

在该案中，保定地方审判厅依据相关律例进行审理，清律规定："和诱知情在人为首，发极边足四千里安置。被诱在人减等满徒。"根据上述判决的结果来看，反映出清政府在对通奸案件的司法实践中，做到了司法表达与司法实践的统一。

再如民国时期江苏吴县的俞仁南与顾阿荣之妻顾王氏都住在黎里镇地方，彼此通奸有年，初为顾阿荣所不知。至1928年6月4日，顾王氏因恋奸情热，背夫逃至俞仁南家内，旋由俞仁南带同顾王氏至常熟县上塘桥地方其叔家内姘度。嗣后又将顾王氏带同来苏，在虎丘附近地方赁屋居住，经顾阿荣之父顾福生寻获报警，带案解到院。吴县地方法院刑事庭经过审理后，依据刑法第二条第259条前段、第256条后段，处以俞仁南"有期徒刑八月"。顾王氏有夫之妇与人通奸，应依刑法第二条第259条前段、第256条前段，处以"有期徒刑四月"。②

该案体现在民国时期，司法机构在审判过程中也做到了表达与实践的统一。通过上述两例通奸案件可以看出，司法机构均严格依法审判，并没有受到民间调解习俗的影响。因此，当通奸案件进入司法程序后，司法审判占据主流，民间习惯被排斥在法庭的大门之外。

二是钱物在通奸行为中的地位。男女之间发生通奸行为与法不合，自无异议，可是认定通奸行为的事实却要核查清楚，司法机构才能做出令人信服的判决结果。钱物在男女通奸行为的过程中占有重要的地位，如果一方以钱物报酬为条件与他人发生性关系，就不是通奸行为，而是属于卖淫，对此二人的惩处就不适用于通奸法律。

---

① 汪庆祺：《各省审判厅判牍》，北京大学出版社2007年版，第198页。
② 谢森等：《民刑事裁判大全》，北京大学出版社2007年版，第299—300页。

例如清末山东商河县的李洪金系编织手艺人，与五服族人李得有同屯居住，素有来往，李得有之妻李魏氏习见不避。宣统二年二月间，李洪金至李得有家闲住，值李得有外出，家内无人，李洪金即向李魏氏调戏成奸，以后遇便续奸，不记次数，并未给过钱物，李得有亦未知情。至五月二十二五日，李洪金与李魏氏同逃至辽宁新民府，后被李得有寻获，起诉至当地检察厅。经过审理，检察官认定李洪金、李魏氏双方有罪。[①]

在该案中，检察官之所以最终认定李洪金与李魏氏发生通奸行为，主要原因在于二人发生性关系的时候是否女方收受钱物，同时女方丈夫是否知情，如果这些条件存在，李洪金与李魏氏之间便不存在通奸关系。通过审理后我们看到，李洪金与李魏氏二人既没有发生钱物关系，也没有让李得有知晓，是双方自愿发生的两性关系，符合通奸罪的条件，并受到法律惩处。

由此可见，钱物在男女发生通奸行为中有重要的影响力。

第二节　国民政府时期湖北通奸案件概览

笔者共搜集到该时期湖北的通奸案件56份，均来源于汉口地方法院和武昌地方法院司法档案原件。下面先对案件本身的情况加以考察，然后再对案件当事人情况进行分析。

一　通奸案件表现形式

（一）起诉人性别

通奸案是由谁起诉的？男方和女方的情况如何？因为通奸案也和重婚案一样，同属于"告诉乃论"罪，即所谓的公诉案件，刑事诉讼法第213条第二款明确规定："刑法第239条之妨害婚姻及家庭罪，

[①] 汪庆祺：《各省审判厅判牍》，北京大学出版社2007年版，第198页。

第四章　通奸案件研究

非配偶不得告诉。"[1] 该法律条文表明，提起诉讼的原告必须为发生通奸行为一方的配偶，否则不能提起公诉。在法院审理的通奸案件中，有些案件从案情本身来看与通奸罪并不符合。1946年武昌的桂张氏以通奸的诉讼理由，将陈祖杰起诉，声称陈祖杰调戏其已满十二岁的未成年女儿桂邵华，二人发生了肉体关系。对此指控，陈祖杰承认调戏桂邵华，否认二人发生肉体关系："以前是有点，现在我不了，但是还没有发生肉体关系。"在侦讯过程中，检察官讯问桂张氏，陈祖杰以后不跟桂邵华来往后，还告不告他时，桂张氏表示不告了。[2] 从刑事诉讼法来看，最应该提起起诉的应该是陈祖杰的妻子，而不是桂邵华的母亲桂张氏。为了论述上的方便，本书将所有冠有"通奸"名称的司法档案作为分析载体。因此，我们首先观察通奸案原告和被告（上诉人或被上诉人）的比例情况，有助于了解到夫妻双方何者发生通奸的概率大一些（见表4-1）。

表4-1　　　　　　　　　通奸起诉人性别

起诉人性别	男	女	合计
数量	39	17	56

资料来源：武档藏，资料号：106-2-122、700、701、704、707、716、723、724、727、728、729、733、735、742、744、750、752、763、764、775、777、778、795、804、818、821、823、829、845、852、862、879、884、885、4984。105-2-264、376、582、904、928、981、982、1045、1366、2135、3078、3809、3894、4091、4235、11205。LS7-6-4892、4895、4980、4981、4984。

在56件案件中，提起诉讼的以男性为主，共有39件，女性仅17件。虽然提起诉讼的原、被告并非都是夫妻，但是从案件的过程来看，对于夫妻之间的分析还是很有帮助。从该表中，明显地透出在国民政府时期的湖北，女性发生通奸行为的概率大于男性，由此才导致

---

[1] 蔡鸿源：《民国法规集成》第65册，黄山书社1999年版，第289页。
[2] 《陈祖杰通奸》，1946年，武档藏，资料号：106-2-821。

丈夫（与此有利害关系的人，如父母等）向当地司法机构提起诉讼，请求以法律的形式维护夫妻双方的合法婚姻关系。

（二）诉讼结果及其原因

司法机构对于通奸案件的诉讼处理通常有以下几个结果：判处刑罚（包括缓刑）、被告无罪，或撤诉（不受理）。在所有与通奸有关的56件案例中，判处刑罚的案件有18件，被告无罪的有6件，不起诉、调和撤诉的有13件，已提起诉讼但判决结果不明的有6件，情况均不明的有13件。

其一，判处缓刑。在18件判处刑罚的通奸案中，判处有期徒刑并缓刑的有4件。

首先要符合缓刑的法律规定，通奸当事人之前没有受过有期徒刑以上刑罚之处分，即能够得到缓刑的判决。胡润生之妻胡萧氏，在1946年9月从云梦逃到汉口，诡称其夫已死，遂与陈公姘居，经胡润生查获，并提起诉讼。在审理过程中，胡萧氏声称其丈夫是已去世的胡炳生，胡润生系其夫兄，欲强与之成婚，才逃婚来汉。胡润生则称，其与胡萧氏于1940年结婚，生有一女，其兄胡炳生健在，因为胡萧氏与叔父争吵，私自逃走。法院通过人证与物证后认定胡萧氏犯有通奸罪，一审判处有期徒刑二个月。胡萧氏不服，提起上诉，湖北高等法院驳回其诉，唯"上诉人未曾受有期徒刑以上刑之宣告，应认为暂不执行为适，当并予缓刑"①。与此类同的是武昌的李佛君与龙诗樵二人，李佛君与朱伯森结婚四年，在1945年11月私自逃走，与龙诗樵同居十数日，经由朱伯森发觉后起诉到检察官。武昌地方法院以被告李佛君未受过有期徒刑以上刑罚的处分，判处有期徒刑二个月同时缓刑二年的结果。②

其次，判处缓刑是多种因素作用的结果。汉阳人陈沈氏于1934年与陈济镕正式结婚后其夫出征，不久即与王少卿同居。1945年抗

---

① 《湖北省高等法院审理汉口胡萧氏等通奸案》，1948年，湖档藏，资料号：LS7-6-4980。

② 《李佛君等通奸》，1946年，武档藏，资料号：106-2-727。

战结束后陈济镕回籍，查明真相向检察官提起诉讼。经过审理后，武昌地方法院判处陈沈氏有期徒刑二个月缓刑二年执行，主要原因在于："被告（陈沈氏）因其夫出征未归，生活困苦，衡情不无可悯，且犯罪在三十二年六月一日以前，依法应减其刑；又查被告未曾受有期徒刑以上刑之宣告，认为以暂不执行为适，当着予缓刑二年以励自新。"① 在本案中，陈沈氏与他人通奸是事实，但是法院最终依法作出了缓刑的判决，其实是"情、理、法"综合因素作用的结果，法院既考虑了法律的相关规定，也从陈沈氏生活困苦和不无可悯等"情"与"理"的方面进行考量。滋贺秀三在研究清代民事诉讼制度时指出："在法、理、情三者之间，一方面，法是实定的、人为的，而情、理则是非实定的、自然的这一对比可以成立；但另一方面，法和理所相对具有的普遍性、客观性，对比于情所具有的具体性和心情性形成另一种对立。"② 这一看法，也同样适用于国民政府时期湖北通奸案件的审理过程。

此外，刑法第239条规定："有配偶而与人通奸者，处一年以下有期徒刑，其相奸者亦同。"③ 该法律条文表明通奸当事人均处同等刑罚，不过在现实通奸行为中，如果一方不知道另一方是已婚身份时，可以免除处罚。例如上面提到的胡萧氏与陈公的通奸行为，陈公不知胡萧氏丈夫未死，称："胡萧氏对我说丈夫已死，才与姘居，实在不知为有夫之妇。"虽然法院一审判处陈公有期徒刑二个月，但是湖北高等法院撤销了一审的判决，二审认定陈公无罪。④ 黄陂县的黄谌氏因其丈夫黄永清外出未归，于1943年10月私自与杨性初在汉口姘居，1946年阴历年底黄永清客次来汉，遇见黄谌氏，即与其同到黄陂该氏娘家过年。1947年黄永清来汉寻找工作，偶然于二月十七

---

① 《陈沈氏通奸》，1946年，武档藏，资料号：106-2-829。
② ［日］滋贺秀三等：《明清时期的民事审判与民间契约》，法律出版社1998年版，第38页。
③ 蔡鸿源：《民国法规集成》第65册，黄山书社1999年版，第251页。
④ 《湖北省高等法院审理汉口胡萧氏等通奸案》，1948年，湖档藏，资料号：LS7-6-4980。

日在汉口太平街撞见黄谌氏,通过访查,才知道与杨性初姘居,遂报告警察局,转送汉口地方法院绩差股侦查起诉。一审判处黄谌氏和杨性初各有期徒刑六个月,二人不服,上诉至湖北高等法院。二审经过审理后认为,杨性初不知道黄谌氏是有夫之妇,与黄谌氏姘居"非出于故意者不罚,刑法定有明文",撤销了对杨性初的一审判罚,但仍维持对黄谌氏的处分。①

其二,判处有期徒刑。在判处有期徒刑并不缓刑的13份通奸案例中,依法刑期均在一年以内,最高刑期处七个月,最低的为二个月,绝大多数当事人的刑期在三个月到六个月之间。对通奸的原因,从整体上符合法律的规定,但是具体原因又有不同,下面再进行详细的分析。

其三,判处无罪。在判处无罪的6份通奸案件中,主要基于以下几个方面的原因:

一是超过了法律规定的诉讼时效。通奸罪属于公诉案件,告诉人须在得知当事人通奸行为后的六个月内提起诉讼,否则检察官不予受理,刑事诉讼法第216条规定:"告诉乃论之罪,其告诉应自得为告诉之人知悉犯人之时起,于六个月内为之。"② 咸宁人何粹仁与黄克坚于1935年结婚,在1945年3月黄克坚于旅居湖南安化时与当地女子杨逢结识,旋即秘密同居。抗战胜利后,黄、杨二人返回武汉居住。1948年1月28日,黄妻何粹仁探悉实情,前往捉奸,竟遭责骂,何粹仁于是告诉至汉口地方法院检察官提起诉讼。经过审理,5月11日汉口地方法院判处杨逢与有配偶人相奸,处有期徒刑两个月缓刑两年执行。对于黄克坚通奸罪,由于何粹仁当庭撤销告诉,对其通奸行为法院不予受理。杨逢不服上诉至湖北高等法院,8月5日,高院作出"原判决关于杨逢罪刑部分撤销,杨逢部分不受理"的判决,主要根据在于告诉人请求侦查诉请的实效已经超过了六个月。③

---

① 《湖北省高等法院审理汉口杨性初等通奸案》,1947年,湖档藏,资料号:LS7-6-4984。
② 蔡鸿源:《民国法规集成》第65册,黄山书社1999年版,第289页。
③ 《黄克坚等通奸》,1948年,武档藏,资料号:105-2-981、982。

二是原告与被告不具有婚姻关系。通奸罪成立的一个必要条件，即发生通奸行为的男女双方至少有一人具有已婚身份，如果原告与被告不具有法律上的婚姻关系，则被告与他人发生两性关系就不能作为通奸行为起诉。住在武昌的河南人郑鼎岑起诉妻子王桂云与熊鹏飞通奸，1948年6月17日其在状词中指出："王氏与民结婚以来感情甚笃，因王氏一无知识女子，受奸人引诱调唆，至起不良之心。于本年三月二十五日夜自广州逃至武汉，携带皮箱二支，红绿缎被两床，白色花格方帐一顶，彩花床单三张，绸缎绒呢哔叽衣料二十四件，西药盘尼西林二百瓶，现款法币一千五百万元，共计价值三亿有余。王氏逃汉后，至罗家墩与奸夫熊鹏飞私匿姘居。"8月3日，汉口地方法院一审判处王桂云无罪，主要理由在于王桂云与郑鼎岑不具有合法夫妻关系，对于唯一的证据"结婚证书"，被告王桂云坚决否认并认为系郑鼎岑伪造。法院认为，即使结婚证书有效，但是告诉人郑鼎岑屡经传唤均不到庭，通奸当事人熊鹏飞也未到案讯问，此外再无确切证据证明熊鹏飞与王桂云二人有通奸行为，因此"难以片面无足征信之辞，认定被告犯罪事实之证据，自难令负刑责"。[①] 在该案中，告诉人郑鼎岑与王桂云是否具有夫妻关系没有确切的证据，王桂云与熊鹏飞发生两性关系也无法证明，即使检察官起诉王桂云与熊鹏飞，但是法院在审理后认为通奸行为缺乏有效的要件。

三是被告之间并没有发生通奸行为。被告夏王氏，家住浠水县，为夏厚芝妻子，1945年阴历五月间因生活困难潜逃为人帮工。1946年11月19日，夏厚芝于武昌阅马场多宝寺街遇见夏王氏，责令回家，并将其扭送至湖北省会警察第三分局移送检察官侦查起诉。武昌地方法院审问后认为，不仅夏王氏始终否认在外有不正之行为，即告诉人夏厚芝屡次指控亦未涉及被告有通奸之事实，且经证人王敬之做证称夏王氏清白，不能以夏王氏历久不归没有履行同居义务而以通奸罪起诉，最终一审裁决"夏王氏无罪"。[②] 夏王氏与夏厚芝是合法夫

---

① 《王桂云通奸》，1948年，武档藏，资料号：105-2-904。
② 《夏王氏通奸》，1946年，武档藏，资料号：106-2-701。

妻关系，由于生活困难背夫潜逃，久不归家，后被其夫寻获，以通奸罪起诉，但是法院判决夏王氏无罪，主要原因在于夏王氏没有与他人发生通奸行为。

四是赦免。前章我们已经了解到，1947年1月1日国民政府实施第二次大赦，由于通奸罪的刑期最高只有一年，在此日期之前所犯通奸罪均属于大赦的范围，发生通奸行为的当事人不被追究刑罚。武昌人廖张氏为廖国安之妻，居住在武昌玻璃厂，附近明星戏团之管门者汪树棠以工作之便，借住在其家，遂与廖张氏私通多年。至1942年该团停业，廖张氏潜逃跟随汪树棠姘居于武昌灯笼巷一号，1946年10月才被廖国安发觉，向武昌地方法院检察官提起诉讼。12月14日武昌地方法院一审判处廖张氏与人通奸处有期徒刑十个月，廖张氏不服判决提起上诉，称"氏与廖国安实系被其引诱而苟合，如果为正式婚姻，试问何人媒证？何人主婚？在何处举行结婚？当然有多数赴席人等可传质询，决不只何三毛（原告证人）做证，且族谱乃廖国安一人私自所为，并非与氏合意缔结之婚约，其非正式婚姻显而易见。再廖国安不务正业，性情暴戾，全不顾及氏之生活，实难受其虐待而姘居，且氏与汪树棠实行同居多年，廖当然知悉，不过氏现在生活较前稍好，廖欲讹诈而捏控。"通过这份状词，廖张氏并不否认与汪树棠同居，不承认的是与廖国安的夫妻关系，二人的关系仅限于"苟合"，因此，廖国安对其通奸指控是不合适的。1947年1月29日，湖北高等法院作出了"原判决撤销，廖张氏免诉"的判决，不是采纳了廖张氏的申请，而是根据1947年1月1日施行的大赦条例，"依照三十六年一月一日赦免减刑令甲项之规定应在赦免之列合将原判决撤销，谕知免诉"[①]。从一审来看，廖张氏与汪树棠发生通奸行为是已知事实并判处相应刑罚，但是二审根据国民政府大赦令，则撤销了一审判决，使得廖张氏无罪。

其四，撤诉与不起诉。刑事诉讼法第217条规定撤诉的条件：

---

① 《廖张氏通奸、汪树棠等通奸》，1946年、1947年，武档藏，资料号：106-2-700、728。

"告诉乃论之罪，告诉人于第一审辩论终结前得撤回其告诉，但本刑为七年以上有期徒刑以上之刑者不得撤回。撤回告诉之人不得再行告诉。"[1] 通奸罪最高刑期不超过一年，又属于告诉乃论之罪，符合此条法律的规定，在12例撤诉的通奸案中，又分为以下两个方面：

一是检察官起诉之后，未进行第一审辩论时，告诉人撤回诉讼请求的。汉阳人舒学强之妻舒吴氏与胡德兴通奸有日，舒学强虽有所耳闻，但未发现证据，亦不敢声张。1948年5月28日下午，舒吴氏外出，其夫私下吩咐姨侄女石李氏尾随，见舒吴氏与胡德兴同赴市内桃源坊福隆旅馆开房幽会，舒学强报警同往该旅馆，撞开房门，将胡德兴与舒吴氏等扭送至警察局并移送汉口地方法院检察处侦查起诉。后告诉人舒学强"以街邻劝和，复具状撤回告诉"，6月18日汉口地方法院依刑事诉讼法第217条作出"本件公诉不受理"的结果。[2]

二是因为各种因素导致检察官不起诉。

首先是告诉人撤回起诉要求，黄陂人涂坤山，以售卖吸烟为业，被告汪西之常来吸"红膏"，因其生性浪荡，暗中引诱涂坤山妻子王氏，二人成奸，为涂坤山知悉。1940年6月23日上午，涂坤山由外返家，破门而入发现二人通奸行为，将二人捆绑后送至警察局，并移送武昌地方法院检察处侦查起诉。在检察官侦办期间，告诉人涂坤山称："此案现经刘子芬等调解，恳请赏准撤销。"根据告诉人撤销请求，28日，武昌地方法院检察官作出了对汪西之与王氏二人的不起诉处分书。[3] 同是武昌人的丁刘氏状告其夫丁家元与王徐氏通奸，经人调解丁刘氏与丁家元协议离婚，丁刘氏随即向武昌地方法院检察官要求撤回告诉，1947年9月17日，做出了不起诉处分书的决定。[4]

其次是因为符合大赦范围而不起诉。1940年，武昌人徐先伦之妻徐邓氏与吴飞通奸，不久吴飞即去世，但是被告徐邓氏仍不与徐先伦同居，徐先伦以通奸和请求同居为理由将其妻起诉到武昌地方法院

---

[1] 蔡鸿源：《民国法规集成》第65册，黄山书社1999年版，第289页。
[2] 《舒吴氏通奸》，1948年，武档藏，资料号：105-2-3809。
[3] 《涂王氏等通奸》，1940年，武档藏，资料号：106-2-862。
[4] 《丁家元等通奸及遗弃》，1947年，武档藏，资料号：106-2-704。

检察处。1947年4月19日，武昌地方法院根据徐邓氏与吴飞发生通奸的行为在1947年1月1日之前，符合国民政府大赦的范围，因而作出了不起诉处分的裁决。至于告诉人要求徐邓氏履行同居义务的请求，属于民事纠纷，应向民事法庭请求救济，不能对被告处以刑事处分。①

最后，检察官做出不起诉处分书，是因为被告之间所犯通奸罪证据不够。邓义青以其妻邓孙氏与省会警察局第四分局警士盛子章有通奸情事，诉请武昌地方法院检察官侦查起诉。不仅被告邓孙氏与盛子章否认，而且证人陈玉山等人也证实邓孙氏与盛子章并非通奸，警察局第四分局也致函武昌地方法院检察官，认为盛子章并没有与邓孙氏姘居事情。更为重要的是告诉人自称，并没有与邓孙氏成婚，"我是在乐户用九十块钱，替她偿的身"，由此可见，即使邓孙氏与盛子章有姘居关系，邓义青亦非合法告诉人。②

与重婚案件相比，通奸行为受到处罚的力度大一些，在56件通奸案中，受到有期徒刑的有18件，其中缓刑仅4件，判处的刑期也较长些。从而反映出国民政府时期的湖北对男女通奸行为的惩处较为严厉。原因主要在于重婚行为仅仅有违一夫一妻制的要求，而通奸行为不仅违反法律规定，同时对于社会道德风气的败坏也起到推波助澜的作用。

二 通奸案当事人考察

在18件通奸案中，告诉人即原告与通奸当事人之一均为夫妻关系，其中原告为丈夫者有15件，原告为妻子者有3件，也就是说，丈夫状告妻子与他人通奸的案件有15件，妻子状告丈夫与人通奸的案件才3例，妻子发生通奸的数量远大于丈夫。周叔昭对民国20—30年的北平女子的犯罪研究中曾指出，性犯罪占女性犯罪总数的13%，同期北平男性所犯罪中，性犯罪仅占2.9%，二者相比在性犯罪方面

---

① 《徐邓氏通奸》，1947年，武档藏，资料号：106-2-750。
② 《邓孙氏等通奸》，1947年，武档藏，资料号：106-2-804。

女性数量远大于男性。① 下面对通奸案件中当事人的各种情况加以分析。

（一）当事人年龄

以告诉人为中心，先来考察一下 18 对夫妻的结婚年龄情况，能够得出夫妻年龄情况的仅 10 件，其中丈夫年龄大于妻子的有 5 件，妻子年龄大于丈夫者有 2 件，夫妻年龄一致者 1 件。（见表 4 - 2）

表 4 - 2　　　　　　　　　　夫妻结婚年龄

夫结婚年龄	妻结婚年龄	夫妻年龄差
21	22	妻大夫 1 岁
21	24	妻大夫 3 岁
31	24	夫大妻 7 岁
25	17	夫大妻 8 岁
22	18	夫大妻 4 岁
23	14	夫大妻 9 岁
39	33	夫大妻 6 岁
19	19	夫妻一致
20	不详	不详
结婚十多年	夫大妻 5 岁	

资料来源：武档藏，资料号：106 - 2 - 724、727、733、742、795、823、829、845、884。105 - 2 - 2135、3078、3894、11205。LS7 - 6 - 4892、4895、4980、4981、4984。下同。

从表 4 - 2 可以看出，丈夫年龄大于妻子是一种普遍现象，妻子年龄大于丈夫数量较少，而且年龄跨度也较小，夫妻年龄一致也较为少见。从丈夫一方来看，结婚年龄普遍在 20 岁以后，从妻子一方来看，大多在 20 岁前后，夫妻双方在 30 岁以后结婚的现象较少。在 18 例通奸案中，婚后多少年易于产生通奸行为？不足一年的以一年计算，通过考察只有 8 例案件能计算出婚后发生通奸行为的时间段。（见表 4 - 3）

---

① 周叔昭：《北平一百名女犯的研究》，《社会学界》第 6 卷，1932 年，转引自王奇生《民国初年的女性犯罪（1914—1936）》，《近代中国妇女史研究》第 1 期，1993 年 6 月。

表 4-3　　　　　　　　婚后 N 年发生通奸行为

婚后 N 年发生通奸行为（年）	1	4	6	8	9	13	15	合计
数量（件）	1	1	2	1	1	1	1	8

表 4-3 反映出，婚后五年内发生通奸行为的数量较少，结婚五年以后夫妻双方发生通奸的可能性大增，婚后五年到十年是通奸行为的多发期。发生通奸行为时男女双方的年龄情况如何？（见表 4-4）

表 4-4　　　　　　　　通奸当事人年龄情况

奸夫	奸妇	年龄差
30	33	3
28	30	2
40	25	15
32	22	10
29	27	2
25	21	4
35	24	9
43	37	6
27	24	3
34	28	6
不详	25	不详
30	不详	不详
28	不详	不详
不详	24	不详
40	不详	不详

由表 4-4 可知，共有 15 例案件能反映出当事人发生通奸时的年龄情况，从年龄段看，男性在 30 岁以下发生通奸的人数仅有 5 人，最低年龄为 25 岁，30 岁及以上的男性共有 8 人，其中 30 岁至 40 岁

年龄段有7人，40岁以上仅1人，反映出30岁至40岁的男性是发生通奸行为最有可能的人群。从女方来看，在30岁以下发生通奸行为的人数有9人，最低年龄为21岁，30岁及以上人数为3人，最大年龄37岁。和男性相比，女性发生通奸行为的年龄段主要集中在20岁至30岁之间，整体上比男性小10岁左右。从发生通奸行为的男女年龄差上看，女性年龄大于男性的有2例，女性年龄小于男性的有8例，并且普遍小于10岁之内。

（二）当事人籍贯和职业情况

其一，籍贯。通过考察18件通奸案发现，发生通奸行为的被告男女并没有同时再与他人发生关系，也就是说在每一份通奸案中，告诉人是1位，被告是2位，共计3位，因此对通奸有关当事人的考察共计54人，下面将对这些当事人的籍贯与职业情况进行分析（见表4-5）。

表4-5　　　　　　　通奸案件告诉人籍贯

告诉人籍贯	数量
汉阳	1
武昌	2
黄陂	1
黄冈	2
汉川	2
利川	1
河南	1
湖南	1
江苏	1
不详	6
合计	18

虽然通奸案中的54人都居住在武汉地区，但是告诉人的籍贯却比较零散。从通奸案的告诉人来观察，籍贯为汉阳和武昌地区的人数

最多，其次是黄冈和汉川地区的人。这两个地点都在武汉周边地区，18位告诉人中湖北省人数最多，计9人，籍贯为外省者有3人，非武汉地区的当事人共计9位，其余告诉人籍贯不明。再观察一下被告人的籍贯情况：（见表4-6）

表4-6　　　　　　　　　通奸案件被告人籍贯

被告人（通奸行为当事人）籍贯	数量
汉阳	5
武昌	5
黄陂	1（女）
黄冈	1（男）
汉川	2（女）
黄安	1（女）
宜昌	1（男）
河南	1（男）
四川武胜	1（女）
不详	18
合计	36

表4-6反映的是通奸案被告人籍贯情况，籍贯隶属与武汉地区共有10人占整体被告的最多数。从省份来看，湖北省人数占主体，共计16人，非武汉地区的外来人员共计8人，其中外省人员2人。通过告诉人和被告的籍贯来加以比较，我们能够看出，通奸案件的当事人流动性还是比较大的，在告诉人方面，非武汉地区人员占绝大多数，在被告方面虽然非武汉地区的人员没有超过武汉本地的当事人，但是二者人数几乎相当的局面说明了，国民政府时期湖北通奸案的发生，与外来人员的不断流动和迁移有很大的关系。王跃生对清代中期的婚外情研究中，曾指出："流动人员生活不稳定，乡土监督网络基本上不复存在，因而发生婚外性行为的可能性提高。"他又进一步指出："就整体状况而言，流动者由于所受监督制约减少，发展婚外性

关系的意识将增强，对于男性尤其如此。"① 该观点对于本部分内容的阐述具有进一步的借鉴作用，从上表非武汉地区发生通奸行为的8人来看，女性有5人，男性有3人，虽然流动性人员发生通奸的可能性较大，但是流动人员中女性发生通奸行为的人数多于男性。

其二，职业。18件通奸案例中，当事人共计54人，统计出职业情况的共有33人，男性25人，女性8人，职业情况见表4-7：

表4-7 通奸案件当事人职业情况

男方职业		人数	女方职业	人数
商	做生意、小贸、卖菜、卖药等	7	小生意、卖菜、小贸	3
政府职员	湖北省警察局刑事大队大队副官	1	居家、家作	2
	省民教馆馆长	1	工人	1
	硚口军官队副官	1	裁缝	1
	公安局干事	1	无业	1
农业		4		
拉车、车行		3		
码头工人、工厂工人		3		
裁缝		1		
西医		1		
无业、赋闲		2		
合计		25	合计	8

从表4-7男方职业情况看，发生通奸行为人数最多的是从事商业经营，主要是因为从事商业的男性在金钱、交际圈等方面具有很大的先天条件，人员流动性较大，发生通奸行为实属常见。其次是农民，政府职员有4位也占有一定的比例。此外，车夫、工人以及无业男性发生通奸行为的数量也很大。从女方职业来看，从事商业经营的

---

① 王跃生：《清代中期婚姻冲突透析》，社会科学文献出版社2003年版，第187、190页。

人数最多，这点和男方情况类似，居家女性发生通奸的可能性也较大。如果从通奸当事人整体上进行观察，男女双方居于社会底层的人群占据绝大多数，除了由个别男方在政府部门中担任职员外，其余各行各业的人群在社会地位、经济条件、知识水平等方面均处于同一层次上。郭松义在研究清代民刑案件中的私通行为时，认为下层贫民之所以发生通奸的人数较多，主要是"与他们或她们的婚姻、家庭经济状况等密不可分，同时亦与其所受传统伦理道德熏染较少，周围环境较宽松，不若上层家庭管束严紧有相当的关系"。① 这个观点用在国民政府时期的湖北通奸案件中，同样适用。

（三）通奸双方婚姻情况及社会关系

有关通奸双方的婚姻情况，均为男女通奸时所发生的状况为准，这和后来发生诉讼过程时的情况已有所变化。（如表4-8）

表4-8　　　　　　　　通奸案件当事人情况

编号	名称	姓名	婚姻情况	子女情况	中间人	主动	二人社会关系	通奸地点
1	奸夫	张小华	不详（此后空白即表示之）			主动	婶侄关系	汉口某地
	奸妇	刘士英	已婚					
2	奸夫	张邦湖				主动	周田氏与其夫之亲姑为张邦湖房嫂	玉纸坊及武昌某地
	奸妇	周田氏	已婚					
3	奸夫	杨从贵			王康友	主动	杨从贵在张氏家做工	
	奸妇	张氏	已婚16年	生有二子				
4	奸夫	黄存文			朱黄氏			
	奸妇	王傅氏	已婚			主动		
5	奸夫	薛立海			赵姓夫妇	主动	隔壁邻居	薛立海家
	奸妇	张李氏	已婚					

① 郭松义：《清代403宗民刑案例中的私通行为考察》，《历史研究》2000年第3期。

第四章　通奸案件研究

续表

编号	名称	姓名	婚姻情况	子女情况	中间人	主动	二人社会关系	通奸地点
6	奸夫	黄志友					同乡	汉口中山路45号黄志友嫂子家
	奸妇	陈张氏	已婚8年	无小孩		主动		
7	奸夫	肖林书				主动	肖林书做生意时二人认识	武昌某地
	奸妇	王小青	已婚7年	无小孩				
8	奸夫	程美树					同乡	程美树家
	奸妇	雷朱氏	已婚10多年			主动		
9	奸夫	颜玉庭		与郭叶氏生有一子		主动	同乡	颜玉庭家
	奸妇	郭叶氏	已婚16年	生有子女				
10	奸夫	彭道祥					"素相姘居"	
	奸妇	梁梅姑	已婚10年			主动		
11	奸夫	张森			张玉卿	主动		武昌某地
	奸妇	胡柯氏	已婚					
12	奸夫	杨性初				主动		汉口某地
	奸妇	黄湛氏	已婚					
13	奸夫	陈公				主动		陈公家
	奸妇	胡萧氏	已婚	一女				
14	奸夫	龙诗樵			李熙国	主动		武昌磨石街16号
	奸妇	李佛君	已婚	一子				
15	奸夫	王少卿				主动		王少卿家
	奸妇	陈沈氏	已婚					
16	奸夫	侯瀛洲	已婚					黄陂侯瀛洲原籍
	奸妇	杨芝香						
17	奸夫	陈华堂	已婚			主动		汉口租房
	奸妇	陈李氏	已婚					
18	奸夫	雷世超	已婚1年			主动	雷世超办案时认识	租赁黄土坡93号张春波房屋
	奸妇	张元英						

· 137 ·

表4-8反映了18件通奸行为中男女婚姻及社会关系等内容，36位当事人中，具有已婚身份的有19人，其中已婚妇女有17人，远远大于通奸行为中的男性，表明已婚妇女发生通奸行为的可能性较大。通奸行为中的女性与原夫生育有子女的仅有4人，还有1人与奸夫生育一子。由此可见，国民政府时期的湖北妇女生育率较低的现实。通奸行为中的中间人有时也起着推波助澜的作用，有5件通奸行为的发生借助了中间人的帮助，占总数的30%左右，中间人在男女通奸行为的过程中扮演着重要的角色。18件通奸行为，男性起着主动作用的占一半，女性主动引诱男性的数量也是一半，彰显了男女双方在通奸行为的过程中是一种互动的关系。18件通奸行为中的当事人具有明确社会关系者有9对，具有亲戚关系者2对，邻居或同乡者3对，其他关系者5对。如果按照亲属或非亲属来划分，具有亲属关系的通奸当事人仅2对4人，非亲属关系者则合计有7对14人之多。可见，国民政府时期的湖北发生通奸行为的男女以非亲属关系为主流。郭松义也指出："这就是在私通行为中，非亲属关系者远多于有亲属关系者。"[①]

第三节 通奸原因分析

我们在这部分中，仍以18件通奸案件为考察中心，分析国民政府时期湖北通奸行为发生的原因。郭松义对清代通奸行为的原因进行考察后，认为原因不外乎三类：一是感情原因；二是经济原因；三是某些人利用地位和权力，威逼利诱妇女就范，多少含有逼奸之意。[②] 王跃生在对清代中期婚外性行为发生的原因进行考察后认为，"清代中期普通百姓婚外性行为发生的原因是多方面的，客观上的确与当时社会男女交往环境的松弛有关"。[③] 上述观点均可以归为从主客观

---

① 郭松义：《清代403宗民刑案例中的私通行为考察》，《历史研究》2000年第3期。
② 同上。
③ 王跃生：《清代中期婚姻冲突透析》，社会科学文献出版社2003年版，第175页。

两种因素出发，考察通奸发生的原因。然而，对于通奸这样的性犯罪行为，对于其发生原因的归根结底式的追究将是十分复杂的一项事情，因为通奸行为的发生，不仅与当事人所处的家庭和社会环境息息相关，而且还与当事人的心理因素有很大的关联，仅仅依靠通奸档案资料的记载是远远不够的。通奸行为的发生不是简单的某种因素导致的，往往是综合力量作用的结果。此外，受制于档案资料的局限，有些通奸案件的发生使得我们难以找到其发生的原因。例如方刘氏与官熙结婚多年，1944年方刘氏"弃夫潜来江岸，与陈耀庭同居"，至1946年8月24日，方被官熙在江岸撞获，随后扭送警察局并移送汉口地方法院检察官侦查起诉。[1] 在该案例中，方刘氏弃夫潜逃与他人通奸，依照常理来推断，一定是某些因素诱导的结果，但是对于该案例的记载却很简单，以至于使我们无法找出方刘氏为何弃夫，又为何与他人通奸等问题的答案。有意思的是，我们在分析通奸行为发生的原因时，又不得不以相关的档案资料为中心。在18件通奸案中，被告为妻子的有15件，被告为丈夫者3件，大体上从男女当事人本身寻找通奸的因素，这样才能更深刻地了解通奸行为发生的原因。

一 女方发生通奸的原因

（一）丈夫的因素

1. 丈夫久出不归

丈夫久出不归，体现在以下几个方面：客外未归、在外工作、出征打仗等。

一是丈夫客外未归，使得妻子与他人发生通奸行为。住在黄陂县横店的黄谌氏因其丈夫黄永清"客外未归"，于1943年10月私自与杨性初在汉口姘居。1946年阴历年底，黄永清从外归汉，遇见黄谌氏，即与其同到黄陂该氏母族过年。1947年年初，黄永清来汉寻找工作，2月17日黄永清无意中在汉口太平街撞见黄谌氏，通过观察其行为，黄永清始知黄谌氏与杨性初在一起姘居，遂报警移送检察官

---

[1]《方刘氏、陈耀庭通奸》，1946年，武档藏，资料号：105-2-3078。

以通奸罪侦查起诉。① 在该案中，黄谌氏之所以与杨性初姘居，主要因素在于其夫黄永清久出不归，并且黄谌氏在与杨性初姘居时也谎称其夫已死，如果说实话就怕杨性初会不要她。

二是丈夫在外工作，为妻子与人通奸提供了条件。湖北利川人朱柏森起诉妻子李佛君与龙诗樵通奸，1946年3月12日，他在状词上说道："民于去年（1945）五月间，以充建设厅恩施煤矿北厂职务时，距家二十余里，归宿日稀。民妻李佛君竟肆无忌惮，常往李熙国家住宿，动辄五六日之久。同年十月间，由彼教唆，民妻将所有财物卷逃一空之事实经过，曾向恩施盈庙警察局及侦缉队、地方保甲分别报案缉拿。"在此状词中朱柏森认为其妻与李熙国通奸，其实在案中，李佛君是与龙诗樵相奸，李熙国帮助龙诗樵"和诱"。

16日，李佛君呈给武昌地方检察官的状词则认为与朱柏森没有结婚，是朱柏森利用种种手段奸占了她，其辩驳的理由有：一是不承认与朱柏森结婚，并指出朱柏森已婚，"查氏为军校第四期毕业陆军预备第八预备师补充团团长叶金福之妻，叶故团长在山西中条山抗日阵亡，经各长官优恤，遂带同氏子小毛避难恩施县七里乡地方居住。适朱柏森充任该乡长，欺氏孤儿寡妇，施用种种压迫，奸占氏。……且朱柏森家有前妻黄氏，闻讯赶至，打骂滋闹，百般凌虐，似此有妻再娶，该朱柏森已犯重婚罪嫌"。二是不承认与龙诗樵发生关系，"查氏因受朱黄氏虐待不堪，朱伯森亦置之不理，氏无法只得由施雇侠东下，途次鸦鹊水，以旅行维艰。乃以抗战阵亡将士遗族苦情洽向湖北省政府复员服务大队长龙诗樵先生请予救济，此蒙龙大队长予以责任及道义上应有之扶助，光明磊落，绝无暧昧行为"。

4月5日，龙诗樵供词陈述了救济李佛君的过程，"去岁九月奉令担任湖北省复员委员会服务第三大队职务……由宜折返沿途各站视察……行经鸦鹊水时，遇见一幼妇，身背小孩情形，极为凄惨。经询悉为叶故团金福之妻，前因逃居恩施生活无着，现返汉口寻亲。……

---

① 《湖北省高等法院审理汉口杨性初等通奸案》，1947年，湖档藏，资料号：LS7-6-4984。

情殊可悯,当将名片批了数句,请各站对于该妇孺雇夫食宿予以方便,本人即继续视察"。

从上述各人的供词中可以看出,对于朱柏森的指控,李佛君和龙诗樵均表示否认。然而经过审讯,在20日武昌地方法院认定李佛君与龙诗樵于1945年11月发生通奸行为,理由如下:"李佛君与龙诗樵通奸,虽均否认其事,然该上诉人(李佛君)等在武昌磨石街16号姘居十余日,已据原审检察官在李佛君居住处,搜有龙诗樵相片及龙诗樵致李佛君信函一件可证。"①

在该案中告诉人朱柏森的申请与被告李佛君及龙诗樵的辩驳是对立的,所谓"公说公有理婆说婆有理",但是在检察官掌握相关证据之后,认定李佛君与朱柏森为合法夫妻,因朱柏森外出工作、回家不便的时候,与龙诗樵发生通奸行为。

三是因丈夫出征未归之际与人通奸。1934年,汉川人陈济镕与陈沈氏结婚,1938年因抗战出征,一直未归。1945年抗战胜利后,陈济镕退役复员,其母亲告之,陈沈氏乘其出征后数月即出外未归。1946年2月8日,陈济镕在陈沈氏娘家侦查到其住址,后报告警察局以通奸罪起诉。3月6日,陈沈氏辩诉称:"氏于民国二十三年间出嫁与陈金荣为妻,讵陈金荣不务正业,竟将氏衣物盗卖无存,旋即逃走无踪,硬将氏与其母亲陈李氏一并遗弃,无以为生。由其母百般凌辱,肆行虐待,乃于民国二十六年间将氏驱出,不许归家。激氏已于民国二十七年春间,诉请钧院解除婚姻有案,则是氏与陈金荣之婚姻关系,业经解除。"22日,武昌地方法院检察官经过调查,对陈沈氏通奸行为作出了起诉书,指出:"陈沈氏系有夫之妇,于民国三十二年趁其夫陈济镕出征未归之际,与王少卿同居,去岁(1945)日寇投降,由陈济镕告诉到处。"② 从检察官的起诉处分书以及此后对陈沈氏的判决来看,陈沈氏的辩诉虚假成分较多,在抗战时期出征军人生还希望渺茫,这或许是陈沈氏一类人选择与他人通奸的最根本

---

① 《李佛君等通奸》,1946年,武档藏,资料号:106-2-727。
② 《陈沈氏通奸》,1946年,武档藏,资料号:106-2-829。

因素。

2. 丈夫不顾妻子生活

黄冈人雷丙午，以抬苦力为生，妻子雷朱氏于1947年阴历二月被程美树引诱藏匿。雷丙午诉请武昌地方法院传讯侦查，当庭让其将雷朱氏领回。阴历四月二十九日，程美树再次将雷朱氏引诱藏匿。阴历五月二十日，雷丙午发现雷朱氏在程美树家藏匿，于是以通奸罪报警并诉请检察官起诉。

雷朱氏则供称："因为我丈夫他四五年不管我，今年古历四月二十九日，是我自己从雷丙午家中出来到乡里去的。古历五月九日，转眼天黑了，落在程美树家中，他知道我有丈夫。"而程美树也作出了相同的口供，其称："雷朱氏他自己到我家来的，我晓得他有丈夫。第二天我预备派人送回去，雷丙午就找来了。"虽然上述三个人的供词各有差异，但是武昌地方法院检察官最终仍然于8月30日作出了对雷朱氏和程美树二人的起诉书，指出的犯罪事实是："雷朱氏与雷丙午结婚有年，本年古历四月二十九日背夫潜往本市南湖蓄息场同乡程美树家中匿奸。同年古历五月二十日，经雷丙午查悉报由该管警察第三分局派警会同当地甲长程洪才将雷朱氏、程美树一并拿获，扭经本处侦查起诉。"

本案中，雷朱氏背夫与程美树通奸的主要因素，是其丈夫雷丙午四五年在生活上不照顾她所致。在9月11日的审判笔录中，当法官审问雷朱氏与程美树通奸多久的问题时，雷朱氏再次回答说："我和他同居有三四年，雷丙午不管我闲事，我才出来讨饭到他（程美树）家的。"[①] 由此可见，生活问题方面如果丈夫不能为妻子较好地解决，则可能会导致妻子与他人通奸。这也反映了国民政府时期的湖北百姓日常生活的困难图景。

3. 因丈夫被羁押而与他人通奸

汉阳人梁梅姑与彭道祥素相姘居，因不甘为彭道祥做妾，1946年冬梁梅姑"归宁"后，与其母亲商定许给蒋桂秋为妻。12月13日

---

① 《程美树等通奸》，1947年，武档藏，资料号：106-2-742。

二人举行婚礼。彭道祥不知实情,怀疑蒋桂秋与梁梅姑"和诱奸淫",于是向国民政府武汉行辕状请查办。经过审理后,梁梅姑于1947年4月21日先行释放,后因其夫蒋桂秋仍被"羁押",生活无依,复与彭道祥和好同居,并于26日由汉阳乡间寓所将蒋桂秋所有衣物窃去。嗣后,蒋桂秋宣告无罪后返家,遂以彭道祥和诱配偶、奸淫、教唆、窃盗、诬告及梁梅姑通奸、窃盗等情况为由,先后诉请至汉口地方法院检察官侦查起诉。① 梁梅姑早先与彭道祥姘居,后嫁给蒋桂秋,因为蒋仍被羁押,生活无着,和彭道祥和好同居,发生奸情。从而看出在国民政府时期的湖北妇女的生活仍然以丈夫供养为主,经济方面仍然没有独立。

(二) 家庭矛盾

家庭成员之间的矛盾有时会促使妻子与他人发生通奸行为。首先表现在与丈夫发生矛盾,妻子离家出走,易与他人发生关系。汉川人王傅氏系王庚申之妻,1948年4月8日因"与乃夫口角,遂愤而出走"。受朱黄氏唆使,与同屋居住之黄存文私自潜逃,"姘度有日"。王傅氏出走后,竟给其夫寄书信,称其已与他人同居,后被王庚申找到,起诉到汉口地方法院检察官。② 本案王傅氏与黄存文发生通奸行为,主要因素在于与其夫发生争吵所致,再加上朱黄氏的唆使,最终得以发生。

其次是妻子与家庭其他成员的矛盾诱发通奸行为。胡萧氏系胡润生之妻,于1946年9月自云梦逃来汉口,诡称其夫已死,遂与陈公姘居。经胡润生查获,诉由汉口地方法院检察官侦查提起公诉。一审判处胡萧氏有期徒刑二个月,胡萧氏不服判罚,向湖北省高等法院提起上诉。胡萧氏上诉理由为其夫是胡炳生,已去世,胡润生系其夫兄,欲强与之成婚,因不愿所以外逃来汉。而胡润生则供称,1940年与萧氏结婚,生有一女,胡炳生是其胞兄,且尚健在,萧氏因"与

---

① 《湖北省高等法院审理汉阳梁梅姑通奸案》,1947年,湖档藏,资料号:LS7-6-4981。

② 《杨黄氏、王康友、王子斌、王傅氏等过失致死、妨害婚姻及家庭、重婚、通奸》,1948年,武档藏,资料号:105-2-2135。

叔父争吵，私自逃出来的"。在法庭上，胡润生不仅具有与胡萧氏的结婚证书及收据，而且也有邻居简光瑞等人证明，"萧氏确系胡润生于二十九年九月间娶来成婚的，胡炳生其人尚在，系胡润生之兄，并非其弟"。1948年3月18日，湖北高等法院将胡萧氏上诉请求驳回，仍然判处其二个月有期徒刑，仅因胡萧氏此前未曾受有期徒刑之惩罚，以缓刑二年执行为最终判决。①

我们仅从上述两个案例出发，即可发现在国民政府时期的湖北，家庭矛盾有时会导致妻子背夫潜逃，为与他人发生通奸提供了空间。

（三）妻子道德问题

有的女性与他人通奸，可能是自身作风不正出现的结果，即"不安于室"。江苏人张连荣与张李氏结婚后，在汉口精武路做皮制生意时，张李氏与薛立海通奸。1940年3月27日，张李氏又在薛立海家幽会，30日张李氏突然失踪，其夫张连荣遂以通奸及和诱罪告诉汉口地方法院检察官起诉侦查。对于张李氏为何与薛立海通奸，4月16日张连荣在诉状里认为，"情因有跳水之赵姓夫妇时至民坊勾引诱弄，致民妻与薛立海有染，完全系赵姓夫妇所为。讵该恶等心怀叵测，复竟敢将民妻勾拐潜逃。民四找无踪，旋经刘司夫告知，并夏能香目击，系赵姓夫妇、薛立海等共同奸拐藏匿"。张连荣认为其妻与薛立海通奸，主要在于赵姓夫妇"勾引诱弄"。

针对张连荣的诉状，薛立海于4月22日进行了辩诉，其认为张李氏出走系与张连荣斗殴所致，并非其奸拐藏匿，"窃查张连荣即张元兴之妻张李氏发生斗殴两次，该张李氏于三月三十日出走，迄今已逾半月有余，不知去向，踪迹全无"。同时，薛立海认为张连荣对与其妻张李氏平日不正当之行为不加约束，将张李氏出逃的罪名强加于身上，"再查张连荣对于伊妻张李氏平日不正当之行为，不加约束，明知故纵，竟抓沙抵水张冠李戴，使民遭此无辜之累"。

汉口地方法院检察官并未采纳薛立海的供词，也否认赵姓夫妇勾

---

① 《湖北省高等法院审理汉口胡萧氏等通奸案》，1948年，湖档藏，资料号：LS7-6-4980。

引张李氏，认定张李氏因"不安于室"与薛立海通奸。于5月2日检察官对薛立海与张李氏提起公诉，证据表明不仅告诉人张连荣有证据指供陈述，而且复经证人刘宗咏、夏能香到庭做证，被告薛立海与张李氏通奸行为已极为明确。5月28日，经过审理后，汉口地方法院以薛立海"意图奸淫、和诱有配偶之人脱离家庭"的罪名，判处有期徒刑一年，同时"薛立海应将张李氏交张连荣领归"。①

女性"不安于室"也容易被他人引诱，从而发生通奸行为。男性通过某些手段引诱女性，也是国民政府时期湖北女性发生通奸行为的一个主要原因。譬如胡柯氏背夫潜逃至武昌，于1947年7月，与知情人张森通奸。1948年4月25日，张森将胡柯氏交与其夫胡云操，后因"恋奸情热"，乘胡云操觅人书写领据时，伙同张玉卿和诱胡柯氏与之逃匿。后经胡云操诉请武昌地方法院检察官起诉侦查。在法庭上，张玉卿供称："他（指胡云操）是昨日上午九时将胡柯氏交给我的，至十时张森同柯氏便逃跑了。"胡柯氏则供称："胡云操来，我看他带些人，怕打，才跑到汉口张森的同乡一个婆婆处。"通过二人口供，互相观察，检察官最终认定胡柯氏背夫潜逃系张森引诱导致，"胡柯氏之逃走，系因张森等之引诱所致，昭然若揭"。一审判处胡柯氏与人通奸处六个月有期徒刑，张森和诱、通奸有配偶之人处有期徒刑六个月。②

上述是18件通奸案件中女方当事人发生通奸原因的考察，虽然通奸原因各不相同，但是大体上可以归结于几个方面，前面四个方面均属于生活困难导致通奸行为发生，丈夫外出不管是出征还是工作等因素，结果都是一种，即不能很好地照顾家中妻子的日常生活，在现实逼迫之下，试图通过与他人通奸的方式换取经济救助。此外，家庭矛盾的出现，也能够为妻子与人发生奸情提供条件，在国民政府时期的湖北社会，妇女在面对家庭矛盾或者家庭暴力的情况下，是处于弱

---

① 《薛立海等通奸和诱》，1940年，武档105-2-11205。
② 《湖北省高等法院审理武昌张森等妨害婚姻案》，1948年，湖档藏，资料号：LS7-6-4895。

势的地位，强硬反抗是不会有更好的结果，所供走的道路要么忍耐、要么提出离婚，或者离家出走。在传统社会中，妇女与家人发生矛盾时，通常所做的事情即是"回娘家"，其实她们试图通过这种逃避的方式，以换取解决矛盾的"胜利"。当然，妻子本身的生活作风等道德方面的因素，也为与外人通奸提供可乘之机。

二　男方发生通奸的原因

我们已从女性的角度出发考察了通奸行为发生的原因，下面将从男性的角度对此问题加以考察，主要体现在以下几个方面：

（一）因职务之便与他人通奸

武昌人雷世超充当湖北省会警察局刑事大队大队副官，1947年5月，因办案关系与张元英认识，租赁黄土坡93号张春波之房屋姘居，被其妻彭秀贞发觉。彭秀贞于8月26日在警局门口撞见其夫与张元英同行，双方发生争吵互相殴打。雷世超将其妻彭秀贞用脚踩伤，后彭秀贞以通奸、遗弃、伤害等由诉请侦查。雷世超针对彭秀贞的指控，认为并不是不管彭秀贞生活，而是因通货膨胀自己薪金微薄，生活清苦，不能满足彭秀贞日常挥霍，从而导致夫妻之间怨言百出，"斗骂不休"。对于通奸的罪名，雷世超表示，是因侦缉案件需要，"有利用一私娼名张元英之必要"，但是二人之间"无其他苟且行为"，否认与张元英有通奸行为。然而，武昌地方法院检察官没有采纳雷世超的口供，于12月3日，对雷世超提起公诉。[①] 本案反映出，因职务之便，会成为男性与他人发生通奸的一个重要原因。

（二）因空间之便与他人通奸

这里的空间之便，是指通奸男女当事人在交往场合方面较为频繁，即具有所谓的"天时地利"之优势。例如，杨从贵在张义新家帮工，从而以时机之便，与张义新之妻张金氏暗中过往，二人情意甚笃，产生奸情。张金氏身藏杨从贵照片一张，被其夫张义新发现。杨从贵被张义新辞退之后，其友王康友则常去张金氏家中，传递双方消

---

① 《雷世超通奸及伤害》，1947年，武档藏，资料号：106－2－823。

息。杨从贵趁张义新外出之际，将其妻及两子一并诱拐潜逃，数日后，才将两子送回。张义新乃具诉到汉口地方法院检察处请予侦查起诉。① 在本案中，杨从贵与张金氏通奸，主要因素在于杨从贵在张家帮工，空间上的狭小为二人通奸提供的有利条件。

1939年，武昌人张青云由父母主持娶刘士英为妻，结婚数年，相安无事。1944年冬，举家迁至汉阳黄凌矶经营西药业务，开设诊所。因族侄张小华在家赋闲，张青云念在同族，将其带至诊所，帮忙照料。张小华暗中与刘士英勾搭成奸。1946年元月21日，张青云与刘士英发生争吵，张小华出面袒护刘士英，与张青云发生斗殴。后张小华与刘士英双方潜逃，张青云遣人寻找，在距黄凌矶五里之枣林岗张小华家寻获二人。张青云当即呈报当地乡公所，并移送武昌地方法院检察官起诉侦查。②

上述通奸案例，均说明当事人因空间之便利，杨从贵在张金氏家中帮工，住有八个月的时间，而张小华不仅是刘士英丈夫的族侄，也在张青云诊所帮忙。因为当事人生活空间的狭小，使得当事人之间日久生情，进而发生奸情。

(三) 因妻子无生育能力与他人通奸

传统社会讲究传宗接代，"不孝有三无后为大"，这种文化在国民政府时期的湖北也有所体现。汉阳人陈华堂在已有妻子余润芝的情况下，与陈李氏发生通奸。陈华堂与陈李氏在汉口租房同居，二人虽然一致认为早在1946年时即已同居，陈李氏做妾，事前也得到了其妻余润芝的同意，事后复经余润芝宽宥，并与余润芝拍照留影。但是，余润芝对此申请表示坚决否认，对于同照相片，其称系陈华堂说是某友人太太之故。1948年8月21日，陈华堂在诉状中称，纳陈李氏为妾，根本原因在于原配余润芝不能生育，"因民妻无出，且其身体多病，难有生育之望"。最终，汉口地方法院从轻判处陈华堂和陈李氏二人罪罚

---

① 《杨黄氏、王康友、王子斌、王傅氏等过失致死、妨害婚姻及家庭、重婚、通奸》，1948年，武档藏，资料号：105-2-2135。
② 《张小华通奸窃盗，张邦湖和诱》，1948年，武档藏，资料号：106-2-733。

时，也对陈华堂以生育为目的与陈李氏发生通奸行为表示了肯定，"惟其犯罪目的，在于生育子嗣，姑予从轻科处，以示矜恤"①。

从通奸男女当事人出发考察通奸行为的发生原因，会使我们更深刻洞察通奸发生的内外部因素。从女方来看，丈夫不能养活她们致使生活困难是发生通奸行为的一个重要因素。例如，黄冈人郭叶氏系郭梦霞之妻，因郭梦霞于1937年出征抗战，至胜利后才返家，其间郭叶氏与颜玉庭姘居，主要原因在于郭叶氏无法"维持生活"。1946年3月23日，在武昌地方法院法庭的侦讯中，检察官与郭叶氏有如下对话：

  检察官问郭叶氏：你有丈夫，为何又与颜玉庭同居？
  答：他（郭梦霞）到外面去仅只我母子四人在家，只因他出外九年，生活难以维持。
  问：是你情愿抑是颜玉庭强迫呢？
  答：是我情愿的。②

通过上述对话能够体现出郭叶氏与颜玉庭发生通奸实属生活困难导致，是一种自愿行为，通奸对象颜玉庭也并非知情，反映了战时百姓生活的困难景象。虽然近代社会一直提倡婚姻自由观念，但是在夫妻日常生活方面，对现实的考虑远远多于情感因素。在民国时期，夫妻双方感情淡漠是很正常的事情，费孝通曾指出："不但在大户人家，书香门第，男女有着阃内阃外的隔离，就是在乡村里，夫妇之间感情的淡漠也是日常可见的现象。"因为"男子汉如果守着老婆，没出息"③。因此，感情在民国社会的夫妻生活中，地位也许并不那么重要。夫妻感情好与不好并不是一方发生通奸行为的决定性因素，夫妻平时感情较好，也并不能阻止通奸行为的产生。黄安人陈张氏系陈海

---

① 《陈华堂等通奸》，1948年，武档藏，资料号：105-2-3894。
② 《颜玉庭等通奸》，1949年，武档藏，资料号：106-2-724。
③ 费孝通：《乡土中国 生育制度》，北京大学出版社1998年版，第41页。

峰之妻，1947年4月，背夫潜逃至汉口与黄志友姘居。经本夫陈海峰发觉，于25日将陈张氏抓获，解由当地警察局并移送汉口地方法院检察官侦查起诉。陈张氏背夫与黄志友通奸是否表示夫妻之间感情不好？并不是，在检察官调查时询问陈张氏与陈海峰平时二人之间的感情如何时，二人均回答"感情很好"。[①] 至于为什么陈张氏背夫与人通奸，档案中并没有告诉我们答案。只能推测大概。黄志友系陈张氏老乡，因黄志友在公安局任干事，曾在陈海峰家门口站过岗，虽然陈海峰承认黄志友并没有到其家中玩过，但是二人发生奸情仍与此上述条件有很大的关系，只不过二人发生通奸行为应该都是背着陈海峰而进行的。从男性当事人来观察，其对于妻子与他人发生通奸的行为较为在意，因为这涉及男性的自尊、家庭的完整、婚姻的继续等方面，试图通过司法途径加以保障。但是男性对于自身与他人发生通奸行为的随意性就较为常见，发生通奸行为的原因和女方也有很大的不同。

18件通奸案件中，原告为丈夫的有15件，原告为妻子的仅3件，虽然不能反映出当时湖北社会上妻子通奸的可能性大于丈夫，但也反映出另一个事实，妻子与他人发生奸情，通常意味着一个家庭的破碎和不完整，丈夫为了维护家庭和婚姻的完整性，不得不走司法的路子进行制度保障。而丈夫与他人发生奸情，不一定导致家庭的破碎和不完整，丈夫在与妻子"和平共处"的同时，也能够与别的女性同居。由于传统男尊女卑、妇女经济社会地位的不独立，妻子面对这样的事情往往采取了睁只眼闭只眼的默认态度。例如上述提到的彭秀贞与其夫雷世超矛盾激化，最后对簿法庭，主要原因在于雷世超与张元英姘居后对其生活不管不问，彭秀贞亲自前往雷世超工作地点，"劝其归家，乃被告不但不听及将告诉人（彭秀贞）脸部殴伤"，而此时的彭秀贞仍然"念在夫妻情分，含辱不言，方期被告良心悔悟幡然归家"。不过最终的结果是双方在警察局门口发生争吵与殴打，促使彭秀贞到法院以通奸等罪起诉其夫雷世超。在该案中可得出，丈夫与人

[①]《陈张氏通奸》，1947年，武档藏，资料号：106-2-795。

通奸，前提是妻子的家庭"主妇权"不能被破坏，如果丈夫对妻子的生活不管不问，再施以暴力，这样就更容易激起妻子的反抗，从而诉讼到法庭解决。

郭松义在研究清代私通行为时认为："以感情类私通数量最多，其中许多人在私通前夫妻关系已出现裂痕，私通使裂痕更加扩大，直到不可调和。但也有相当部分，本来夫妻关系并无明显不和，有的还相当不错，只是在出现第三者之后，移情别恋，才发生变化。"[1] 然而，从上文的考察得知，国民政府时期湖北的通奸行为的发生与生活困难等经济因素有密切联系，与感情因素关系不大。许多妇女因其丈夫无养家能力时与他人通奸，在其丈夫有能力养家时，又与丈夫重新生活在一起。从男方立场观察，他们对妻子的通奸行为并不十分在意，反而是希望妻子回到自己身边，这和传统社会注重女性的"贞操观念"有很大的差别。所以，清代发生的私通行为和国民政府时期湖北地区所发生的通奸行为已产生很大的差别。

---

[1] 郭松义：《清代403宗民刑案例中的私通行为考察》，《历史研究》2000年第3期。

第五章　遗弃案件研究

　　《现代汉语词典》对"遗弃"的解释是:"一是抛弃;二是对自己应该赡养或抚养的亲属抛开不管。"① 国民政府对遗弃罪的规定为:"遗弃无自救力之人者,处六月以下有期徒刑、拘役或一百元以下罚金。""对于无自救力之人,依法令或契约,应扶助、养育或保护而遗弃之或不为其生存所必要之扶助、养育或保护者,处六月以上五年以下有期徒刑。"② 由上可见,遗弃行为的主体和客体,涵盖面较广。在本章中,我们主要侧重于夫妻之间一方对另一方的抛弃或者抛开不管,关于他人间的遗弃行为不属于讨论的范围。在现有相关遗弃行为的研究成果中,不足之处之一,主要侧重于法律层面上的研究,重点探讨的是新中国成立后的遗弃罪。之二,对于近代及之前的历代遗弃行为考察较少。③ 本章虽然是通过相关司法档案,分析国民政府时期湖北日常生活中的遗弃行为,但是对于之前遗弃行为的历史背景,有必要作一简略的说明。

---

① 《现代汉语词典》第7版,商务印书馆2016年版,第1546页。
② 蔡鸿源:《民国法规集成》第65册,黄山书社1999年版,第254页。
③ 参见林秀雄《婚姻家庭法之研究》,中国政法大学出版社2001年版;李小燕《论遗弃罪》,硕士学位论文,中国政法大学,2003年;尚利准《遗弃罪研究》,硕士学位论文,中国政法大学,2006年;郭买红《论遗弃罪》,硕士学位论文,中国政法大学,2006年;刘克河《遗弃罪相关问题研究》,硕士学位论文,中国政法大学,2007年;黄瑾《遗弃罪主体研究》,硕士学位论文,南昌大学,2008年;郭静《遗弃罪研究》,硕士学位论文,厦门大学,2008年;赵承岭《遗弃罪研究》,硕士学位论文,黑龙江大学,2009年;王蓓《遗弃罪研究》,硕士学位论文,湖南大学,2009年;等等。

第一节　遗弃行为的历史考察

一　礼制与遗弃行为

中国传统社会注重儒家文化的宣传与实践，尊老爱幼的美德是其中一个重要的方面。由于中国几千年来形成的封建宗法社会，对家长的赡养和尊敬是重中之重，正所谓"百善孝为先"。在传统社会，孝"实为中国文化精神的源头和核心"。[①] 传统孝文化的核心观点有二，一是尊祖敬宗，主要体现在子女对家长的尽孝方面；二是生儿育女、传宗接代，保证宗族的延续性。然而，通过观察传统社会的礼制规范，可以发现社会上重点是考虑对家长的孝顺，反对出现遗弃家长的行为，二者是对立统一的关系。

传统社会对孝的宣传主要通过两种途径，一是政府，二是社会。政府对孝的宣传主要体现在政策法规方面，社会对孝的宣传主要体现在家族和教育方面，在传统宗法等级社会里，政府与社会往往难以分清二者之间的界限。虽然孝的观念主要体现在子女对长辈的孝顺方面，然而，在男尊女卑的传统社会，妻子对丈夫也须尽孝。妻子对丈夫的孝顺，不仅体现在生前，也要延续到死后，所谓"生是夫家人，死是夫家鬼"。下文即将提到的"贞节观念"清楚地展现出妇女为夫守节，为夫尽孝的现实。为夫守节除了不能再嫁之外，在受到别人侮辱时自杀"殉节"，这些行为均属于孝的范畴。[②] 肖群忠专门探讨了孝与"夫为妻纲"的情况，指出："男尊女卑，男主女从，要求女性、妻子'三从四德''顺贞节烈'。可见'夫为妻纲'与孝也有内在精神的一致性。"[③] 因此，在传统社会妻子对丈夫只能顺从，而不能遗弃，"逃妇"是法律所禁止的。

[①] 肖群忠：《中国孝文化研究》，人民出版社2001年版，第153页。
[②] 参见郭松义《伦理与生活——清代的婚姻关系》，商务印书馆2000年版；拙著《幽光——晚清武昌府列女研究》，硕士学位论文，华中师范大学，2007年；等等。
[③] 肖群忠：《中国孝文化研究》，人民出版社2001年版，第169页。

二 法制与遗弃行为

从国家和社会对孝行一直的提倡与宣传来看,在一定程度上是成功的,因为在社会上确实也存在着许许多多的事例,孝也是中华民族的传统美德。但是,子女对家长不孝的现象时有发生,为社会所不容;而子女对家长的遗弃行为,更为法律所不容。传统社会对于不孝或遗弃家长的现象制定了一些法律条文,详情如下:

(一)"不孝"行为成为量刑最大的罪名

在传统社会均没有将"不孝"的含义界定清楚,大体而言是"善事父母曰孝。既有违犯,是名'不孝'"。显而易见,对家长的遗弃是其中的一个构成部分。自唐代以来,历次王朝均把"不孝"的行为作为"十恶"之一,属于"杀无赦"的最重刑罚。反映了传统社会法律条文对家长权威的维护极为严格,从唐至清对"不孝"的规定基本一致。

(二)关于惩罚遗弃行为的法律条文

在传统社会并没有专门针对遗弃行为的法律规定,但是通过类似于此的法典也能够一窥全豹。在唐律中有规定,对祖父母、父母俱在的情况,子女别籍、异财的行为是十恶中的"不孝"罪行,别籍和异财与遗弃行为在本质上并无多大差别。明清时期法律还对子孙"弃亲之任"的行为进行了处罚,如《大清律例》中规定:"凡祖父母、父母,年八十以上,及笃疾,别无以次侍丁,而弃亲之任,及妄称祖父母、父母老疾,求归入侍者,并杖八十。弃亲者,令归养,侯亲终服阕降用,求归者,照旧供职。若祖父母、父母及夫犯死罪,见被囚禁,而筵宴作乐者,罪亦如之。筵宴不必本家,并他家在内。"[1]子孙对家长的弃养,则比较符合遗弃行为,给出的最重惩罚是杖八十。

(三)近代遗弃罪的内容

遗弃罪是近代出现的产物,清末新政司法改革时首次引入"遗弃罪"。清末1911年1月25日颁行《暂行新刑律》第339—343条是

---

[1] 田涛、郑秦点校:《大清律例》卷17,法律出版社1999年版,第295页。

"遗弃罪"之内容，例如：

第339条："依法令、契约担负扶助、养育、保护老幼、残疾、疾病人之义务而遗弃之者，处三等至五等有期徒刑。"

第340条："弃尊亲属者，处无期徒刑或二等以上有期徒刑。"①

至国民政府时期，进一步完善了对遗弃罪的规定，如《中华民国刑法》第293条："遗弃无自救力之人者，处六月以下有期徒刑、拘役或一百元以下罚金。因而致人于死者，处五年以下有期徒刑，致重伤者，处三年以下有期徒刑。"

第294条："对于无自救力之人，依法令或契约，应扶助、养育或保护而遗弃之或不为其生存所必要之扶助、养育或保护者，处六月以上五年以下有期徒刑。因而致人于死者，处无期徒刑或七年以上有期徒刑，致重伤者，处三年以上十年以下有期徒刑。"

第295条："对于直系血亲尊亲属犯前条之罪者，加重其刑至二分之一。"②

通过近代遗弃罪的内容与传统社会不孝及遗弃行为的法律处罚相比，可以得出以下几点看法：一是传统社会的立法理念重视封建伦理观念，近代立法理念则将个人的权利提升到一定的高度，重视个人权利的保护。二是从惩罚的内容上看，传统社会注重对子孙不孝行为的处分，近代社会则涵盖面较广，"依法令或契约，应扶助、养育或保护而遗弃之或不为其生存所必要之扶助、养育或保护"的行为均属于惩罚的范围。三是遗弃的对象。在传统社会遗弃的对象只能是祖父母及父母、丈夫等，在近代社会遗弃对象不仅涵盖祖父母和父母，也包括亲属（如妻子）等他人。因此，近代社会的法律制度在依照西方国家法律制度的同时，也对传统时期的法典进行了吸收，在立法理念上从家族主义转变到个人主义趋向，是历史的进步表现。

---

① 韩秀桃等：《中国法制史教学参考书》，法律出版社2001年版，第647页。
② 蔡鸿源：《民国法规集成》第65册，黄山书社1999年版，第253—254页。

三　社会生活中的夫妻遗弃行为

在传统社会，虽然一直不遗余力地提倡和宣传孝道，社会上不孝行为仍然存在，否则就没有必要进行宣传和重视了。从上面的论述来看，社会上对于子孙善事家长的孝行关注较多，而对夫妻之间的互相扶助没有进行过多重视，特别是法律制度上没有规定对夫妻之间遗弃行为的惩罚，这在男尊女卑的传统社会并不奇怪，不过在社会上仍然存在发生此类行为的可能性，"法无明文规定不为罪"，并不意味着发生此类行为不能受到相应的惩罚。我们以中国悲剧戏曲中所描述的夫妻之间的遗弃故事为中心进行考察。

从宋朝开始，在各种悲剧戏曲中谴责"负心汉"是其中一个重要的内容。在这些丈夫遗弃妻子的故事中，大体是一个叙事模式，即丈夫开始是一个落魄的书生，在妻子含辛茹苦的帮助下，后来通过科举等途径"飞黄腾达"，男方见异思迁将女方抛弃。故事的结局一般有两种，一种是大团圆，一种是大悲惨，但是从整体上都归于悲剧类型。

元代戏剧《潇湘夜雨》所叙述的故事是，翠鸾随父张天觉往江州贬所，中途船覆落水，与父失散，嫁与救她上岸的崔文远之侄崔通为妻。崔通中状元后，负心另娶主考之女。[1] 该戏曲描述了处于底层社会的男性，一旦走上仕途，便可能嫌贫爱富抛弃糟糠之妻，另娶高官之女。而作为被抛弃之妻则千里迢迢去寻夫，反遭丈夫加害。该剧的翠鸾在被丈夫崔通陷害后，如果中途没有遇到其父，则故事的结局一定是大家原先所设想的，或者说幸好中途遇到其父，才得以借助父亲的力量惩罚了崔通这个"负心汉"，但是其父的官职如果没有崔通的大，翠鸾能否和崔通仍为夫妇，也未可知。从该剧可以看出，在传统社会当有权势的丈夫抛弃妻子时，妻子唯一能做的是以情感化以理服人，如果这种做法没有成效，就必须借助第三者力量。该剧最终的结局是翠鸾和崔通仍为夫妇，事件的唯一受害者是崔通后娶之妻。如果

---

[1]　王季思等：《元杂剧选注》（上），北京出版社1980年版，第144—145页。

我们作为裁判者，我们会问，为什么崔通后娶之妻反而成了"替罪羊"？她也许是无辜的，但是中国古典戏剧普遍没有给我们提供这样的机会，苏力在研究中国传统戏剧与正义观的塑造关系时，指出："当戏剧引导观众从情绪上感受戏剧时，却可能在一定程度上压制了观众从理智上感受戏剧，尽管这两者也可能互相补充。……在戏剧演出空间中，传统中国戏剧的叙述方式是排斥裁判者视角的。……在这一特定空间中，中国传统戏剧的叙述方式给观众提供了一个在现实生活中不可能获得的视角，让观众分享了一种上帝的眼光，从而使得他们遗忘甚或会排斥视角主义，排斥视角主义的叙事。"[1] 因此，当作为观众的我们感受戏剧的发展时，我们通常都会得出剧情发展的必然结果，都希望剧中的最高审判者也能这样做，我们已经忘记了自己是观众。因此，在该戏剧中，我们希望翠鸾和崔通重新和好，即使代价是惩罚那个看似无辜的后妻。

又如著名的戏剧故事《秦香莲》（又称《铡美案》），秦香莲是包公铡美案中的苦情人物，也是传统社会被丈夫遗弃妇女的代名词。

该剧是戏曲舞台上最流行的剧目之一，因为反映的社会现实具有很强的代表性。任何一个观众，在看到陈世美翻脸无情抛弃糟糠之妻之后，都会义愤填膺地指责这个抛妻弃子忘情负义的"负心汉"。这种道德上的批判已上升到左右剧情发展的高度，都希望包拯将陈世美绳之以法，才能大快人心。最终包拯面对各种压力，不畏强权，仍将陈世美送上龙头铡时，该剧在高潮时期谢幕了。包拯得到了"青天大老爷"的美名，秦香莲的冤情得以昭雪，负心汉陈世美罪该至死，是一个皆大欢喜的局面。然而，从现在的观点来看，该剧没有提供给观众思考或者裁判的空间，它让观众相信或者观众也乐意看到，铡死陈世美是一个完美的结局。

连同上述案例，我们发现当妻子面对抛家弃子的丈夫时，她们首先要做的是通过种种"情和理"的方式试图挽回丈夫；当这种措施失效，并且自身面临很大危险时，就逼迫她们寻求第三种力量的帮

---

[1] 苏力：《中国传统戏剧与正义观之塑造》，《法学》2005年第9期。

第五章 遗弃案件研究

助。而妻子最终都会取得成功，历尽千辛万苦，冤情终得昭雪，正符合"有情人终成眷属"或者"善有善报恶有恶报"的因果报应观。这对社会民众的训导才能更加成功，使民众认为抛妻弃子都没有很好的下场。然而，如果被抛弃的妻子没有找到第三种力量，冤情无法昭雪，"负心汉"无法受到惩罚，结局会如何？那么下面这个戏剧告诉了我们答案。

《王魁负桂英》所记载的故事大致情况是：

宋嘉祐年间，歌伎焦桂英某日于路上救起落难文人王魁，桂英爱其才，故倾囊助王魁修学，照顾无微不至。王魁感激不尽，上京赶考前，王魁与桂英于海神庙前许下山盟海誓。不承想王魁果然高中状元，而且被丞相纳为女婿，自此性情大变，贪图富贵。桂英久候未见郎归，竟接到王魁的休书，在悲痛绝望之下，欲悬梁自尽。幸好被侍女救下。王魁得知此事，良心受责致病，在梦中见桂英冤魂，日夜疑神疑鬼，以致旧病复发，终吐血暴毙，桂英抚今追昔，悲痛不已。在该剧中，王魁遗弃妻子桂英，桂英在无路可走之下自杀未遂，这和上述两例故事不同，桂英没有借助第三种力量的帮助。虽然桂英对王魁无能为力，不能从权力等方面解决问题，但是负心人终要得到惩罚。该剧指出了一条路径，那就是利用神鬼灵魂之类的力量对负心人进行惩罚。对此，苏力指出："一旦遇到权力和勤政都不能解决问题时，戏剧作者就会借助鬼魂或'托梦'来解决（更准确地说，是回避）这个认识论的问题。在《元曲选》的共案中，为什么出现鬼魂的将近一半？这也许是一个解说。"[①] 所以，王魁最终在疑神疑鬼中被折磨致死，得到了应有的下场。

从上述三个丈夫遗弃妻子的故事中，彰显了在传统社会相关法律制度的缺失。我们已经考察到历代各刑法均没有将丈夫遗弃妻子（或者妻子遗弃丈夫）的行为作为犯罪行为进行处罚，所以在夫妻之间发生遗弃行为时，就不能从体制上进行解决，使得该问题必须付诸其他途径得以处理。在第一个事例中，张天觉将抛弃妻子的崔通进行惩罚

---

① 苏力：《中国传统戏剧与正义观之塑造》，《法学》2005年第9期。

时，依据的也并非遗弃这一条，崔通贪赃枉法才是依据的根本。第二个事例中，包拯将陈世美铡死，更重要的因素也许是诬陷和派人杀害秦香莲所致，即秦香莲控告的理由"杀妻灭嗣"，并非遗弃妻子的行为，对妻子的遗弃只是加重了对其处罚的力度而已。在第三个事例中，当无法借助第三种力量对负心汉进行惩罚时，戏剧的撰写者想到了鬼魂等虚幻神秘的力量。因此，传统社会的法律制度缺乏对夫妻之间遗弃行为的处罚条文，才是出现这些婚姻悲剧故事的根源，当然最终的指向是提倡男尊女卑的封建等级制度。

与传统社会夫妻之间遗弃行为相比，近代社会的夫妻遗弃则具有了相对独立的司法空间。江苏吴县袁根大与袁陈氏二人因遗弃问题诉讼到当地法院，原告袁根大声称：原告于民国十四年娶被告为妻，民国十七年被告将原告之母殴打因而涉讼。嗣经当庭试行和解成立，原告承认将被告领回，被告亦情愿随原告回家同居。不料被告和解以后，虽暂时与原告同居，再次于民国十九年以刑事告诉，认原告妨害婚姻及遗弃。旋经侦查结果认为原告犯罪嫌疑不足，予以不起诉处分。自涉讼后，被告绝不至原告家中，屡接不回。

1930年9月2日，吴县地方法院判处被告应与原告同居的结果，理由是："查夫妇相互间负有同居义务，原告判令被告同居自属正当，被告虽以常受虐待为抗辩，纯属空言无据，显难成立。"[①] 在本案中，是妻子遗弃丈夫，这和上述三个事例有很大的不同，反映了近代社会女性自主意识的提高，在婚姻生活中不再以丈夫唯命是从。

将上述近代遗弃案件和传统社会遗弃案件进行比较，我们会发现二者有很多地方不同，但是最大的不同是所处社会环境的区别。在近代社会如果夫妻之间发生遗弃行为，当事人可以依据民事习惯和解，和解不成立可以申请诉讼，通过法院等司法机构审理，维护个人正当的婚姻权利。在传统社会当事人也能够依据民间法进行调解，但是如果一方身居高位，或者不知所踪，调解显然是不能进行的，但是除了此种方法之外，别无他途，不能走司法解决的道路，因为法律没有将

[①] 谢森等：《民刑事裁判大全》，北京大学出版社2007年版，第20—21页。

此行为进行约束，只能寄希望于另一方的回心转意。戏曲故事大多是虚构的，但是故事的原型必然来自社会现实，在传统社会里丈夫遗弃妻子（或者也存在妻子遗弃丈夫的现象），妻子大多要面对被遗弃的社会现实。

第二节　遗弃案件分析

笔者搜集到国民政府时期湖北夫妻遗弃案件共计56件，资料来源于武昌和汉口两地方法院，下面对这些遗弃案件进行整体性分析。

一　遗弃案件概览

（一）告诉人性别

因遗弃案件同样属于公诉案件，必须由原告向当地法院检察官提起诉讼，由检察官先行侦查，符合起诉条件的再由法院进行审理。在56件遗弃案件中，告诉人也即原告为男性者仅3人，其余53名告诉人均为女性。

由此可见，在国民政府时期的湖北社会，发生遗弃行为时，男方占据主动，女方处于被动的地位。即使是女方有遗弃行为，也是生活困难等因素所迫使，下文再详细论述。在遗弃行为导致夫妻冲突的过程中，女方仍然处于被遗弃的弱势地位，这固然与男尊女卑的传统社会习俗有密切的关系，但是也表明与国民政府时期的湖北社会女性在经济、社会等方面地位不高有紧密关系。从而表明，在该时期的社会里，男性在社会资源上仍然处于核心位置，才会使得他们在遗弃妻子（有时双方是同居关系）时顾虑较少。

（二）案件诉讼日期

56件遗弃案件的诉讼日期最早是1930年发生的，最晚是1949年出现的，当然案件档案的搜集带有很大的偶然性，不能全部反映那个时期的历史面貌。可是，通过笔者所搜集到的56件遗弃案件发生诉讼的日期，也有助于我们对当时遗弃行为的了解（见表5-1）。

表5-1　　　　　　　　　遗弃案件诉讼年份

年份	1930	1939	1940	1941	1942	1943	1944	1945	1946	1947	1948	1949	合计
数量	1	4	3	7	8	9	8	3	5	3	3	2	56

资料来源：湖档藏，资料号：105-2-2866、7316、7670、7788、7817、8045、8078、8215、8251、8581、8593、8622、8908、8910、8952、9138、10590、10670、10679、10746、10764、10765、10808、10855、10959、10987、10990、11013、12868、12888、12986、13025、13393、13448、13542。106-2-363、500、713、714、743、753、755、757、759、765、774、784、793、794、860、881、847、878、886。

表5-1的数据显示出产生遗弃诉讼数量最多的是1943年，最少的是1930年。抗战时期发生遗弃行为的数量最多，合计42件，占总数的75%；战后四年合计13件，约占总数的23%。战争的因素是否与遗弃行为有联系？应当说有很大的影响，因为发生遗弃诉讼的时期大多处于战争时期，国内局势必然对民众生活产生影响，夫妻之间发生遗弃行为不足为奇，正所谓"夫妻本是同林鸟，大难临头各自飞"。具体而言，从表中反映的事实来看，发生遗弃行为最多的是在抗战时期，发生数量较少的是在国共内战时期，同样是处于战争时期，不能说是因为抗战的特殊性，使得在该时期的遗弃行为就一定要比国共内战时发生的数量多。主要是因为湖北在抗战时期大部分区域被日军侵占，社会动荡严重，而国共内战时期，在湖北发生的战争，不论是从数量还是规模上看，都较抗战期间逊色得多，百姓生活较为安定一些。遗弃行为的产生与当时所处的社会环境密不可分，在动荡贫穷落后的国民政府时期，民众生活普遍贫困化，战争不过是加重了这种局面，从而使得遗弃行为的产生具备了合适的土壤。

例如1941年刘曾氏改嫁刘金山，以致其所有陪嫁金钱被刘金山假借经商骗去殆尽，二年后刘金山竟恋有新欢，不顾刘曾氏的日常生活。刘曾氏在生活逼迫下，向汉口地方法院检察官以遗弃罪起诉刘金山。[①] 又如汉阳人方小珍，于1943年9月与刘炳臣同居后，二人意气

---

① 《刘金山遗弃》，1943年，武档藏，资料号：105-2-8215。

不相投，一言不合即遭刘炳臣拳打脚踢，"任意蹂躏，倘非遇人救护，早经险遭毒手，其虐待情形，言之心伤"。而后，刘炳臣外出不归，对于方小珍日常生活不管不问。不久方小珍又查出刘炳臣原有妻室，为了自保，方小珍以遗弃罪将刘炳臣告上法庭。①

上述两个遗弃案例表明，男女双方直接发生遗弃行为，虽然原因各不相同，但是最为根本的是都不负责被遗弃方的日常生活。

（三）遗弃案件审理

通过对56件遗弃案件处理过程的考察，发现存在四种结果：起诉并审判的案件共计6件，其中判处有罪和无罪的各3件；不起诉和不受理等类型的案件共计36件；经过调解，告诉人撤销起诉的遗弃案件共计4件；情况不详者共计10件。

1. 起诉并判决

汉阳人严正明已有发妻严何氏，于1944年9月，由张梅青等人介绍证婚，在严正明家中举行。不久又娶不知情人朱梅香为妻，且生一女，后被严正明遗弃，不顾其教养生活等费用开支。经朱梅香发觉后，以伤害遗弃等情为由，状诉到武昌地方法院检察署。该检察署经过侦查后作出了对被告严正明起诉的处分，理由是被告严正明"既有配偶而重与人结婚，复不顾其妻女生活而遗弃之，核其行为，实犯刑法第237条及第294条第一项、第55条之罪嫌……爰依刑事诉讼法第237条第一项起诉"。②

可见，检察官对被告作出起诉处分书，最为依据的法条是被告是否触犯刑法第294条的规定。如果被告确实触犯该刑法，那么就会转入法院的司法审理程序，依法对被告作出处罚，结果分为两种，一是无罪，一是有罪。被告有罪，被判处有期徒刑是基于事实清楚，证据明确，此处不进行详细讨论。我们对判处被告无罪的3件案例进行分析，为什么在检察官作出起诉处分书之后，法院并没有判处被告有罪？

---

① 《刘炳臣遗弃》，1944年，武档藏，资料号：105-2-10808。
② 《严正明重婚遗弃》，1944年，武档藏，资料号：106-2-886。

(1) 不能证明有遗弃行为

自诉人汉口陈文君与被告程湘涛系属姘居，因意见不合，陈文君自愿离开程湘涛住所，二人脱离关系。后来，陈文君又当面要求程湘涛由中间人夏一鸥等给予其国币一千元，订立永远脱离姘居关系字据。不仅程湘涛和夏一鸥承认有此事，就是陈文君的母亲陈向氏和妹妹陈陈氏也均供认不讳，据此可以证明程湘涛与陈文君已脱离姘居关系。随后，陈文君委托其母亲陈向氏以遗弃罪起诉程湘涛，汉口地方法院检察官经过侦查作出了对程湘涛起诉处分书。1943年10月8日，法院判处程湘涛无罪，理由有二：一是二人是姘居关系，而非夫妻关系，不能对程湘涛提起遗弃罪诉讼，"未脱离前，自诉人对程湘涛已无何种身份可言"；二是双方脱离姘居关系后，程湘涛对陈文君"更未负有何种契约上之义务"。根据以上事实，程湘涛"遗弃事实显属不能证明，自应谕知无罪"。①

(2) 不符合遗弃罪之构成要件

法院经过审理后认为被告不具备遗弃罪之法定要件，自应判处无罪。自诉人黄陂董熊氏在原夫病故十余年之后，于1939年阴历四月经邻居雷子卿等人为媒，嫁给被告董光庆。同年十月，被告始向董熊氏言明其有妻室，业已来汉，央求其暂住亲戚家，待向原妻说明实情后，再将董熊氏接回家中。虽然董熊氏感到"不胜惊骇"，但是"无从回头，只得听伊术弄"，董熊氏暂住亲戚家近一个月之久，董光庆"狡猾成性，避而不面，弃氏不顾。可怜氏今中年失足，生活无依，何能度命？"走投无路之际"情迫无计"，只得将董光庆起诉至汉口地方法院检察署。1940年1月16日，汉口地方法院作出"董光庆无罪"的判决，理由是"讯据自诉人述，被告于本年废历四月初六日与其实行同居，并未举行婚姻必要仪式等语，是自诉人与被告仅属姘居关系，尚难认为合法婚姻。既非合法婚姻，则被告对于自诉人按民法上规定已不负抚养之义务。况自诉人又状称自诉系出诸误会，被告亦给予衣食云云，显与遗弃罪构成之要件未合，应

---

① 《程湘涛遗弃》，1943年，武档藏，资料号：105-2-8593。

予谕知无罪"①。

2. 不起诉和不受理

在36件案件中，不受理遗弃案件为3件，其余案件均为不起诉处理。二者之间有一定的差别，不受理遗弃案件主要是因为提起自诉的告诉人不符合自诉案件所规定的条件，检察官不予受理；而不起诉案件是因为告诉人提起的诉讼因各种因素，不符合对被告进行遗弃罪起诉的构成要件。二者的相同点是被告均不能受到任何法律上处分，因而将其作为一个整体加以考察。

（1）不受理

刑事诉讼法第313条对"自诉"行为的规定条件之一是："对于直系尊亲属或配偶不得提起自诉。"第326条规定："不得提起自诉而提起者，应谕知不受理之判决。"② 在不受理的3件遗弃案件中，所依据的理由均是此条法律规定。住在武昌豹头堤93号的应城人朱陈氏，于1934年招赘朱金龙结婚，十余年间二人生育二子二女。自抗战开始后，朱金龙"心生不良"，将朱陈氏常年做工积蓄挥霍一空，后二子相继夭亡。朱金龙将长女许配与人，得聘金洋四十元，后与马姓女子同居，不顾朱陈氏母女生活，朱陈氏以小贸经营维持生活。1943年2月，朱金龙归家骗取朱陈氏积蓄回大冶乡间六个月，音信全无。8月21日，朱金龙至武昌粮道街其叔朱正发家居住，后前往豹头堤一百号邻居蔡太婆处询问朱陈氏有无不正行为，并托人招朱陈氏至蔡太婆家会面，意图将朱陈氏卖掉。朱金龙之行为激起朱陈氏极大不满，将朱金龙告上法庭，指出"该被告得财将两女引回大冶，变卖自诉人不允。该被告竟去杳如黄鹤不返，似此存心昧良遗弃故意常时暗算，情实莫何为此状"。8月17日，武昌地方法院作出"本件自诉不受理"的刑事判决，理由是："按被害人对于直系尊亲属或配偶不得提起自诉，为刑事诉讼法第313条所明定。本件自诉人朱陈氏自诉朱金龙昧良遗弃，请求讯办，并附带民诉等情前来，姑无论所诉属

---

① 《董光庆遗弃》，1940年，武档藏，资料号：105-2-11013。
② 蔡鸿源：《民国法规集成》第65册，黄山书社1999年版，第293、294页。

实与否，尚待证明。该自诉人既与朱金龙谊属配偶，依上开法条其不得提起自诉，极为明显，自应依刑事诉讼法第 326 条谕知不受理之判决。"①

不受理案件，除了当事人双方为直系尊亲属或配偶之外，被告所犯罪的地点及其住所均不在法院的管辖范围内，法院也不会受理此类案件。刑事诉讼法第 5 条规定："案件由犯罪地或被告之住所或所在地之法院管辖。"② 住在武昌沈家帮三十六号的黄陂人方潘氏系方坤山之妻，二人结婚已二十余年，方坤山以修神像为业，生意顺利，获利颇丰。自 1946 年方坤山在汉口另娶一妾，将家中妻室儿女抛弃不顾。家中田地太少，方潘氏不能维持生活，不得已携儿女来武昌，长女做工，次女捡菜，难以度日。1949 年 3 月 26 日，方潘氏一纸诉状将其夫方坤山以重婚遗弃罪告上法庭。4 月 2 日武昌地方法院作出了不受理的刑事判决，原因之一是上文提到的配偶之间不得提起自诉，原因之二是被告方坤山犯罪地点和居住地均在汉口所致，"被告犯罪地点及其居住所均不在本院管辖区域内，自诉人亦应向有管辖权之法院检察官告诉"。③

（2）不起诉

刑事诉讼法第 231 条规定，案件有下列情形之一者，应为不起诉之处分：

①曾经判决确定者。
②时效已完成者。
③曾经大赦者。
④犯罪后之法律已废止其刑罚者。
⑤告诉或请求乃论之罪，其告诉或请求已经撤回或已逾告诉期间者。

---

① 《朱金龙遗弃》，1943 年，武档藏，资料号：106-2-878。
② 蔡鸿源：《民国法规集成》第 65 册，黄山书社 1999 年版，第 279 页。
③ 《方坤山遗弃》，1949 年，武档藏，资料号：106-2-755。

⑥被告死亡者。
⑦法院对于被告无审判权者。
⑧行为不罚者。
⑨法律应免除其刑者。
⑩犯罪嫌疑不足者。①

虽然有 10 种条件符合不起诉处分，但是具体到 33 件案件中，引用最多的是第 2、5、8 和 10 等条，其中依据第 10 条作为不起诉处分依据的案件为最多，有些案件则将多条规定共同作为处分的依据。

时效已完成者。如李李氏状告李介青重婚遗弃一案，武昌地方法院检察署经过侦查，于 1944 年 11 月 24 日对被告李介青作出了不起诉处分书的决定，主要理由是：李介青虽与李玉珍姘居，但不是正式结婚，自无重婚行为，二人关系只能以通奸行为论处。但是该行为发生在 1943 年正月，已经发生近一年，按刑事诉讼法第 216 条之规定，"告诉乃论之罪其告诉应自得为告诉之人知悉犯人之时起六个月内为之"，不能行使此权利逾期消灭。据上观察，应依刑事诉讼法第 231 条第 2 款之规定，予以不起诉处分。至于李介青与李玉珍姘居后遗弃李李氏部分，因李李氏年仅 22 岁，正值壮年，显非无自救力之人，自亦不合遗弃罪之要件。②

告诉或请求乃论之罪，其告诉或请求已经撤回或已逾告诉期间者。汉川人张有芝，以其夫熊方本始与妓女九岁红恋爱，继与妓女陈惠卿姘居，并于 1942 年 5 月将其打伤，又不顾其日常生活等情。在 11 月，张有芝以遗弃罪将熊方本告诉到汉口地方法院检察署。12 月 7 日，汉口地方法院检察官对被告熊方本作出不起诉处分书，理由是：本案告诉人张有芝知悉其夫熊方本与九岁红、陈惠卿等通奸，均已逾六个月之久，按照刑事诉讼法第 216 条之规定，自难予以起诉。至所诉伤害部分，虽未逾六个月，但被告熊方本坚决不承认殴打事

---

① 蔡鸿源：《民国法规集成》第 65 册，黄山书社 1999 年版，第 290 页。
② 《李介青重婚遗弃》，1944 年，武档藏，资料号：106-2-759。

实，再张有芝无有伤痕可验，亦难将被告治罪。此外告诉人值年富力强之时，身体非残废无病，核与遗弃罪构成要件不相符合，应依"刑事诉讼法第 231 条第 5 款、第 10 款予以不起诉处分"①。

上述事例是已过告诉时期，也有因告诉人请求撤回而不起诉。如下面的情况：

行为不罚者。告诉人张杨氏，控告被告宋金香唆使其夫张汉卿虐待告诉人，不给告诉人生活费，反向告诉人索款花用等情。张杨氏以遗弃罪起诉其夫张汉卿、宋金香。1946 年 1 月 3 日，汉口地方法院对被告作出不起诉处分书，原因在于：告诉人年富力强，显非无自救力之人，纵然被告张汉卿不给生活费属实，于法亦系民事纠葛，告诉人尽可向本院民庭依法起诉救济，尚不能令负刑事责任。至于宋金香之唆使与否，亦属道义问题，更不能谓其有何项犯罪嫌疑，合依"刑事诉讼法第 231 条第 8 款，予以不起诉处分"②。

犯罪嫌疑不足者。该法条是司法机构判处不起诉最多的法律依据，试举两例以说明。1943 年 11 月 4 日，住在汉正街的黄陂人刘霞卿以遗弃罪将丈夫彭监秋起诉到汉口地方法院检察署，其状称：原夫早故，靠给别人做佣工为生。1938 年，刘霞卿与彭监秋相识，后被彭纳为妾。同居之初，二人感情比较恩爱，共同操劳，不及三年家业兴隆，并将妻儿由乡间迁至汉口居住，刘霞卿迁至三怡里居住。1942 年下半年，刘霞卿因操劳过度，偶然心气疼之病症，时发时愈，开始彭监秋还比较关心，百般调治。然而，由于久治不愈，刘霞卿面容憔悴、肌肤瘦损，彭监秋以此顿减恩爱之情，渐生厌恶之心，进而蓄遗弃之义。此后，彭监秋既不给付刘霞卿家用，也不常回家中，二人如有见面，彭监秋即故意寻衅并殴打刘霞卿，意图迫使刘霞卿自行脱离关系。阴历九月初十日，彭监秋手执脱离同居关系契约一张，强令刘霞卿签押，刘霞卿因自身已成废人既不能改嫁又不能谋生，拒绝在契约上签字画押，被彭监秋驱逐出外。

---

① 《熊方本遗弃等罪》，1942 年，武档藏，资料号：105 - 2 - 10590。
② 《张汉卿遗弃》，1945 年，武档藏，资料号：105 - 2 - 7670。

针对刘霞卿之供词，9日彭监秋辩诉称：二人结婚以后，关系还算融洽，近年来刘霞卿专以打牌、看戏为主，屡次劝诫不听。刘霞卿又滋生异心，经常借口去其妹妹家探亲，实则整夜不归，伤风败俗。刘霞卿在彭监秋去黄陂办货之际，将家中衣物、首饰席卷一空，不知潜逃何处，经多方打听才将刘霞卿找回。彭监秋恐刘霞卿在外生出不法行为，特登报纸，使他人不敢将其收留，并未遗弃刘霞卿。

16日，汉口地方法院检察署经过侦查，对被告彭监秋作出不起诉处分书，原因是刘霞卿在法庭上供称："我不愿跟他回去，现在不要他生活费了，只求两不相找就算了。"因此，检察官认为："告诉人刘霞卿坚不随从被告彭监秋共同生活，有何遗弃之可言？合依刑事诉讼法第231条第10款予以不起诉处分。"①

除去上述不起诉处分所依据的法律之外，还有其他法条可以作为不起诉处分的依据。例如：告诉人朱胡氏系被告朱俊望之妻，生有子女四人，均依靠被告做工度日，家庭关系一向和睦。不料朱俊望因收入渐丰，于1941年春私与杨刘氏发生暧昧，置妻儿生活于不顾。9月25日，被告借故将告诉人殴伤，当由告诉人诉由警察局转送汉口地方法院检察署侦讯，在庭上当事人双方均供认不讳。然而，告诉人又供称："只要我丈夫以后与杨刘氏断绝关系，养我及我的儿女生活，我就不告。"被告也表示愿意与杨刘氏断绝关系，抚养子女。检察官最终以"衡之情理尚有可原，为维持其家庭和平计，以不起诉为适当。……爰依刑事诉讼法第232条第一项处分不起诉"②。该案例判处不起诉处分所依据的法条和上述案例均不相同，该法条规定："检察官于刑法第61条所列各罪之案件，参酌刑法第57条所列事项，认为以不起诉为适当者，得为不起诉之处分。"③ 而刑法第61条所定之内容是最终本刑为三年以下有期徒刑、拘役等情节轻微尚可怜恕之罪行。刑法第57条内容是法院在量刑时应参考一切情况，尤其是犯罪

---

① 《吴孟氏遗弃》，1943年，武档藏，资料号：105-2-7316。
② 《朱俊望、杨刘氏遗弃》，1942年，武档藏，资料号：105-2-8581。
③ 蔡鸿源：《民国法规集成》第65册，黄山书社1999年版，第290页。

的动机、目的、手段，犯人的生活条件、知识水平、犯罪后之态度等因素。①

3. 告诉人撤销

该部分案件所谓告诉人撤销与刑事诉讼法第 231 条第 5 项规定有相似之处，唯一不同的是该 4 例案件的判处结果不详，或许检察官因告诉人提出撤销，就不再侦查起诉，甚至都不再作出不起诉的处分。

五十岁的沔阳人陈董氏，系陈古秋之妻，生有二子，因陈古秋停妻再娶，不顾其日常生活，靠乞讨为生，遂以遗弃罪起诉陈古秋，后经人调解撤回告诉。1949 年 4 月 29 日，检察官在侦讯笔录过程中询问陈董氏："你现在还告他（陈古秋）吗？"陈董氏答："我现在不告他了，因他每月给我十元，生活可以，不告他了，请求撤回告诉。"又问："经谁调解？"答："是经向思寅、张德臣二位调解的。"②

4. 情况不详

此类案件共计 10 件，虽然对于案件的当事人以及诉讼的原因等情况可以观察到，但是对于起诉、诉讼的结果一无所知，因而将此类遗弃案件归于一个部分。例如鄂城人杜刘氏，系杜元达之发妻，1948 年 11 月，以遗弃罪将其夫起诉。杜刘氏供称：杜元达对其之生活方面的衣、食、住均不过问，在无法生存之际，只得来汉做佣工生活；同时杜元达有卖掉杜刘氏之想法，无奈之下只得将其夫起诉。在检察官调查期间，杜元达却认为其妻来汉是不愿跟他了，而是跟了一个名为袁亲善的人，其妻状告他遗弃，他本人并不知道什么原因，不承认要卖掉杜刘氏。③ 对于此案，我们大致了解到这些案情，除此之外，就是当事人双方的一些个人信息，对于案情的后续发展我们并不清楚，只能留给我们历史的想象了。

通过上文的考察，我们大致了解到国民政府时期湖北遗弃案件的大概情况，从告诉人性别、案件诉讼日期到案件的处理结果及原因等

---

① 蔡鸿源：《民国法规集成》第 65 册，黄山书社 1999 年版，第 241—242 页。
② 《陈古秋遗弃》，1949 年，武档藏，资料号：106 - 2 - 881。
③ 《杜元达遗弃》，1948 年，武档藏，资料号：106 - 2 - 753。

方面，具体到案件当事人各方面情况则要在下面进行交代。

二 案件当事人考察

我们已经交代了在56件遗弃案件中，仅有3件判处被告有罪，其余案件大多以不起诉、无罪或者情况不详等方面为结果。虽然在这些案件中原被告双方并非都具有夫妻关系，但是我们仍然将56件遗弃案件的当事人作为一个整体进行考察。这样对于认识国民政府时期的湖北遗弃行为的男女群体，能有更深刻的帮助。当事人双方具有夫妻关系的是49件，虽然经过审理后认定，其中不少男女之间并不具备夫妻关系，但是在日常生活中当事人之间彼此以夫妻看待。因此，为了考察上的方便，我们仍然将当事人以夫妻关系看待。男女当事人直接表明是姘居关系的有7件，则忽略不计。我们以具有夫妻关系的49件案例作为分析载体。

（一）当事人年龄

在49件遗弃案件中，男方年龄大于女方的有29件，女方年龄大于男方的有2件，男女同龄的有2件，情况不详者有16件。在男方年龄大于女方的29件中，相差5岁以内的有16件，相差6—10岁者有6件，相差10岁以上者有7件。女方年龄大于男方的2件中，分别为1岁和13岁，差别较为明显。详情见表5－2：

表5－2　　　　　　遗弃案件当事人年龄比较

男大女				女大男	1岁	1
岁	数量	岁	数量		13岁	1
1	4	9	1	同龄	2	
2	5	13	1	不详	16	
3	3	15	3	总计	49	
4	1	16	1			
5	3	17	1			
6	3	22	1			
8	2	合计	29			

表 5-2 数据清楚地反映出，在国民政府时期的湖北男女之间的年龄分布仍以男方大于女方为主体，其中男方大于女方 5 岁为最多，超过一半。男女之间发生遗弃行为时的年龄呈现的情形如何？在 49 件遗弃案件当事人年龄统计中，如有明确日期的以该时期为准，没有确切遗弃时期的以诉讼年份为准，当事人遗弃年龄分布情况见表 5-3：

表 5-3　　　　　　　　　发生遗弃行为当事人年龄

年龄段	男方（人）	女方（人）
20 岁及以下	0	4
21—25 岁	3	10
26—30 岁	8	8
31—35 岁	7	10
36—40 岁	8	5
40 岁以上	12	6
合计	38	43

表 5-3 显示，在 49 件遗弃案件中，男方的年龄以 40 岁以上的比例最高，占总数的 32%，最少的年龄段是 25 岁以前。同男方相比，女方遭遇遗弃行为的概率随着年龄的增加而降低，女方在 21—25 岁和 31—35 岁两个年龄段发生遗弃行为的比例最多，各占总数的 23%，主要集中在 35 岁以前。在 49 件遗弃案件中，仅有 3 件是女方遗弃男方，46 件案例是男方遗弃女方，因此上表的数据可以反映出男性发生遗弃行为和女方被遗弃的大致年龄段。通过男女数据对比可以发现，随着年龄的增加男方发生遗弃行为的概率在增加，而女方恰好相反，30 岁以上的男方最易遗弃女方，而女方在 35 岁之前最容易被遗弃。那么，夫妻婚后多少年易发生遗弃行为？见表 5-4：

表 5-4　　　　　　　　当事人婚后 N 年发生遗弃行为

婚后年数	件数	婚后年数	件数
1	7	10	1
2	5	11	1
3	1	12	2
4	1	14	2
5	2	15	1
7	3	16	1
8	2	20	1
9	4	21	1
合计	25	合计	10

表 5-4 反映出夫妻婚后前两年是发生遗弃行为最为集中的时间段，婚后两年发生的遗弃行为有 12 件，约占总数的 35%，把时间段延长，婚后五年发生的遗弃行为是 16 件，约占总数的 46%，婚后十年发生的遗弃行为合计 26 件，约占总数的 74%。由此可见，婚后十年是国民政府时期湖北社会夫妻之间发生遗弃行为最多的时期。

（二）案件当事人籍贯与职业情况

1. 籍贯

从前面几章中，我们分别对婚姻冲突当事人的籍贯进行过说明，不以居住地为依据。从籍贯的情况可以看出国民政府时期湖北婚姻冲突当事人的流动情况，仍以 49 件遗弃案件男女共计 98 人为中心考察（见表 5-5）。

表 5-5　　　　　　　　遗弃案件当事人籍贯分布

男方籍贯	数量（人）	女方籍贯	数量（人）
武昌	9	武昌	10
汉口	0	汉口	3
汉阳	8	汉阳	8

续表

男方籍贯	数量（人）	女方籍贯	数量（人）
嘉鱼	1	应城	1
孝感	5	孝感	3
黄冈	2	鄂城	3
黄陂	5	黄陂	5
沔阳	1	沔阳	1
汉川	1	汉川	2
大冶	1	浠水	1
外省	6	外省	4
合计	39	合计	41

表5-5显示，男方当事人的籍贯以武汉地区的为最多，这和笔者搜集的资料主要来源于武昌和汉口两地方法院有关，但如果以武汉地区为例，也能反映出汉阳和武昌的男性易发生遗弃行为。除了武汉之外，省内籍贯分布区域主要是围绕武汉分布，共计16人，占男方总数的41%，和武汉本地人数相当，彰显出武汉对周边地区的影响力极大。来自省外的男性有6人，也占有不小的比例。而从女方来看，来自武汉的人数共计是21人，约占女方总数的一半。来自省内其他地区的女性有16人，约占39%，这点和男方的情况类似。属于外省籍贯的女方有4人。从上述数据所反映的情况可以发现：在国民政府时期的湖北社会，武汉地区和周边县市的人员流动较为频繁，男女双方均不例外，特别是女性已经不再是传统"大门不出二门不迈"的封闭形象了。也有一部分省外人员在遗弃行为中占有一定的数量。从男女双方整体上观察，省内其他地区和省外流动人口发生遗弃行为的比例多于武汉本地人，主要原因可能在于流动人员受到的社会监督较少所导致。

2. 职业

仍以49件遗弃案件为考察中心，分别从男女双方各自进行分析，以传统是"士农工商"为分类，详细情况见表5-6：

表 5-6　　　　　　　　遗弃行为男方当事人职业情况

男方职业	名称	数量	名称	数量
士	善后救济总署职员	1	警察	1
	警察巡长	1	湖北建设厅技正	1
	书记	1	司账	1
	司法警长	1	中国青年模范团职员	1
	户籍员	1		
农	种田	4		
工	做工、苦力	3		
商	杂货店	1	马应龙药店	1
	电料	1	理发	1
	镶牙	1	修神像	1
	商	1	西服店	1
	煤商	1	厨房	1
	油盐生意	1	纽扣厂	1
	茶馆	1	小贸	1
	山货	1		
合计		20		11

　　表 5-6 以传统"四民"作为职业分类依据，其中"士"主要是指在公职机构担任工作，有职业的男性共计 31 人，其余的均为没有工作或者职业不明。对此 31 人具体观察，属于"士"职业的男性有 9 人，从事务农的有 4 人，做工的有 3 人，从事商业买卖的人最多，共有 15 人。由此可看出，在国民政府时期的湖北，发生遗弃行为的男性从事商业的人最多，其次是担任公职的人员，人数最少的才是从事农业和做苦力的男性，反映了职业较好、收入较多的男性容易发生遗弃妻子的行为。具体到遗弃行为中的女性职业情况，仍然按照"士农工商"的职业分类，见表 5-7：

表 5-7　　　　　　　　遗弃行为女方当事人职业情况

女方职业	名称	数量（人）
士	会计	1
农	种田	2
工	雇工、帮工、佣工	4
工	家作、理家	4
工	"吃乞"	1
商	招待	1
商	理发	1
商	纸马生意	1
合计		15

　　49 件遗弃案的女方当事人中，仅有 15 人有具体明确的职业，其余均属于不明或闲的状态。在有职业的女性当中，人数最多的是从事"工"一类职业的，合计 9 人，占总数的 60%，其次是商业女性 3 人，农业 2 人，在政府部门担任会计的 1 人。将男性与女性二者职业情况相比，可以看出很大的不同点，男性从事商业和担任政府职员的较多，女性则从事帮工、佣工、理家等职业的较多。由于教育水平、资金、经商等能力的限制，她们在从事商业、公职人员等职业方面比起男性具有明显的不足。这也说明了在国民政府时期的湖北社会，遗弃案件中的女性在教育、资金等方面存在很大的提高空间，性别角色决定女性多是从事帮工、佣工、照顾家庭等女性化明显的工作。

　　上述内容主要是就遗弃案件的诉讼情况以及当事人的年龄、职业等方面进行考察，侧重于背景方面的分析，对于遗弃行为发生的原因则需要具体详细地研究。

第三节　遗弃行为发生的原因

　　国民政府时期湖北遗弃案件的发生原因较为复杂，我们将对告诉人提出的遗弃诉讼理由进行分析，从男方立场看女方遗弃原因，以及从女方立场看男方遗弃原因，二者原因是否具有相同性？通过对二者原因的比较，具有何特点？需要仔细分析。

一 女方遗弃男方的原因

因女方遗弃案例仅3件，受数量限制，从男方立场来看女方遗弃的原因就较为薄弱，是否具有说服力，还有待商榷，特归纳如下：

（一）妻子与他人姘居

汉川人胡李氏系胡竹青之妻，因胡竹青常年外出经商不归，感觉生计困难，在汉口与李荣成姘居，以此弥补家庭开支。1943年胡竹青返回汉口后，得知实情，因心有不甘将胡李氏和李荣成扭送警察局转解到汉口地方法院检察署侦查起诉。①

在该案例中，胡李氏与李荣成姘居，客观上有遗弃其丈夫的嫌疑，但是从胡李氏遗弃丈夫的动机和目的来看，并非追求其他的不良企图，或者夫妻之间感情破裂。而是因为丈夫常年在外，家庭生活困难所导致的，因此在侦查起诉阶段，李胡氏声称："胡竹青是正式丈夫，我不是残废，也没有疾病，我愿意跟我丈夫回去。"

（二）妻子受他人唆使

王淑媛系黄冈人汪镇铭之妻，在1945年11月12日《新湖北日报》刊登"寻夫启示"，称："窃淑媛自幼由父母主持与汪金元（即汪镇铭）结婚，并生有女，近渐意见不合。前月余，该汪金元无故出外，致淑媛母女生活无着，似此恶意遗弃，实难忍受。兹为尽夫妻最后感情起见，特登报寻夫。请于见报后一星期内复归，尽同居之义务，逾限不归，是该汪金元恶意遗弃之责，无可解免，则淑媛将行动自由，以作生活。特此登报申明。"汪镇铭遂以遗弃罪为由，于1945年11月20日向武昌地方法院检察署提起诉讼，供称："民与王氏系结发夫妻，而今结婚九载，生有女孩四岁，历无异议。近来民于警察

---

① 《胡李氏、李荣成、胡竹青妨害婚姻及遗弃》，1943年，武档藏，资料号：105-2-7817。

大队服务,离家半月,则藉故生端,反目相视,料其中定有奸刁之徒教唆所致。"同时,针对王淑媛的恶意遗弃指控,汪镇铭并不同意,称:"离家时,曾与民妻王氏详告,并留下食粮生活费等,及金饰衣物一概交代清楚,见报所载,全与事实不符。"

在30日检察官的调解笔录中,汪镇铭进一步解释了妻子遗弃行为的原因:

检察官问汪镇铭:她(指王淑媛)为何有离婚思想呢?
汪镇铭答:我八号回家,说不要我。过去也有摩擦,登十二号报是有意离婚。戒指两个一卷而去,并要我写据离婚。
问:她拿你衣物吗?
答:衣物不知拿何处了,三两天不回家。
问:她以前与你感情如何?
答:以前很守妇道,有小孩四岁,也养得好。
问:她现在为何对你有不好的意念呢?
答:现在当然对外有勾引,但不知是谁,她到今日才回家,现在完全了。[①]

从上述对话中,可以看出汪镇铭与其妻子平日有摩擦,他认为妻子以前很守妇道,现在既不回家,又席卷家中财物,并且在外面有不良行为。

(三)妻子以丈夫无力养家而遗弃

汉阳人汪詹氏系嘉鱼人汪世炘之妻,1944年3月汪世炘以妻子嫌弃其贫穷不能养家而遗弃为由,向汉口地方法院检察署提起诉讼。汪世炘供称,1941年与汪詹氏正式结婚后,夫妻和好,生有一女,然而受抗战影响,工作被辞退,赋闲在家。1943年阴历冬月,与妻同赴汉阳岳母家中寄居,"不料该岳母见民落魄,便唆女是非,不知将民妻隐藏何处?作何勾当?不准民与妻见面"。至1944年正月,民来

[①] 《王淑媛遗弃》,1945年,武档藏,资料号:106-2-784。

汉接妻,"岂知该岳母仍不与之见面,反诬民偷她肥皂,不准民在她家,并叫民滚蛋"。同时,岳母对民说"无力赡养,要各谋生活"的话。[1]

  上述三个遗弃案件,均是从男方的立场来看妻子遗弃行为的原因,然而不论是何种因素导致妻子遗弃丈夫,最终的目标确实都指向了丈夫。三个遗弃案例均指出,是因为丈夫不能照顾妻子的日常生活,使得她们在无力生存的前提下,被迫发生遗弃丈夫的行为。例如胡竹氏因丈夫不在家,生活困难被迫与他人姘居,后来丈夫回家后,仍然选择和丈夫同居,即可清楚地看出,妻子遗弃丈夫并非本身自愿的行为。在第二个事例中,汪镇铭把妻子遗弃的原因都推在了妻子身上,然而从王淑媛的口供中,我们发现事情可能不是这样的。在"公说公有理婆说婆有理"的当事人之间,我们最好要依据"偏听则暗,兼听则明"的信条。王淑媛向检察官说明了登报寻夫的原因"登报前,我找他,他说你不要找我。自二十六年结婚向不顾我,他不问我生活,他父母也和我离开了",并指出在平日生活中,其夫经常打骂她。通过汪镇铭和王淑媛夫妻之间的口供对比,我们发现,汪镇铭认为妻子不守妇道,受人唆使,遗弃本夫。而从妻子王淑媛的声明中,则发现责任全在丈夫,丈夫不尽夫妻同居抚养之义务,母女"生活无着"才是导致其打算离开丈夫的根源。在第三个遗弃行为中,和汪世炘的供词相比,汪詹氏则指出不愿和其丈夫同居,主要是因为:"因他(丈夫)要我借钱他用,我现无钱给他,他又不养活我,抛家不顾,所以我就告他。"二者比较,丈夫认为是妻子嫌弃其贫穷不能养家才遗弃他,而妻子却指出是因为丈夫找她借钱,不养活她,同时又抛家不顾,导致其遗弃丈夫。

  从上观察,丈夫指责妻子遗弃行为的因素各不相同,但责任都在妻子,然而反过来,从妻子的辩论看,根源都在丈夫不能提供养家的能力,再加上家庭暴力,感情不和等因素的综合作用,使得妻子不愿和丈夫继续同居生活。我们不是历史的评判者,不能指出谁对谁错,

---

[1] 《汪世炘等遗弃》,1944 年,武档藏,资料号:105 - 2 - 10746。

所能做的仅仅是将夫妻之间因遗弃行为导致的婚姻冲突进行还原。

二 男方遗弃女方的原因

上部分是从男方的立场观察女方遗弃行为的原因,现在我们从女方的立场看男方发生遗弃行为的原因,情况如下:

(一) 感情等因素

1. 因与他人重婚而遗弃妻子

因与他人重婚遗弃妻子,在国民政府时期的湖北社会十分常见。例如:汉阳人严正明,已有发妻严何氏,于1944年8月,复由张梅青等人介绍证婚,在严正明家中举行婚礼,娶不知情的朱梅香为妻,且生有一女。不久,严正明就抛弃家庭,不顾朱梅香母女日常生活等开支,后被朱梅香得知,遂以伤害遗弃等情向武昌地方法院检察署起诉严正明。①

又如张永远于1934年与张许氏结婚,并在1941年生育有一女。张永远因另有所爱,遗弃其妻女,于1948年1月31日在汉斌酒楼由张广连、石大发等为媒人,及张镛卿、范大姑等人主使,再次与王治华结婚,后经张许氏得知,以重婚遗弃为由起诉到武昌地方法院。②

上述两个遗弃事例,充分说明了男人在已有妻子的情况下,另以种种借口再娶他人,将另一妻子遗弃,不仅犯有遗弃罪,也犯了重婚罪。

2. 丈夫娶妾遗弃

虽然在国民政府时期法律上禁止男性娶妾,但是实际上对男性娶妾的现象是默认的。在湖北社会,因娶妾遗弃妻子的现象也是存在的。武昌人尹曾氏,系尹仲涛之妻,1931年9月二人结婚,生有子女。尹仲涛以其充当红十字会会长之势力,不但对尹曾氏虐待打骂不堪,并且于1938年8月娶戏子刘小掺子鱼为妾。尹仲涛及其妾对待尹曾氏如"眼中钉肉中刺",至1939年2月,尹仲涛顺从其妾之意,

---

① 《严正明重婚遗弃》,1944年,武档藏,资料号:106-2-886。
② 《王治华等遗弃重婚》,1948年,武档藏,资料号:106-2-197。

将尹曾氏驱逐在外,不准归家,导致尹曾氏与子女三人忍饥挨饿,只得于 9 月 25 日向汉口地方法院以遗弃罪起诉尹仲涛及其妾刘小掺子鱼。① 在该案中,尹仲涛娶妓女为妾,对原妻尹曾氏遗弃,已触犯遗弃罪。

3. 丈夫与他人姘居

在该时期的湖北社会,因丈夫与他人姘居,抛家不顾的事也屡见不鲜。汤聂氏系汤世炳之妻,1945 年 1 月 17 日其以遗弃侵占之由将汤世炳告上法庭,其供称:1930 年与汤世炳结婚后,夫妻关系和好,二人均在外帮工,经济情况有所好转,已有积蓄。不久,其夫即性情大变,与严秀英姘居成家,俨如夫妇,自此之后抛家不顾。1944 年阴历冬月,汤世炳回家,在其面前大喊,叫其"出外改嫁",并将其驱逐出家。在饥寒交迫、有家不能归、有夫不能养之际,"情迫"汤聂氏状告汤世炳。②

(二) 经济因素

1. 丈夫以经济形势较差为由遗弃妻子

丈夫以生意失败无过多金钱为借口遗弃妻子,汉阳人俞树珊寄居汉口,以油盐为生,于 1940 年 9 月 18 日娶乐洪元为妻。乐洪元与前夫遗有一个十五岁的女孩,乐洪元与俞树珊约定,带至俞树珊家中抚养,并改俞姓,称俞秀莲,并经俞圣章代笔书立契约,俞树珊亲笔签名。事后俞树珊以生意失败为借口,不但不养乐洪元,并置俞秀莲生活于不顾,乐洪元不得已于 1942 年 2 月 5 日以俞树珊遗弃等情告诉到汉口地方法院检察署,经检察官侦查起诉。③

2. 丈夫经济形势好转而遗弃妻子

俗语说"贫贱夫妻百事哀",但是在国民政府时期的湖北社会,很多夫妻在结婚时一贫如洗,但是经过夫妻双方的努力,家境逐渐好转。然而,有的丈夫只能和妻子"同贫穷",却不能与妻子"共富

---

① 《尹仲涛、刘小掺子鱼妨害婚姻及遗弃》,1939 年,武档藏,资料号:105 - 2 - 13448。
② 《汤世裕等遗弃重婚》,1945 年,武档藏,资料号:106 - 2 - 757。
③ 《俞树珊重婚遗弃》,1942 年,武档藏,资料号:105 - 2 - 12986。

贵",在经济形势好转,生活过好时,将妻子遗弃。汉阳人袁汪氏,于1930年与袁锦炎结婚,婚后十余年生育有一子一女。二人结婚之时家贫如洗,生活艰难,袁锦炎以"帮贸"为生,袁汪氏以"赶工"度日,夫妻二人"共济艰难",情感也较为融洽。然而,在武汉沦陷后,袁锦炎在汉口开设袁祥泰广货店,生意日渐兴隆,遂"妄贪贫寒根本,骄奢淫逸,狂嫖阔赌",嫌弃袁汪氏"粗蛮丑陋,起脱离遗弃之心"。袁锦炎日常寻衅滋事,与袁汪氏吵闹,"百般虐待",一面强迫袁汪氏回娘家,一面至袁汪氏娘家以其病危为名,让袁汪氏娘家人接回。在袁汪氏不在家时,袁锦炎娶李氏为妻。1942年3月21日,袁汪氏遂以遗弃重婚为由将其夫告诉到汉口地方法院。①

(三)家庭矛盾

家庭矛盾有时也能成为丈夫遗弃妻子很重要的因素,特别是在传统社会,由于重视宗法性,一般都不主张兄弟分家,法律上也有此规定。可是,在现实生活中,兄弟分家析产的事是十分常见的,但由此发生的家庭冲突也最多。除了分家析产外,家庭的其他矛盾也都能触发家庭成员关系的紧张。

1. 因妻有不良行为而驱逐

孝感人周玉峰,在汉口开设顺发祥山货行,与其妻周严氏、妾周文氏同居多年,开始家庭关系和睦。1941年阴历六月二十七日,周文氏乘周玉峰回乡,窃出行内货物、棉被等物品。10月19日,周玉峰因周文氏吸食鸦片,致在家发生口角,周玉峰将周文氏殴伤。21日,周严氏又将周文氏亲生儿子带回乡间,周文氏遂以周玉峰、周严氏遗弃、伤害,并请求交还其子,周玉峰亦以周文氏吸食鸦片、窃盗等由互诉到汉口地方法院检察署。② 在该案中,反映了丈夫因妾吸食鸦片以及偷盗等不良行为,二人发生了很大的冲突,最终作出将妾殴伤,将儿子隐藏的决定,使得周文氏向法院提起诉讼。

---

① 《袁锦炎妨害婚姻及家庭、遗弃》,1942年,武档藏,资料号:105-2-13025。
② 《刘增恩重婚遗弃》,1941年,武档藏,资料号:105-2-8910。

2. 丈夫以妻子不时吵闹为借口遗弃

夫妻之间发生吵闹是十分常见的事情，但是必须将其控制在一定范围之内，如果超出一定的度，小的矛盾可能演化为大的冲突。山西人刘增恩寄居汉口，以帮工为业，因前妻病故，于 1939 年 6 月 28 日聘媒周尚金，娶张叚氏为妻，依契约所载张叚氏前夫亲生父张泽春及前夫未满十岁之亲生子女二人并张叚氏本人，均由刘增恩负责赡养。然而，刘增恩心生不良，自 1940 年上半年阴历冬月以后，借口张叚氏不时向其吵闹为词，竟不归家，时间已超过半年，对于生活等开支全不顾及。张叚氏等无米为炊，负债累累，迫于无奈，于 1941 年 6 月 12 日以遗弃等情，向汉口地方法院检察署提起诉讼。①

3. 丈夫赴外地

赵秉节系李大泽之妻，1943 年 4 月 8 日，赵秉节因李大泽不欲与其一同赴南昌，自动吞服酒精，以求自尽，经送汉口市立医院诊治痊愈，由赵秉节母亲赵徐氏以遗弃罪告诉到汉口地方法院。赵秉节供称："今年二月间我得了一百块，三月间得他（指李大泽）一百块，都是彭宣全手上给把我的。因他要到江西去，我问他安置生活，他就叫我死了，我就服了酒精。"赵徐氏也称："因为李大泽要到江西去，我姑娘要同他一路去，他不准，两下就争吵，我姑娘气不过就吞的酒精，是她自己吞的。"②

4. 妻子与家人发生矛盾致使丈夫遗弃

妻子与家庭其他成员发生矛盾冲突，也能成为丈夫遗弃的理由。武昌人刘黄氏，系刘明堂之妻，因与刘明堂之弟发生争吵气愤回到娘家多日，其生母后将刘黄氏送归，遭到刘明堂的拒绝，刘黄氏于 1946 年 9 月 13 日以遗弃罪将其夫刘明堂起诉到法庭。刘黄氏供称：其于 14 岁时即嫁给刘明堂为妻，夫妻相安。7 月因割谷与夫弟刘三伢发生口角，以致殴打，其不能在家相安，只得回到娘家。住了半个月之后，其被母亲送回到婆家，刘明堂与婆婆不准其进家门，如此二

---

① 《刘增恩重婚遗弃》，1941 年，武档藏，资料号：105 - 2 - 8910。
② 《李大泽遗弃》，1942 年，武档藏，资料号：105 - 2 - 10764。

次均不收留。其母亲又请当地保甲一同送回,刘明堂一家人还是不收留,反而出言不逊,"似此欺,氏无人无地申诉",只得起诉到当地法院。①

5. 丈夫以妻子无知识而遗弃

在传统社会,婚姻重视"门当户对"的原则,男女之间各方面素质都大致相当,这也有利于家庭婚姻关系的稳定。可是近代以来,特别是民国时期,随着教育的发展,男女受教育的人数大增,有知识和没有知识的人结合成夫妻,"共同话语"就会变得很少,沟通上发生障碍,冲突也就不可避免。汉阳人鲍张氏系鲍贤生之妻,因鲍钱氏、鲍贤生等遗弃妨害婚姻等情,于1939年9月19日告诉到汉口地方法院检察厅。鲍张氏供称:"自民国二十五年九月于归鲍贤生,当时尚属相安。嗣后鲍贤生以身为中学生,家有余蓄,竟相浮华,常以民不识字为耻,弃如敝屣。婆母鲍钱氏溺爱其子,竟扬言其子系中学生,氏不能为其配偶,对氏常加打骂。"②

6. 丈夫退租房屋遗弃

宁波人何小品之妻何邵氏,二人结婚已十余年,平时夫妻感情颇好,并生有一女孩。1940年1月10日,何小品忽将住宅退租,何邵氏因无住处,遂告诉何小品虐待遗弃等情到汉口地方法院检察署。何邵氏供称:"我跟他有十年了,并生一女孩,他把我住的地方退了租,不要我回去,我当然要跟他。"③该案例反映了一件家庭中小小的事情,如果处理不好,也能成为夫妻关系紧张的导火线。

7. 恐被丈夫卖掉

汉阳人邱福堂因贫不能自给,流浪四方,做工糊口。其妻邱周氏则携其幼子寄居娘家,间或以乞讨度日。1943年6月10日,邱福堂由他乡返汉,至岳母家询问妻子下落,并打算同赴石灰窑地方做苦力以维持生活。邱周氏"以其素性浪荡,不事生产,恐被卖,遂致勃豀,

---

① 《刘明堂遗弃》,1946年,武档藏,资料号:106-2-714。
② 《鲍钱氏等遗弃》,1939年,武档藏,资料号:105-2-13542。
③ 《何小品遗弃》,1940年,武档藏,资料号:105-2-10959。

以遗弃等情诉由汉口警察第十一分局，转解到院侦查"①。邱周氏因恐怕被丈夫卖掉，"先下手为强"，主动向检察官起诉邱福堂遗弃，不能不说是婚姻生活的不幸。但是，从另一方面也反映出在国民政府时期的湖北，丈夫掌握着妻子的"生杀大权"，与传统社会不同的是，当妻子面对如此情况时，她们可以借助司法机构的力量进行阻止。

8. 丈夫抛家不顾

武昌人徐鼎民与徐蒋氏系属夫妻，生有女儿，因徐鼎民抛家不顾，徐蒋氏以遗弃等词，将其夫徐鼎民告上法院。1939年12月22日，徐蒋氏供称：与夫结婚已有十二年之久，"惟被告（指徐鼎民）生性好野游"，在外数年并未顾及家庭生活。岂知近年来，其夫仍然执迷不悟，游荡成性，"于家庭生计，固早已不加过问"。武汉沦陷后，其夫在舅家开设店中充当职员，"年余完全不为归家探亲，亦不问氏与女之生活情态"。因近来生计困难，遂以遗弃罪起诉其夫徐鼎民。② 在该案例中，徐鼎民到底为何喜欢在外，不喜欢在家，并对家中妻儿不给予照顾的原因没有交代，但是这也许就是生活的另一面。夫妻之间在一起生活，组织一个家庭，首先就应担负起同居抚养的义务和责任，徐鼎民显然没有做到这一点。

9. 家庭暴力

在国民政府时期的湖北，家庭暴力随处可见，因丈夫对妻子的虐待，进而遗弃妻子的现象是存在的。面对家庭暴力，妻子处于受害者的地位。孝感人吴刘氏系吴花子之妻，二人于1934年结婚，婚后夫妻之间矛盾常发，全家老幼师吴刘氏"眼中钉"，"动辄骂之打之"，导致吴刘氏伤痕遍体，常受虐待之苦。吴刘氏指出，吴花子性情暴毒，每次将其打后，加以驱逐，迭经亲属送归。对于此种悲惨局面，吴刘氏于1943年11月1日，以恶意遗弃之罪，将其夫吴花子告上汉口地方法院检察署，请求侦查起诉。③

---

① 《邱福堂遗弃》，1942年，武档藏，资料号：105-2-10679。
② 《徐鼎民遗弃》，1939年，武档藏，资料号：105-2-13393。
③ 《吴花子伤害遗弃》，1943年，武档藏，资料号：105-2-7788。

上文是从女性的立场观察丈夫遗弃行为的原因，感情、经济或家庭矛盾的发生都能成为丈夫遗弃妻子的理由，其中家庭矛盾是丈夫遗弃妻子最为主要的因素。通过男女不同立场的比较，可以反映出夫妻之间遗弃行为的发生原因是有很大的不同点，从女性来看，丈夫产生遗弃行为的原因各种各样，不一而足，可能是因为"有妻娶妻"，也可能是经济发生好转，或者是家庭琐事等因素所导致。然而，如果从男性立场来看，妻子发生遗弃行为的原因就简单得多。我们已经总结出来，家庭经济生活的贫困是主因，感情、家庭矛盾等因素都是次要的，因为妻子发生遗弃丈夫的行为，所考虑的就是生存下去。

第六章　离婚案件研究

婚姻关系之消灭一般要具备两种条件，一是夫妻之一方死亡，一是法律规定之离婚。① 离婚是夫妻之间婚姻关系法定解体之结果，在本章中我们考察的是离婚的过程。通过检索相关的学术研究成果，可谓是汗牛充栋，对当今至古代的离婚现象都有学者对此进行关注。由于本书研究的是国民政府时期湖北社会婚姻冲突案件，在下面我们重点考察学界有关近代社会离婚现象的研究状况。在民国时期，陈顾远、陈东原、潘光旦、费孝通、吴至信、萧鼎瑛、杨懋春、史尚宽、胡长清等学者都或多或少地对离婚问题进行过考察。② 新中国成立以后，对近代社会的婚姻问题的研究范围就更广了，参与的学者也越来越多，主要集中在史学界、社会学界、文化人类学界以及法学界等学术领域内，对于相关的理论研究也有不少学者涉及。③ 以上所举各类

---

①　参见史尚宽《亲属法论》，中国政法大学出版社2000年版，第458页；胡长清《中国民法亲属论》，第181页。

②　参见陈顾远《中国婚姻史》，上海书店1984年版；陈东原《中国妇女生活史》，上海书店1984年版；史尚宽《亲属法论》，中国政法大学出版社2000年版；胡长清《中国民法亲属论》，商务印书馆1936年版等。除了上述著作之外，在民国时期学生毕业论文和期刊报纸也有许多研究近代离婚问题的文章，如《东方杂志》《法律评论》《天津益世报》《法学新报》等，此不赘述。

③　参见严昌洪《中国近代社会风俗史》，浙江人民出版社1992年版；严昌洪《20世纪中国社会生活变迁史》，人民出版社2007年版；余华林《女性的"重塑"》，商务印书馆2009年版；张树栋、李秀领《中国婚姻家庭的嬗变》，浙江人民出版社1990年版；史凤仪《中国古代婚姻与家庭》，湖北人民出版社1987年版等，从史学的视角研究了离婚问题。肖爱树《20世纪中国婚姻制度研究》，知识产权出版社2005年版，则从制度史的路径对离婚问题作了简略的考察。潘允康《家庭社会学》，中国审计出版社2002年版；高健生、刘宁《家庭学概论》，河南人民出版社1986年版等著作从理论方面考察了婚姻关系。此外，郭松义《伦理与生活——清代的婚姻关系》，商务印书馆2000年版；王跃生《清代中期婚姻冲突透析》，社会科学文献出版社2003年版；陈鹏《中国婚姻史稿》，中华书局1990年版；伊沛霞《内闱——宋代的婚姻和妇女生活》，江苏人民出版社2004年版等书，虽然不是重点研究中国近代社会离婚问题的，但是这些著作所提供的研究方法和理论值得本书借鉴。各种论文由于数量繁多，不再举例。

著作的研究内容和特点在绪论中也有所涉及，但是我们也要有所反思。笔者认为目前对中国近现代社会离婚问题研究的最大不足，是资料挖掘方面不够深入，新资料特别是司法档案运用较少。

第一节　离婚的历史演变
——从司法制度的角度

离婚古称"仳离"，表示夫妻因婚姻关系的终结而离开。传统中国是不支持夫妻之间离婚的，早在先秦时期即已倡导婚姻的重要性，《礼记》中有："夫婚礼，万世之始业。"此外，还提倡妇女不能再嫁，要为夫守节的思想，如"信，妇德也。壹与之齐，终身不改，故夫死不嫁"[①]。之所以重视婚姻，是婚姻关乎男女双方宗族祭祀和延续后世的缘故，"昏礼者，将合二姓之好，上以事宗庙，而下以继后世也，故君子重之"[②]。虽然传统社会提倡婚姻的重要性和所谓的贞节观念，但是通观整个传统社会，离婚的现象是层出不穷的，从先秦到清代均不例外。例如，在魏晋南北朝时期，"离婚之事益多"，在唐朝时，公主离婚改嫁者，"尤例不胜举"，即使在封建伦理教化开始严密的宋代，在士大夫群体中"离婚改嫁者仍多有之"。真正开始畏惧离婚的是在明清时期，"自宋以后，循至明清，益变本加厉，视离婚为大恶。士大夫纵遇悍妻，亦惟容忍，不敢轻冒不韪，唱言离异，而妇女配恶夫，更无论矣"[③]。虽然在明清时期视离婚为丑事，但是"妻以贫或他故求离者，仍偶有之"。那么在传统社会，从司法制度的角度，离婚的历史演变有何特征呢？我们虽以法律制度作为离婚问题的观察点，其实并不忽视离婚与社会的关系，因为法律制度是社会的产物，属于社会制度的一个组成部分。

[①] 李学勤主编：《十三经注疏·礼记正义（上、中、下）》，北京大学出版社1999年版，第814页。
[②] 同上书，第1618页。
[③] 陈鹏：《中国婚姻史稿》，中华书局1990年版，第589—597页。

一　传统社会离婚的类型与原因

在瞿同祖看来，中国古代法律自汉至清并无多大的变化，其在研究中国法律与中国社会的关系时，即将汉至清的两千余年的法律作为一个整体来分析。笔者比较同意瞿同祖的研究方法，因此在考察近代及之前传统社会的离婚类型与原因时，我们将重点放在清代与近代的比较方面，因为清代有关离婚的法律规定至少和唐代是没有多大差别，但是清代的法律与近代社会就已有巨大的不同性。因此，我们主要将眼光放在清代以及近代社会的法律制度上面。

（一）"七出"

在传统社会夫妻离婚的法定因素是"七出"，即无子、淫泆、不事舅姑、多言、盗窃、妒忌、恶疾等方面，主要侧重于丈夫一方，妻子没有离婚权。然而，丈夫也不能无故行使休妻的权力，对于此种不当行为是受法律惩处的，清律规定："凡妻于七出无应出之条及于夫无义绝之状，而擅出之者，杖八十。"此外，妻子的婚姻权利在一定程度上也为法律制度所保护，即使妇女触犯"七出"的某项规定，但是具备以下三个条件，丈夫也不能与之离婚，即所谓的"三不去"。如果丈夫违背"三不去"而休妻也是为法律所禁止："虽犯七出，无子、淫泆、不事舅姑、多言、盗窃、妒忌、恶疾。有三不去，与更三年丧，前贫贱后富贵，有所娶无所归。而出之者，减二等。追还完聚。"[1] 然而，犯有奸情的妻子不在"三不去"之列，"妻犯七出之状，有三不去之理，不得辄绝。犯奸者不在此限"[2]。有时法律也对此进行灵活性处理，比如"七出"的原因之一"无子"，实际上并非所有妻子因此原因而被夫休掉的，在《唐律疏议》中已有规定："律云：'妻年五十以上无子，听立庶以长。'即是四十九以下无子，未合出之。"[3] 瞿同祖针对此指出："换而言之，妻不到绝育期是不能以无子为理而提出离异

---

[1] 田涛、郑秦点校：《大清律例》，法律出版社1998年版，第212—213页。
[2] 同上书，第214页。
[3] 长孙无忌等：《唐律疏议》，中华书局1983年版，第268页。

的。妻有此保障，很少的人到了五十以上还想和妻离婚的。"①

从清律对离婚的法律条文中可以看出，在传统社会的婚姻生活是以男性为主的，"再嫁从夫"体现了"三从四德"的伦理观念，有学者指出："中国古代之婚姻，以男为主，故离婚之主权亦属于夫，夫可去妻，妻不许自绝于夫，此说始于汉儒，后世律文亦颇袭其意。"②

传统社会的妻子在婚姻生活方面不仅受制于"夫权"，也受"父权"和"皇权"的影响，但是通过"三不去"的规定来看，表明传统社会的妻子也并非全无权利可言，只不过此种有限的个人权利是基于"情理"之上的，而不是妇女对婚姻权利个人选择的结果。从"七出"和"三不去"来看，重点并不是维护夫妻的关系，目的仍然是维护宗族利益的要求，有人指出："'七出'的七个条件无一不与家族利益相关。"③ 瞿同祖也认为："七出的条件除窃盗一项仅关系个人的失德外，其他条件无一不与家族有关。"④ 所以，传统社会夫妻之间的离婚也深深打上了宗族色彩的烙印。

(二)"义绝"

"义绝"也称法律强制夫妻离婚，是指"夫妻间因为某种事情的发生已经情义断绝，因此法律上规定这种婚约关系应当解除。如果这种婚姻关系不自动解除，国家就要强迫解除并给以惩罚"⑤。"义绝"和"七出"之间有区别，前者的离婚权在于法律，为夫妻当然离婚条件，后者的离婚权利则操于丈夫之手，"义绝则为当然离婚条件，有犯必须强制离异，其权在法律"⑥。夫妻之间任何一方如犯"义绝"，必须离婚，否则双方都要受到法律惩处，清律规定："若犯义绝，应离而不离者，亦杖八十。"⑦ 何谓"义绝"？《唐律疏议》对此有规定："义绝，谓'殴妻之祖父母、父母及杀妻外祖父母、伯叔父

---

① 瞿同祖：《中国法律与中国社会》，中华书局2003年版，第138页。
② 陈鹏：《中国婚姻史稿》，中华书局1990年版，第599页。
③ 史凤仪：《中国古代婚姻与家庭》，湖北人民出版社1987年版，第148页。
④ 瞿同祖：《中国法律与中国社会》，中华书局2003年版，第137页。
⑤ 史凤仪：《中国古代婚姻与家庭》，湖北人民出版社1987年版，第151页。
⑥ 瞿同祖：《中国法律与中国社会》，中华书局2003年版，第141页。
⑦ 田涛、郑秦点校：《大清律例》，法律出版社1998年版，第213页。

母、兄弟、姑、姊妹，若夫妻祖父母、父母、外祖父母、伯叔父母、兄弟、姑、姊妹自相杀及妻殴詈夫之祖父母、父母，杀伤夫外祖父母、伯叔父母、兄弟、姑、姊妹及与夫之缌麻以上亲，若妻母奸及欲害夫者，虽会赦，皆为义绝。'""义绝"的适用对象不仅包括已经结婚的夫妻，也包括那些尚未过门的妻子，"妻虽未入门，亦从此令"①。从此律对"义绝"的定义来看，是有关夫妻双方的，在一定程度上体现了夫妻的"平等权"，但前提仍然是以维护宗族的利益为第一。

（三）"协离"

以上两点离婚的原因属于法定因素，具有其中之一，夫妻之间能够以此法条解除婚姻关系。除此之外，夫妻之间如果因为性情等因素不能生活在一起时，可以通过协商的方式和平解除婚姻关系，即"协离"。

清律对"协离"的规定为："若夫妻不相和谐，而两愿离者，不坐。情既已离，虽强其合。"②此内容表明，夫妻双方关系不相"和谐"，双方都同意离异，则离婚是不触犯任何法律规定的，并非都是丈夫说了算。因此，上述法条反映出传统社会对于夫妻离婚的个人权利还是有所保留的，并非一味地压制，特别是对妻子婚姻权利的剥削，不是彻底毫无保留的。

除了上述三种离婚类型之外，还有"官府断离"型离婚，即官府判令离异，是指："司法衙门在处理其他案件时涉及婚姻问题一并断令离异，它类似现代的刑事附带民事判决。"该类型离婚模式主要体现在逼妻为娼、将妻典雇与人、妻之近亲属被夫强奸，或妻被夫父强奸等方面。③

以上所分析的是传统社会离婚的几个种类及原因，从男女两性的个人权利来看，离婚问题体现了传统社会男尊女卑的阶级现象，但是根

---

① 长孙无忌等：《唐律疏议》，中华书局1983年版，第267页。
② 田涛、郑秦点校：《大清律例》，法律出版社1998年版，第213页。
③ 参见史凤仪《中国古代婚姻与家庭》，湖北人民出版社1987年版，第152—153页。

源在于封建宗法性社会制度,瞿同祖指出:"与其说妻受夫的支配,离合听夫,不如说夫妻皆受家族主义或父母意志的支配。任意出妻和犯了家族规律而出妻是两件事,不应混为一谈。"① 此说较为中肯。

二 近代社会的离婚类型与原因

近代社会的离婚类型主要表现在两个方面,即协议离婚和法定离婚。近代社会的离婚制度是从晚清司法改革开始确定的,一直延续到民国时期。晚清离婚司法制度与北洋时期及国民政府时期有何不同?近代社会的离婚司法制度和传统社会有何异同?需要进一步分析。

(一)法定离婚

晚清新政改革时期,对于司法体制的变革是重中之重,以沈家本等人为首开启了近代司法变革的序曲。在晚清离婚司法制度方面,对离婚的原因有何规定?《大清民律草案》第1362条,夫妻任何一方,有下列原因,得提起离婚之诉:"一、重婚者;二、妻与人通奸者;三、夫因奸非罪被处刑者;四、彼造故谋杀害自己者;五、夫妇之一造受彼造不堪同居之虐待或重大之侮辱者;六、妻虐待夫之直系尊属或重大侮辱者;七、受夫直系尊属之虐待或重大侮辱者;八、夫妇之一造以恶意遗弃彼造者;九、夫妇之一造逾三年以上生死不明者。"② 此外,该法律对于起诉离婚后的诉讼时效、子女归属及家庭财产作了一定的说明。

北洋政府时期的民事法律有关离婚的规定与晚清时期基本一致,唯一不同的是对上述各个条款的解读有所不同,例如,如果夫妻双方在违反第一至第三款时,如果另一方当事人同意,则不能提起离婚之诉。同时夫妻一方犯有第五、六、八等款行为时,如果得到另一方的宽恕,也不能提起诉讼。《民国民律草案》第1152条规定:"夫妇之一方于彼方犯前条第一款至第三款之行为,同意在前者,不得提起离

---

① 瞿同祖:《中国法律与中国社会》,中华书局2003年版,第142页。
② 杨立新点校:《大清民律草案·民国民律草案》,吉林人民出版社2002年版,第174页。

婚之诉。除前条第四、第七、第九各款外，夫妇之一方，于彼方犯前条之行为，与以宥恕者，亦同。"①《民国民律草案》对于起诉离婚后的诉讼时效、子女归属及家庭财产作了更为详细的说明。

国民政府时期的民法在总结上述相关制度的得失之下，对离婚问题作了最为详细的规定，其对起诉离婚的法定原因归纳为十个方面，民法第1052条：

1. 重婚者；
2. 与人通奸者；
3. 夫妻之一方，受他方不堪同居之虐待者；
4. 妻对于夫之直系尊亲属为虐待或受夫之直系尊亲属之虐待，致不堪为共同生活者；
5. 夫妻之一方，以恶意遗弃他方在继续状态中；
6. 夫妻之一方意图杀害他方者；
7. 有不治之恶疾者；
8. 有重大不治之精神病者；
9. 生死不明已逾三年者；
10. 被处三年以上之徒刑或因犯不名誉之罪被处徒刑者。②

通过二者的比较可以发现几点不同之地方，首先是上述民律《草案》第二款、第三款是有关夫妻发生奸情，另一方可以提起离婚之诉，但是在国民政府时期民法则更改为"与人通奸者"，反映了法律制度的进步性，前者是对妻子的不公正对待，因为它没有论及丈夫发生通奸行为如果没有受到处罚，妻子就不能提起离婚诉讼，国民政府时期民法给予的修正。

二者最大的不同是国民政府民法增添了之前没有的规定，第七款

---

① 杨立新点校：《大清民律草案·民国民律草案》，吉林人民出版社2002年版，第357页。
② 中国法规刊行社编审委员会编：《六法全书》，《民国丛书》第3编第28册，上海书店1991年版，第92—93页。

"有不治之恶疾者"主要体现在：妨害婚姻之目的，危害对方及其子女之健康；恶疾是指麻风、花柳病等，于身体机能健康有碍；所谓不治，非绝对的不能，以医学上非可在预见的期间内期待其治愈为已足；不治之恶疾，其发生时期如何，不会有所不同。第八款"重大不治之精神病"，主要是该病足以破坏夫妻之精神上共同生活。第十款"被处三年以上之徒刑或因犯不名誉之罪被处徒刑者"，则从当事人名誉上受损为离婚之理由。[①] 主要是因为恶疾和重大不治之精神病对于夫妻情感、家庭稳定及子孙生育均会造成极大的影响，另一方有权提出离婚之诉。

（二）协议离婚

《大清民律草案》对于夫妻协议离婚的规定有以下几个方面：

> 第1359条："夫妻不相和谐而两愿离婚者，得行离婚。"
> 第1360条："前条之离婚，如男未及三十岁，或女未及二十五岁者，须经父母允许。"[②]

从该条的内容来看，比起传统社会的协议离婚还有所退步，因为它规定了男女年龄不达到一定的界限，须经父母同意才可离婚，在传统法律制度上都没有作如此之规定。

《民国民律草案》对此作了修订，去除了年龄的限制以及父母的许可：

> 第1147条规定："夫妇两愿离婚者，得行离婚。"
> 第1149条规定："两愿离婚，须呈报于户籍吏登记后，发生效力。"[③]

而国民政府民法则作如下之规定：

[①] 史尚宽：《亲属法论》，中国政法大学出版社2001年版，第482—491页。
[②] 杨立新点校：《大清民律草案·民国民律草案》，吉林人民出版社2002年版，第174页。
[③] 同上书，第356页。

第 1049 条规定:"夫妻两愿离婚者,得自行离婚,但未成年人,应得法定代理人之同意。"

第 1050 条规定:"两愿离婚,应以书面为之,并应有二人以上证人之签名。"①

对上述三者加以比较,我们会发现一个趋势,有关协议离婚,在晚清时期增加了父母的看护权,在北洋政府时期去除了父母看护权,把协议离婚的权利还给当事人。但是在国民政府时期,则在由当事人作协议离婚决定的同时,增加了对未成年人的考虑,这符合近代法律制度的发展趋势。因为未成年人属于限制行为能力之人,其民、刑等行为能力应由其法定代理人代理,否则是无效或可撤销行为。

通过传统社会和近代社会有关离婚司法制度的比较,我们会发现有很大的差别,不仅体现在民刑不分,条文、名称以及惩罚措施等方面不同,而且最大的不同是礼法理念上的区别。在传统社会有关离婚的法律条文展现了宗法制和男女不平等制,虽然在协议离婚方面有男女平等的体现,但是从总体上看男尊女卑的等级思想仍然占据主流地位。

从晚清至国民政府时期的离婚制度的演变,充分地说明立法理念一改往昔重视宗法和阶级的思想,体现了个人主义和男女平等的两大原则。在个人主义方面,近代离婚制度取消了传统社会的宗法制,确立亲属分类及亲等计算之改进,例如在离婚制度方面废除了传统社会将配偶之外,分为宗亲、外亲及妻亲的分类标准,取而代之的是"以血统及婚姻为主,而分为配偶、血亲和姻亲三类"。② 此外,近代离婚法律重视个人在婚姻生活中的独立意志,"体现了较强的个人本位主义倾向,明确将婚姻当事人的意思表示放在婚姻的首位。……所有这些都在很大程度上排斥了家族本位主义,使父母和家族对婚姻当事人的干预程度进一步弱化"③。近代离婚制度还体现了男女平等的精

---

① 中国法规刊行社编审委员会编:《六法全书》,《民国丛书》第 3 编第 28 册,上海书店 1991 年版,第 92 页。
② 杨鸿烈:《中国法律思想史》,中国政法大学出版社 2004 年版,第 306 页。
③ 肖爱树:《20 世纪中国婚姻制度研究》,知识产权出版社 2005 年版,第 160 页。

神，认为妻子具有独立的行为能力，夫妻之间有关离婚的条件都是一致的，并没有厚此薄彼。

第二节 离婚案件数据分析

笔者收集到的国民政府时期湖北离婚案件共计61例，从案件的分布情况来看，在全省各地多有发生，比起前面几章案件发生的区域面积要广很多，这与档案资料的来源有很大的关系。现就案件的分类、诉讼的结果与当事人信息等方面的考察情况，作如下分析。

一 离婚案件的时空性

（一）案件发生的时间分布

61例离婚案件发生的时间跨度不很均衡，有的案件发生在一年之内，有的案件则跨度十多年，我们以离婚案件发生的最初年份作为依据标准，具体分布情况见表6-1：

表6-1　　　　　　　　　　离婚案件时间分布

年份	件数	讼离率（四舍五入）（%）
1936	1	2
1938	2	3
1940	1	2
1941	2	3
1946	10	16
1947	23	38
1948	22	36
合计	61	100

资料来源：湖档藏，资料号：LS7-2-6、7、9、10、11、13、23、25、27、41、43、46、54、55、60、64、67、68、69、71、84、89、90、96、103、108、110、114、121、123、124、127、130、132、138、141、154、155、158、159、168、169、173、175、180、189、192、202、203、208、215、216、217、223、226、228、230. LS7-1-1236、1260、1257、1227、1336。

表6-1反映出在国民政府时期的湖北社会,发生离婚现象最多的是国共内战时期,在抗战时期发生的离婚现象较少。表中数据并非社会离婚发生的实际件数,因为在整个湖北社会发生的离婚案件肯定多于这些数量,但是从档案收集的偶然性方面来看,该数据还是在一定程度上反映出当时社会的离婚情况。国共内战时期的湖北社会发生的离婚案件多于抗战时期,这与当时的国内局势有关,一方面,在抗战时期,湖北全省大多地区沦陷,司法机构纷纷转移他地或撤销,使得受理离婚案件的数量下降;另一方面,在国土沦陷的抗战时期,民众以抗敌和生存为第一,出现离婚案件的情况也一定减少。在解放战争时期的湖北社会,整体上处于相对稳定的状态,随着战后各级司法机构的重建,民众生活日趋稳定,离婚案件的发生也就可想而知了。因此,在湖北社会发生离婚案件比率最多的是1947年,然后依照前后年份离婚案件发生的比率依次递减。吴至信在研究民国北平离婚案时曾指出,离婚案件发生趋势的增缓与社会运动和经济发展有关,如五四运动、国内革命等运动导致离婚现象暴增,当社会经济面临"枯窘"时也会使得离婚现象增多,"所堪注意者,五四影响下之暴增现象,续后则显低落,足证思潮革命,影响难以持久,而国都迁移之影响,则显日益深刻,经济势力之操纵家庭生活,固昭昭明甚"[1]。该观点用在国民政府时期的湖北省并不完全是适合的,离婚案件发生率较高的年份恰恰是社会较为稳定的历史时期,也并非社会经济的"枯窘"阶段。

(二) 案件发生的空间分布

该空间是指离婚案件的审理地点,也即是司法机构管辖离婚诉讼当事人之地区,详细情况见表6-2:

---

[1] 李文海:《民国时期社会调查丛编·婚姻家庭卷》,福建教育出版社2005年版,第383页。

表6-2　　　　　　　　　　离婚案件区域分布

地点	数量	地点	数量	地点	数量
武昌	5	江陵	1	蒲圻	2
汉口	10	秭归	1	京山	1
汉阳	1	宜昌	3	云梦	2
蕲春	1	安陆	2	黄陂	2
麻城	1	大冶	2	宜都	1
黄梅	2	广济	1	沔阳	1
嘉鱼	2	松滋	1	礼山	1
兴山	1	孝感	2	汉川	2
天门	8	英山	1	黄安	1
浠水	1	崇阳	1	当阳	1
合计	32	合计	15	合计	14

由表6-2可见，发生离婚案件地区最多的是汉口，共计10件，其次是天门、武昌等地区，如果将汉口、武昌、汉阳三镇合为一地，武汉地区发生离婚案件的数量为16件，是湖北省发生离婚案件最多的地区，这与武汉是湖北省会有关，其经济、政治、文化、人口数量等方面的发展水平都高于省内其他地区，一些处于省内偏远的地区发生离婚案件的概率大为减少，例如恩施、十堰等省内地区发生离婚的现象就更少了。吴至信针对离婚区域的研究指出离婚讼案的发生地区："乃人口密度高、壮丁分配多、性比例最不平均、男性不夜归者众、违警事件最常有之区域。"① 该观点对于上表同样适用。

二　离婚案件审理分类

国民政府时期在司法审判方面确立的是"三级三审制"，即在首都南京设立最高法院，各省设立高等法院一个，各县或市设立地方法院（司法处）。湖北省于1927年冬设立湖北高等法院，后于一些重要

---

① 李文海：《民国时期社会调查丛编·婚姻家庭卷》，福建教育出版社2005年版，第385页。

地市设立了六所分院,但是由于多数县市财政困难,成立地方法院的数量较少,"至1936年7月,全省71县、市仅建立16个地方法院"。抗战时期,湖北省在沦陷区设立了三个巡回审判法院。抗战胜利后至1946年12月,"全省有高等法院分院6所,直属法院1所,地方法院28所,县司法处43所"①。这些司法机构体系组成了国民政府时期湖北省离婚案件审理的主要机构。

(一)离婚案件审级情况

国民政府时期湖北离婚案件一般要经过几次审理?在一审之后当事人会不会因为不服判决而上诉?这些问题需要考察,详情见表6-3:

表6-3　　　　　　　　离婚案件审级

审级	数量	百分比(%)
一审	10	16
二审	43	70
三审	6	10
和解	1	2
不详	1	2
合计	61	100

由表6-3可知,仅经过一审判决的离婚案件有10件,经过二审判决的离婚案件最多,合计43件,最终经过最高判决的三审的离婚案件有6件,二、三审案件合计49件,反映了当时的离婚案件当事人普遍对第一审判决结果不满意,通常会通过上诉等方式在经过第二、三审判决后才会接受离婚审判的事实,不管结果是判离婚还是不离婚。其中和解离婚是指离婚当事人在法院的主导下协议离婚,这和夫妻"两愿离婚"的方式有所不同,民法第1049条规定:"夫妻两愿离婚者,得自行离婚,但未成年人,应得法定代理人之同意。"第

---

① 湖北省地方志编纂委员会:《湖北省志》(司法),湖北人民出版社1998年版,第56—58页。

1050条对此又进行了补充:"两愿离婚,应以书面为之,并应有二人以上之证人之签名。"① 可见,协议离婚只需夫妻二人自愿同意即可离婚,并有二人以上之证明。而在法院主导下的和解离婚则是指夫妻双方本打算经过司法途径离婚,后在法院的调解下,夫妻双方通过和解而结束夫妻关系的一种形式,二者在本质上是相同的。例如1946年天门人陈香二和聂海二因离婚事件打起官司,后来在法院调解下两愿离婚,和解内容如下:

湖北高等法院民事和解笔录,三十六年度上字263号
上诉人陈香二,住天门西庙嘴
被上诉人聂海二,住天门石东乡
右当事人间请求撤销婚姻上诉事件经本院和解两愿离异,并约定条件如左:

1. 和解之内容,上诉人陈香二于收受本院和解笔录之翌日起二月内,向被上诉人聂海二付给法币一百三十万元,计分三次给付,第一、二两次各给付四十万元,第三次给付五十万元,否则被上诉人得据此笔录申请执行,此系两造同意,决不反悔。
2. 和解之关系人,上诉人陈香二、被上诉人聂海二。
3. 和解之年月日,民国三十六年十月十九日。②

从该和解笔录观察,离婚当事人之所以选择诉讼的形式是因为经过和平方式解决婚姻问题走不通,才选择打官司的方式离婚。离婚一方面是为了结束一段不满意的婚姻生活,另一方面也需要寻求一定的经济补偿,特别是对于女方当事人来说。因此,本案在法院的主导下,双方当事人达成和解,即不必再通过司法诉讼进行解决了。

---

① 中国法规刊行社编审委员会编:《六法全书》,《民国丛书》第3编第28册,上海书店1991年版,第92页。
② 《湖北省高等法院对天门县地方法院审理陈香二、聂海二离婚案之上诉案的判决》,1946年,湖档藏,资料号:LS7-2-123。

（二）离婚案件判决结果情况

离婚案件的审理过程在上表中已经给予说明，有的离婚案件需要经过三审才能最终结束，但是有很多离婚案例在审理判决方面并不一致，前后审判决结果不同。除了和解和不详的两例案件之外，我们以经过审判的59件案件为准，将其审判结果统计出来，见表6-4：

表6-4　　　　　　　　　　离婚案件判决结果

判决结果	数量	百分比（%）
离婚	13	21
不准离婚	43	73
撤回上诉	1	2
撤销婚姻关系	1	2
脱离同居关系	1	2
合计	59	100

在表6-4经过审判程序的59件离婚案件中，准予当事人离婚的案件有13件，不准当事人离婚的案件最多，合计43件，占整个数量的73%，其他判决结果的合计有3件。这反映出在国民政府时期的湖北社会，大部分通过司法途径结束婚姻关系的原告都没有取得成功，离婚诉讼以失败而告终，至于离婚的原因下文再进行详细分析。现在将撤回上诉等4件离婚案件的审理结果加以考察。

其一，撤回上诉案。1946年陈卫氏与陈本发因离婚而起诉讼，汉口地方法院在第一审判决中作出二人离婚的判决结果，陈本发因不服判决而上诉，当年8月20日湖北高等法院经过审理后作出了"原判决废弃并移送有管辖权之黄陂地方法院审理"的结果，主要依据的理由是当事人陈本发原籍黄陂，汉口地方法院无权审理，民事诉讼法第564条早已明确规定："婚姻无效或撤销婚姻与确认婚姻成立或不成立及离婚或夫妻同居之诉专属夫之住所地或其死亡时住所地之法院管辖。"[①] 因此，陈卫氏和陈本发二人当时虽然因为做生意而住在汉

---

① 蔡鸿源：《民国法规集成》第65册，黄山书社1999年版，第206页。

口，但是其丈夫陈本发籍贯黄陂，陈卫氏提出离婚诉讼必须向黄陂地方法院申请，而不是诉讼到汉口地方法院。陈卫氏因不满湖北省高院的第二审判决结果，遂向最高法院提出了三审上诉，1947年10月18日最高法院作出了"上诉驳回"的判决结果，主要理由如下：

> 本件上诉人之夫即被上诉人籍隶黄陂县，其住所亦在该县，既为上诉人所不争，而被上诉人距在汉口营业，并未有设定住所之意思，亦经原判决予以阐明。是上诉人提起本件离婚之诉，依民事诉讼法第564条第一项之规定，自应以被上诉人住所地之黄陂地方法院为其管辖法院，从而原审以上诉人向汉口地方法院起诉显与上开规定有违，爰废弃第一审判决，并依同法第449条第二项将本件移送于有管辖权之黄陂地方法院自无不合。兹上诉人徒以被上诉人在黄陂并无房屋田产，住居汉口已久即为设定住所于汉口等空言指摘，原判决为不当请求废弃，不能谓为有理由。①

本案陈卫氏上诉被驳回，主要原因仅是没有向其夫陈本发原籍法院提出而导致，从而使得二人离婚案件无法进行下去。

其二，撤销婚姻关系案。1947年宜昌人关寅年以解除婚姻关系为由将王士强诉讼到当地法院，原告关寅年声称："原告在襁褓时经舅父黄传明、姨夫王文明私串原告母亲关黄氏，许字与被告王士强为婚，原告成年时因知婚书未经原告与生父同意，特于去岁腊月曾状请解除婚约，因王士强不案以致调解未成。讵意本年古七月初四日晨，王士强统率多人来家先捆原告父亲关培柱，随抢原告家有财物，后复捆原告至王家，声言不允结婚即不松捆。旋经原告交付王黄氏金镯卖付作头与王士强，为结婚之质品，始得松捆。原告现虽逃出，但被告既先蒙哄订婚，复此胁迫成婚，应请判令与被告解除婚姻，并令王黄氏返还原告金镯。"

---

① 《湖北省高等法院对汉口地方法院审理陈卫氏、陈本发离婚案之上诉案的判决》，1946年，湖档藏，资料号：LS7-2-124。

第六章 离婚案件研究

针对原告的声明，被告王士强辩称"原告与其父亲关培柱久嫌被告家贫，致私另许汤姓为婚，是期本年古七月初六完婚。事为媒人黄传明探知，并转报被告后，乃由被告先于是月初四雇人接抬寅年完娶，确无捆抢情事，有地邻保甲可证。原告前经检察官谕令交保，令不能任其再配汤姓，请求驳回其诉。"

从原、被告的供词中，大致了解到二人争论的核心是原告认为被告强娶，欺诈和胁迫原告与之成婚，而被告则对此控告加以否认，认为是原告及其父亲嫌弃被告家贫另许他人。宜昌地方法院是如何审理呢？10月29日，该法院作出了"原告之诉驳回"的判决结果，理由有三点：一是原告与被告所订之婚约为有效；二是二人结婚举行仪式，是有效婚姻；三是原告并没有受到被告的欺诈与胁迫，"被告用轿往接原告完婚，前后既无对原告有诈欺或胁迫情事，则兹原告遂尔诉请解除婚姻要难照准"。一审判决二人婚姻关系不能解除之后，原告不服判罚提起上诉。

12月25日湖北高等法院作出了和一审判罚相反的结果，判决结果为"原判决废弃，上诉人与被上诉人之婚姻准予撤销"。高院指出二人之婚约为不争之事实，所争论者是被上诉人王士强是否强娶关寅年一点，经过审理高院认定王士强有强娶行为，"据被上诉人本年十月十五状称'久蓄嫌贫爱富之心，复私自许汤世灿，期定七月初六，报告保甲地邻诚恐木已成舟难以挽回，始于期前七月初四乘其不备将寅年抬回完娶'等语，就此观察已足证明其有强娶行为，况经证人黄徐氏等将目击上诉人被捆情形言之历历，其为强娶尤信而有征"。此外，高院认为即使王士强没有强娶关寅年，并备轿迎接为实，但是没有到结婚之日而迎娶关寅年是不合逻辑的，"退步言之，就令备轿迎接属实，但既未订定结婚日期，而谓上诉人即遵从前往与之结婚，亦不近情故。纵有结婚事实其为出自胁迫自不待言。上诉人于胁迫终止后诉请撤销婚姻，依上述规定应予准许原审驳回上诉人在第一审之诉并命负担诉讼费用尚难谓合，上诉人申请废弃原判决为有理由"[①]。

---

① 《湖北省高等法院对宜昌县王士强、关寅年离婚案的上诉案的判决》，1948年，湖档藏，资料号：LS7－2－23。

民法第997条规定了撤销婚姻关系的内容："因被诈欺或被胁迫而结婚者，得于发见诈欺或胁迫终止后六个月内向法院请求撤销之。"① 在本案中，虽然一审认定二人婚姻关系有效，驳回原告之诉，但是二审仍然基于被告胁迫原告结婚的事实，作出了撤销二人婚姻关系的判决结果。对于同一件离婚案例，一审和二审分别作出了不同的判罚，一、二审均可以说做到了依法审判，区别在于二者对事实认定的角度不同，最终所使用的法律条文也有所不同，反映了司法机构在审理案件过程中不同的司法理念，究竟是从现实出发还是从制度文本出发作为司法实践的依据？在第一审时法院也许是从二人结婚已成事实的前提下，为了维护家庭的稳定才驳回原告之诉。然而，在第二审时，高院则是基于法律条文出发，被告所为是否触犯相关法律规定，如果是就应该进行纠正。通过此案可以看出，司法机构对案件事实的认定方面存在不同的看法。

其三，脱离同居关系案。当事人以离婚为目的诉讼到法院，但是法院在最终的审理中却认为不符合离婚规定，应以脱离同居关系看待。1947年宜昌人阎醉南以其夫向宝祖游荡成性、不务正业、虐待及偷盗等行为为由起诉当地法院，要求离婚。原告阎醉南供称："原告民国三十二年与被告同居，时起尚称相安。嗣后被告游荡成性、不务正业，经原告善言相劝，讵反触伊忿，非打即骂痛苦难述。上年古历十月被告偷牵李姓耕牛，当经失主追获，随凭刘世祥等从中解交由伊书立悔过字据事，被告在后不减恶性仍流荡在外，不顾原告生活。本年八月被告突见原告与伍阎氏担卖胡豆，即将原告抓住凶殴，被告对于原告既此虐待与仍恶意继续遗弃，应请判令脱离同居关系。"

被告向宝祖认为与原告是正式结婚并举行结婚仪式，其辩称："我是三十二年七月与她结婚的，请过六桌客。结婚后我搬出做小生意，是与他同住一起，今年七月间我去接她，她不愿意回。以后我见

---

① 中国法规刊行社编审委员会编：《六法全书》，《民国丛书》第3编第28册，上海书店1991年版，第89页。

她卖胡豆，又叫她回也不从，我还是要她跟我，请求驳回其诉。"

10月14日，宜昌地方法院作出"原告之诉驳回"的判决，理由有三点：首先被告并无虐待原告之事实；其次原告不能以被告窃盗别人耕牛为离婚之理由，因为"然核被告既经凭人树立字悔过，且未被处徒刑罪责，则兹原告主张离居实难成立"；最后是被告对原告并无恶意遗弃行为，被告屡接原告回家同居，原告不从，非被告主动遗弃。

阎醉南不服一审判决，随后向湖北省高院提出上诉。12月8日，高院作出"原判决废弃，上诉人应准许被上诉人脱离同居关系"的判决结果，其所依据的理由并非被上诉人向宝祖对上诉人阎醉南种种不法行为，而是认定二人并非具有合法的夫妻关系，是同居关系，如一方请求脱离关系，"自应无条件予以准许"。省高院进一步指出："本件上诉代理人（阎阎氏）固主张未与被上诉人正式结婚，被上诉人牵出证人向茂祖、耿介超为曾经结婚之证据方法，向茂祖亦为有利于被上诉人之证言。然被上诉人对于结婚之仪式前后所述不一致，证人耿介超尤否认介绍并证婚之事实，即向茂祖之证言显有偏袒之嫌自难采取。两造正式婚姻既无证明，仅仅同居关系，依前开说明自应无条件许其请求脱离，原审认为与离婚之规定不符，将上诉人在第一审之诉驳回并命负担诉讼费用，自难谓合。"①

该案例和上述离婚情况类似，一审和二审对于案件事实认定存在分歧，并非表示司法机关不依法审判，而是在司法实践过程中对于案件事实认定的出发点不同所致，从而表明当时的司法理念究竟是以何者为首的情况。

三 离婚案件当事人分析

对国民政府时期湖北离婚案件当事人分析，我们以经过审判并判处结果的56件离婚案件为中心进行考察，其余5件名义上是离婚案件的具体情况在上文中已经进行过考察，此处忽略。

---

① 《湖北省高等法院对宜昌县地方法院审理向宝祖、阎醉南离婚案的上诉案的判决》，1948年，湖档藏，资料号：LS7-2-25。

(一) 当事人年龄情况

在56件离婚案件中，当事人男女各56位，合计112人，其结婚年龄情况见表6-5：

表6-5　　　　　　　　　离婚案件当事人结婚年龄

结婚年龄	夫	妻	合计
20岁以下	10	16	26
20—25岁	12	13	25
26—30岁	1	人数不明	1
31—35岁	4	人数不明	4
36—40岁	1	人数不明	1
总计	28	29	57

从表6-5看，夫妻双方结婚年龄在25岁以前为最多，妻子数量大于丈夫，26岁以上结婚者，丈夫数多于妻子，反映了女性结婚年龄普遍较早的现象。下面观察一下夫妻结婚年龄差，见表6-6：

表6-6　　　　　　　　　离婚案件当事人结婚年龄比较

夫妻同年		6
夫大于妻	1—5岁	11
	6—10岁	3
	10岁以上	3
妻大于夫	1—4岁	6
总计		29

表6-6反映出，在29对夫妻结婚年龄差中，以丈夫年龄大于妻子为主，共有17对，夫妻同龄和妻年龄大于夫一样多，共有6对。其中丈夫年龄以大于妻子5岁为大多数，妻子年龄大于丈夫年龄则在1—4岁之间，其中妻子大于丈夫1岁最多，有3对。从而看出在国民政府时期的湖北社会，男女结婚年龄上仍以男大女为主，妻大于夫的

· 204 ·

年龄通常小于 5 岁，同龄夫妻也有一定比例。下面考察一下夫妻离婚诉讼年龄分布情况，见表 6-7：

表 6-7　　　　　　　　离婚案件夫妻离婚诉讼年龄

诉讼年龄	夫	妻	合计
20 岁以下	2	1	3
20—25 岁	12	18	30
26—30 岁	7	9	16
31—35 岁	6	2	8
36—40 岁	1	1	2
41—45 岁	2	2	4
46—50 岁	1	人数不明	1
50 岁以上	1	人数不明	1
总计	32	33	65

夫妻离婚诉讼时年龄情况如表 6-7 所示，在丈夫方面来看，以 20—25 岁区间最多，在妻子方面来看，也同样以该区间为最多，和结婚年龄表相比，反映了夫妻之间婚后很短的时间内即发生离婚纠纷。在丈夫方面，35 岁之前发生离婚纠纷的人数最多，而妻子方面在 30 岁之前为最多。那么，夫妻婚后多少年最容易发生离婚纠纷？我们考察一下夫妻结婚年数即可，见表 6-8：

表 6-8　　　　　　　　离婚案件当事人夫妻结婚年数

夫妻结婚年数	数量
1—5 年	15
6—10 年	10
11—15 年	5
15 年以上	4
总计	34

表6-8反映出夫妻结婚5年以内发生离婚纠纷的可能性最大，随后以每5年的区间而递减，其中婚后10年以内发生离婚纠纷占最多数，占比约为74%，由此可见，传统俗语"七年之痒"是存在一定合理性的。

（二）当事人职业、籍贯与子女情况

在56件离婚案件中，我们分别从夫妻双方出发，考察了他们各自的职业情况，仅以当事人自己交代的为主，没有交代的不作推测，仍以"四民"分类为标准，见表6-9：

表6-9　　　　　　离婚案件当事人男方职业情况

分类	名称	数量
士	公务员、县参会秘书	2
	水电公司职员	1
	报纸编辑	1
农	种田	12
工	帮工	1
商	商、裁缝、扎扫帚	7
总计		24

表6-10　　　　　　离婚案件当事人女方职业情况

分类	名称	数量
士	教师	1
农	种田	8
工	佣工、纱厂工人	2
商	商	2
总计		13

从表6-9、6-10中，我们发现夫妻共同从事农业的人数占最多，其次是从事商业买卖的，具有知识文化从事公务员、教师等新式职业的人数较少。由此可知，在国民政府时期的湖北，民众仍以

务农为主要职业，即使从事商业买卖，也多是小商小贩之类的工作。从男女职业对比来看，反映出在民国时期妇女受教育的机会仍然大大少于男性，因为妇女从事新式职业的比例最少。虽然上述统计结果只是56件离婚案件中一小部分当事人的职业情况，虽然其余的当事人职业情况不明，我们不能妄加推测，但是从他们的居住地点大概也能知道他们从事的职业选择，从上述表中所占比例最多的是农业人口也可以猜测出来，农民出身的夫妻是国民政府时期湖北离婚案件的主要构成人员。萧鼎瑛对民国时期成都离婚案件的分析后主要得出三点结论：一是女子职业在中国尚未普遍，所以女子家居而无业者较多；二是离婚案件中农民出身的较少，离婚率在都市者高于农村；三是离婚最多者是军、商两职业，因其流动性较大，与外界接触机会较多，致家庭组织易趋动摇。[1] 该三点结论和上表相比，仅有第一点和本书结论较为接近，其余两点则相差太远，这和双方统计离婚案件的区域不同有关。其以大都市成都为中心考察，笔者以整个湖北省为考察对象，得出的结论自然会有所差异，但是萧鼎瑛仅以都市离婚案件为考察对象，对于全省或全国的离婚情况则无法推而广之。

在离婚案件当事人的籍贯方面，和前面几章相比，我们对离婚案件的考察范围较广，在56件离婚案件中仅有一人是来自外省的，其余当事人均是湖北本省人士，反映了在离婚纠纷事件中当事人的流动性仅仅局限在本省之内，和外省的联系较少。针对56件离婚案件当事人的子女情况，我们统计出有10对夫妻有子女，确定没有子女的有8对，其余38对夫妻子女情况不详，反映出子女在夫妻离婚纠纷中并不处于很重要的地位。在下文对离婚的原因分析中，我们会发现夫妻离婚所考虑最多的仍然是自身的感受，与子女联系并不多，也许离婚夫妻之间就没有生育有子女，因为档案没有交代，只能靠我们的猜测了。

---

[1] 李文海：《民国时期社会调查丛编·婚姻家庭卷》，福建教育出版社2005年版，第423页。

第三节　离婚原因分析

在对离婚原因的分析方面，我们仍以56件离婚档案为中心考察，首先观察一下主动离婚者的性别，这有助于我们理解夫妻各方提出离婚的原因有何异同点。丈夫主动提出离婚者合计有5人，其余51人提出离婚者则全部为妻子一方。和传统社会相比，妻子离婚自由权利大大增加，这是多种因素作用的结果，其中近代社会妇女运动的高涨功不可没，有人指出："妇女解放问题对于婚姻方面也有充分自由的要求，因此许多被专制婚姻所压迫的妇女也都起来奋斗。同时又因妇女在政治上、经济上、法律上、教育上渐渐得到平等的地位，离婚的事乃愈见增加。"① 然而，有的学者却对此观点表示了否定："且在今日社会中，实尚无充分之机会俾人人得而自立。是以今日之夫妻讼离，绝不能视为夫与妻间个人之事，实彼等整个家庭失睦之反映。"② 至于国民政府时期湖北社会离婚原因的情况到底如何，下面我们将进行详细分析。

一　男方提出离婚之原因

在前文我们已经交代法定离婚的十种原因，除此之外的任何原因都不能作为法定离婚的条件，对于夫妻双方均是如此。我们先从丈夫的角度观察离婚原因，在5件丈夫起诉妻子离婚的案件中，原因主要有以下四个方面：

（一）以妻子与他人通奸为由离婚

夫妻任何一方与他人通奸是触犯刑法的，也是夫妻离婚的一个原因。如1946年礼山县的张伯华以其妻张陈氏与人通奸生子为由，诉请离婚。佃户陈木清作为证人也供称，1942年5月曾见张陈氏与人

---

① 沈登杰、陈文杰：《中国离婚问题研究》，《东方杂志》第32卷第13号，第314页。
② 李文海：《民国时期社会调查丛编·婚姻家庭卷》，福建教育出版社2005年版，第394页。

第六章 离婚案件研究

通奸一次。当地法院以证据不足驳回其诉。①

住在汉口的喻德滋,原籍汉川,1936年以其妻喻胡氏与他人通奸为由向汉口地方法院提起诉讼,但因汉口法院无管辖权,裁定其诉驳回,转送原籍汉川县政府司法处审理。喻德滋不服裁定,向湖北省高院抗告,亦遭遇同样对待,无奈之下只得向汉川司法处提起诉讼,供称:"民妻胡氏与人通奸,业经汉口地方法院及高等法院先后认定判处罪刑确定在案,民以妻与人通奸罪刑既经确定,曾向汉口地方法院提起离婚之诉,讵汉院谓民原籍汉川应向汉川县政府起诉裁定,将民之诉驳回,民奉到裁定后曾抗告于湖北高等法院,不料高院亦以离婚之诉应专属夫之住地法院管辖,又将民之抗告驳回。"喻德滋向法院提起离婚诉讼依法应向其原籍司法机构申请,汉口法院和省高院驳回其离婚之诉于法是符合的。

此前,喻德滋与其妻喻胡氏早在1933年时即因故分居,不久喻胡氏与吕保廷姘居被喻德滋捉奸在床,同时向汉口地方法院刑事庭起诉。1935年12月23日汉口地方法院认定喻胡氏与吕保廷通奸是实,判处其有期徒刑四个月缓刑三年执行的结果。因此,汉川县司法处受理喻德滋离婚起诉后,于1936年10月24日判决二人离婚,理由是:"原告之妻喻胡氏与人通奸,既经原告提出汉口地方法院及湖北高等法院判定喻胡氏与人通奸罪刑之判决书以资证明,自属证据确凿,是原告执此以提起离婚之诉,请求判决于妻喻胡氏离异……自应照准。"②

上述两个离婚事例,均是丈夫以妻与人通奸为由,向法院提起离婚诉讼,这符合离婚的法律规定,虽然经过审理法院可能判处夫妻离婚或者不离婚,但是通奸行为是夫妻离婚的一个法定条件,夫妻婚姻权利受法律保护。

---

① 《湖北省高等法院对礼山县司法处呈张伯华、陈大毛离婚上诉案的判决》,1947年,湖档藏,资料号:LS7-2-139。
② 《湖北省高等法院对汉川地方法院审理喻胡氏、喻德滋离婚案的上诉案的判决》,1937年,湖档藏,资料号:LS7-2-159。

(二) 以妻子杀害丈夫为由离婚

黄安县人黄王氏系黄流银之妻，1944年阴历十二月，黄王氏曾向当地新四军报告其夫为国民政府工作人员，黄流银差点被新四军枪毙，后黄流银向当地司法处以谋杀罪起诉黄王氏，黄安县司法处经过审理后判处黄王氏有期徒刑三个月。黄王氏不服判决申请上诉，湖北省高院于1947年元月作出了"黄王氏免诉"的判决，主要理由是因为黄王氏杀人犯罪行为发生在1946年12月31日之前，符合国民政府大赦令的规定，因而废弃一审判决，黄王氏无罪。1948年，黄流银以其妻黄王氏意图杀害为由申请离婚，其诉称："原告（黄流银）于民国二十四年续娶被告为室，即不与原告同居，而被告于民国三十三年旧历腊月向新四军报告原告为政府工作人员，意图杀害。经原告向第一、二两审判决有案，应请判令与被告离异。"被告黄王氏则辩称："被告并无谋杀原告之事，原告并不要被告回他家去。"

1948年7月29日，黄安县司法处作出了"原告之诉驳回"的判决结果，理由是"被告既经大赦，其犯罪事实已不存在，要不能据为请求离异之原因。"对此判罚，黄流银不服提起上诉，湖北高等法院经过审理后指出一审判罚有不当之处，指出："原判决既认定被上诉人意图杀害上诉人属实，乃以案经大赦其犯罪事实已不存在，不能据以为请求离婚之原因，依照上开说明于法未免误会。"但是高院审理后仍然认定黄流银上诉理由不成立，驳回其离婚之诉，依据理由并非黄王氏所犯罪行已消除，而是黄流银离婚诉讼已过时效，理由是根据民法第1055条规定，该内容是："对于第1052条第6款及第10款之情事，有请求权之一方，自知悉后已逾一年或自其情事发生后已逾五年者，不得请求离婚。"[①] 黄王氏于1944年阴历十二月意图杀害其夫黄流银，如果黄流银起诉离婚，加上战争的因素，最迟必须于1947年4月1日前向当地司法机构提起离婚诉讼。而黄流银显然错过此诉讼时期，其离婚之诉于法不合，"上诉人自认系于民国三十三年农历

---

① 中国法规刊行社编审委员会编：《六法全书》，《民国丛书》第3编第28册，上海书店1991年版，第93页。

十二月二十七日知悉被上诉人有意图加害之情事，乃迟至民国三十六年四月一日始于原审提起离婚之诉，显已逾上开法定期间，即为法所不许。原审判决依其理由虽属不当，然其结果尚无不合，上诉论旨仍应认为无理由"①。

（三）妻子殴打虐待夫方亲属

宜昌人钟焕然声明与其妻刘玉梅脱离夫妻关系，于1948年8月向宜昌地方法院提起诉讼，其状称："原告与被告自二十七年同居后，伊性悍泼不改，曾前逐婆母外居，仇视胞兄，若路人稍不惯逐其意，随即出言谩骂，举手殴打原告在家，规劝从未服理。至对原告由外汇回之款，全私转寄娘家，致使母兄生活受尽艰苦。关于烹茶煮饭等家务被告既不操理，并谓婆母所做菜饭不合其味。本年古六月十七日，被告手持劈柴殴伤老母手膀手背及左膀等二处，伤痕与击伤长口以口等情事，既有高宏钧等见证，复经诉请检察官验填伤单在案，皆系被告不安于室之确证，应请判令准予离婚。"该状词反映了钟焕然之妻刘玉梅不安于室的种种不法之事，与丈夫、婆母、胞兄、邻里等均关系恶化，特别是对其婆母的殴打，更令钟焕然无法容忍。

针对钟焕然之供称，刘玉梅辩解道："被告与原告举行结婚实系在二十五年三月二十四日事，不独有原媒胡回其等可证，且有庚书为见。二十九年同在来凤饭店旅伴，转经湘省贸易中婆母亦在同居，并未远离。如果被告悍泼成性，何能相安十二年之久？又何能生育子女六人之多？原告由外汇回之款，向系婆母完收，被告从未过问，至其谓被告有殴打伤母子等语，纯系捏词胜诉，请求驳回原告之诉。"从该辩称中，刘玉梅对其夫钟焕然之控告均一一反驳，并不承认对家人有不良行为。

宜昌地方法院经过审理后，支持原告之诉，驳回被告辩称，于1948年9月11日判决"两造准予离异"的结果，指出被告与原告自结婚后，"果非素为悍泼成性，绝无如原告述其对于婆母忤逆不孝，

---

① 《湖北省高等法院对黄安县司法处呈黄流银、黄王氏离婚上诉》，1948年，湖档藏，资料号：LS7-2-168。

对其胞兄不恭,对其子不爱及对其夫不贤情事,则何高宏钧等到案证明被告曾以木板打过婆母两伤之证言。纵令高宏钧等证言虽难凭信,第核经调原告生母钟王氏告诉被告伤痕案内所填之伤单载卷,显证被告非仅为对其尊亲属之既已虐待,益其心证其必对夫不贤,对兄不恭,对子不爱……就此观察原告之诉请令与被告离异之主张,不能谓无理由"①。法院判决结果指出,即使原告申请离婚之请求、婆母之主张、证人之言论均不属实,但是刘玉梅殴打婆母却有检察官作伤单为证据,从而证明原告所状称为事实,其离婚请求也应当给予支持,最终判定二人离婚。

(四) 不治之恶疾

不治之恶疾是夫妻离婚之一大原因,随县人谢楚明即以此为原因诉请汉口地方法院,请求与妻谢黎氏离婚,其声明:"原告与被告于民国十五年在家乡随县结婚,因原告耳聋被告常有彩凤随鸦之恨。平时不守妇道,性情暴戾,原告念比身虽婴残疾,然羞耻之心人皆有之,遂借酒自戕,被告更憎嫌致闺房之内常生勃谿。民国十六年夏两造扭殴时被告紧抓原告之肾囊,疼痛欲绝,险遭毒手,不得已愤而出走,该被告在家中把持家产,肆意横行,丑声四播。现原告任职《和平日报》编辑,设定住所于本市生成南里十一号,被告又由随县来汉,口行占据原告住所,常时争吵,并向钧院检察处诬告,实令人忍无可忍。查该被告复染有不治之梅毒恶疾,决难再与其维持婚姻关系。"谢楚明认为其妻谢黎氏性情暴戾,平时夫妻关系很不和谐,更为重要的是,认为妻子染有梅毒,才忍无可忍向法院申请离婚。对此指责,谢黎氏辩称:"说我有毒疾,我可以请求调验。"

1948年9月21日,汉口地方法院作出"原告谢楚明与被告谢黎氏离婚"的判决结果,理由是:"本件原告主张被告有不治之恶疾,被告坚不承认,并称可以调验。经本院函请协和医院检查两次,命令被告前往听候检查,被告一再无故拒绝受检,显系情虚躲避,可以推

---

① 《湖北省高等法院宜昌分院对刘玉梅、钟焕然离婚案的审理情况》,1948年,湖档藏,资料号:LS7-2-203。

定原告之主张真实。依民法第 1052 条第 7 款及三十一年上字第 3110 号判例原告之诉不能认为无理由。"[1]

上述四种原因是丈夫提出离婚之原因，只占法定离婚原因的十分之四，虽然由于案件较少不能涉及其他方面的离婚原因，但是从这几个离婚案例中，我们也能发现丈夫提出离婚之出发点，不是出于夫妻之间感情淡漠的原因，主要是对于妻子的种种不良行为之不满，例如与人通奸、家庭关系不睦、患不治之疾等。由此可见，近代中国妇女解放运动宣扬的一个重要方面即是夫妻关系是建立在感情基础之上的，没有爱情的婚姻生活是不幸福的。可是从这几个案例中我们能发现，在理论上夫妻之间肯定存在一定的感情或者爱情，可是在普通百姓的生活中这些因素并不是最重要的，和这些陌生的词汇相比，他们更关心自己家庭生活是否和谐满意，信奉的仍然是传统"夫唱妇随"的观念。

二 女方提出离婚之原因

在上文我们简单考察了夫的一方离婚原因，下面我们重点分析妻子一方提出离婚之原因，她们离婚的原因有何特点？与丈夫提出的离婚出发点有何不同？

（一）丈夫重婚

重婚行为违反一夫一妻原则，有碍家庭稳定，为法律所禁止。在前章中我们已经考察过重婚行为发生的原因及其对妻子的影响，从重婚案件的发生来看，妻子并非一味抵制丈夫的重婚行为，而是对丈夫因重婚不顾其生活不满，最终演变为离婚冲突。嘉鱼县的孔徐氏系孔继圭之妻，两人于 1937 年结婚，生有小孩，初始夫妻感情很好。自从孔继圭于 1945 年同周氏同居后，夫妻关系逐渐不和，孔徐氏以丈夫重婚为由将其告上法庭，要求离婚。原告孔徐氏称："被告重为婚姻，业经氏以刑事诉由钩处讯明判决确定有案。讵被告仍置氏于不

---

[1]《湖北省高等法院对汉口地方法院呈谢黎氏、谢楚明离婚上诉案的判决》，1948 年，湖档藏，资料号：LS7 - 2 - 216。

顾，脱离年余，夫妻恩义实以断绝，决无和谐希望。被告已与周氏重为结婚，为有过失之一方，是以诉请判允氏与被告脱离夫妻关系，并令被告照所有田产价值给予赡养费及返还氏所呈单列之嫁奁。"① 通过此声明可知，在离婚起诉之前，孔徐氏曾以刑事起诉其夫重婚罪，并经嘉鱼县司法处判罚在案。但经过一年左右的时间，其夫孔继圭没有收敛，仍与周氏同居并不顾孔徐氏之生活，才最终促使孔徐氏以丈夫重婚起诉离婚。

（二）丈夫与人通奸

民法已明确规定，夫妻一方与人通奸即可因此提起离婚之诉。大冶人陈兰芝系马文德之妻，二人结婚有十一年并生有子女，夫妻感情很好。但是陈兰芝于1947年以马文德与他人通奸为由起诉离婚，其称："原告自与结婚十一年以来，颇称和好。讵至去年古历二月间，被告与娼妓万清明恋奸同居于本县大冶饭店，双宿双飞，迄今已有年余，乃置原告于度外不顾。原告亦时常向被告洽商生活费用，不但丝毫不给，反动辄殴打相加。本年二月间复由被告自行书立离婚字据逼离，虽未得原告同意，然显见对于原告恩义断绝无同居之可能。惟被告既与其父兄共营有三行生意，则陷于原告前途生活之危险，不能不给予相当之金额，以解困难。"从该原告声明中，发现妻子对于丈夫与人通奸并不十分在意，其只关心丈夫是否仍像以前供养她，所以在其夫殴打并逼迫其离婚时，陈兰芝并没有同意。在夫妻关系和好无望之时，陈兰芝企图以司法方式离婚，目的是强制其夫给予其一定的生活费。

对于陈兰芝之声明，被告马文德辩称其与娼妓万清明已脱离姘居关系，虽然家中经营一定的生意，但归父兄所有，自己"无力负担赡养费"。1948年7月5日大冶地方法院判处二人离婚，理由是法院在审理过程中认定被告与他人姘居逼迫原告离婚属实，被告对于原告"恩义断绝，尤属为相当之证明，原告基于此种原因提出离婚之诉，

---

① 《湖北省高等法院对嘉鱼县孔继圭、孔徐氏离婚案的上诉案的判决》，1948年，湖档藏，资料号：LS7－2－6。

自应认为有理由"。此外，作为有过失之一方，原告请求给予赡养费，不能谓无理由，被告"自应给与赡养费，至其给予额数，则应斟酌其妻之生活程度，并其夫之财力如何而定"①。

除了丈夫通奸导致的离婚案件之外，还出现丈夫逼迫妻子与人通奸使得妻子提出离婚的现象。天门人史培英以其夫李国佐逼迫其与人通奸起诉离婚，其声称："我要离婚的唯一原因，一不是嫌被上诉人穷，二不是嫌他瘫，因为他要我和李国才通奸，我不愿意，所以我要离婚。"在现实生活中，果真不是因为其夫穷并且瘫的原因导致其离婚？法院在审理后并不同意史培英的诉讼理由，其真实本意仍然是因为其夫瘫痪不能养活她为离婚理由，在一审时史培英自己供称："李国佐瘫痪，养我不活，我所以要与他离婚。"② 这句话透露出史培英离婚的真实想法，而瘫痪并非夫妻离婚之法定理由，法院在一、二审时均驳回其诉，不准二人离婚。

（三）丈夫虐待

在妻子提出离婚的各种原因中，受丈夫虐待成为其中最多的原因，虐待大多表现在身体殴打方面。天门人高银珍于 1947 年诉请与其丈夫王黑耳离婚，理由即是受夫之虐待，其状词："我与他（指其夫）是三十四年腊月二十六日结婚，三十五年正月十几的就打我。四月十几的我病了不能割麦子，他说我是害假病又打我。五月初八日，不准我走娘家，又打我。七月二十几我打脾寒，他说我不做事又打我。九月初几他说我不替他洗衣服又打我。今年闰二月二十九日他说我总是往娘家跑，不准走，用斧头背砍我。"从高银珍之申请中可以看出，王黑耳对其殴打的详细情况。在高银珍提出离婚起诉之前，即被其夫用镰刀割伤左颊，并受笞挞致两膀不能举，足踝疼肿甚剧。在法院庭审时，高银珍指出提出离婚不是因为嫌弃王黑耳家穷，而是忍受不了丈夫的殴打虐待。针对此申请，被

---

① 《湖北省高等法院对大冶地方法院审理马文德、陈兰芝离婚案的上诉案的判决》，1948 年，湖档藏，资料号：LS7-2-110。
② 《湖北省高等法院对天门县地方法院审理史培英、李国佐离婚案的上诉案的判决》，1947 年，湖档藏，资料号：LS7-2-27。

告王黑耳则辩解道，结婚开始夫妻关系初尚好合，但后来妻子高银珍竟受伊兄离间，"屡以嫌贫寻衅致时生口角"，并无毒殴情事，请求驳回其妻离婚申请。①

（四）丈夫患不治之疾

夫妻一方患有不治之恶疾为法定离婚之条件，不治之恶疾之所以成为离婚之原因，主要是"妨害婚姻之目的，危害对方及其子女之健康"。史尚宽对"不治之恶疾"作过详细解释，"不治"，是指"非绝对的不能，以医学上非可在预见的期间内期待其治愈为已足。关于此点，应依医学上之鉴定以为判断，并不以一定期间之继续为必要"。"恶疾"则指："麻风、花柳病等，于身体机能健康有碍，而为常情所厌恶之疾病，但妇女白带、残废、单纯之不育或不妊症、双目失明，均非恶疾。不能人道，是否可为离婚原因，于结婚时已存在者，为婚姻撤销之原因，结婚后始发生之不能人道，我解释及判例均为否定。"② 在国民政府时期的湖北，妻子以丈夫患有不治之恶疾而离婚，主要表现在身体残疾和患有疾病两个方面。

1. 身体残疾

身体残疾主要体现在手足出现问题，如武昌人毛腊姑于1948年起诉与夫陈永志离婚，即是因为其夫手脚畸形发展，不能行动自如所致，根源则在于陈永志因此而不能养活她。一审驳回毛腊姑离婚诉讼，毛不服判决提起上诉，12月3日湖北高院同样驳回其上诉请求，理由是："本件上诉人请求与被上诉人离婚无非以被上诉人双手不能行动自如致不能种田，且其左足又跛为理由姑无论被上诉人之手足虽畸形发展，然无碍行动，纵令残废亦难谓被上诉人有不治之恶疾，且与民法第1052条其余各款情形无一相洽，原审因而为上诉人败诉之判决，于法并无不当。"③

---

① 《湖北省高等法院对天门县王黑耳、高银珍离婚的上诉案的审理情况》，1947年，湖档藏，资料号：LS7-2-10。
② 史尚宽：《亲属法论》，中国政法大学出版社2001年版，第482—484页。
③ 《湖北省高等法院对武昌县毛腊姑、陈永志离婚案的上诉案判决》，1948年，湖档藏，资料号：LS7-2-7。

与此类似的是兴山县的王必福,其因丈夫王必全腿部患有疾病不能养活家庭,向法院提出离婚请求。法院经过一、二两审后仍认为其起诉于法不合,法定离婚条件中并无因夫妻一方患有残疾而离婚,1947年10月3日,法院指出:"查腿疾固与同条款规定之恶疾不同,倘得良医善为诊治,自可速痊,未必即成不治之疾。"① 因此,王必福以丈夫腿部患有疾病起诉离婚,是没有理由的,于法也不符合,故驳回其诉。

2. 不能人道

前文已说明不能人道如果在婚前发现,婚姻可以此撤销,如果发生在婚后则不能作为离婚之请求。天门县汪伏珍于1947年提出离婚之诉,理由是其夫刘牯忍不能人道。作为原告的汪伏珍供称结婚十年间屡遭丈夫虐待毒殴,更为重要的是其夫"又身染暗疾有亏人道",诉请判令离婚。1947年10月29日,天门地方法院驳回汪伏珍之诉,理由是:"查当事人之一方于结婚时不能人道而不能治者,他方得向法院请求撤销之,民法第995条前段定有明文。本件原告供称被告身为见花谢,就是能人道也,不能生小孩等语,核其情辞是被告并非不能人道已可概见,依照上开规定尚不得请求撤销婚姻据此以求离婚更有未合。"②

3. 患有不治之疾病

(1) 杨霉疮毒

妻子以丈夫患有不治之疾病为由提出离婚,在国民政府时期的湖北社会较为常见,因为对于"不治之恶疾"的限定,民众未必十分清楚。麻城县的袁润芝即是以其夫袁传法患有杨霉疮毒为离婚之理由,其指出袁传法身患杨霉疮毒小便烂去,迄未痊愈。一审作出驳回其诉的判决,袁润芝不服判决提起上诉,1941年2月5日二审法院仍然驳回起诉,理由是袁传法并没有患有该病,亦无毒疮疤痕,因之袁

---

① 《湖北省高等法院对兴山县王必福、王必全离婚案的上诉案的审理情况》,1948年,湖档藏,资料号:LS7-2-9。

② 《湖北省高等法院对湖北省天门县汪伏珍、刘牯忍离婚案的上诉案的判决》,1947年,湖档藏,资料号:LS7-2-41。

润芝起诉离婚没有理由可依据。"本件上诉人之夫即被上诉人袁传法，身无杨霉疮毒，亦无毒疮疤痕，业经原审命麻城县司法处检验员依法检验，取具鉴定书附卷可查。原审据此认被上诉人并未患有重大不治之恶疾与法定得以请求离婚之原因不合，因而驳回上诉人之上诉，于法并无不合。"①

（2）花柳病

花柳病也称梅毒，属于不治之恶疾，夫妻一方可以提出离婚声请，但是如果一方没有患有此病，而以此为借口离婚，法院也不会判处离婚。松滋县李刘氏系李文卿之妻，二人于1931年结婚，开始夫妻关系尚好，至1936年因生活琐事李文卿将李刘氏殴打，夫妻关系开始恶化。1947年李刘氏以其夫患有花柳病申请离婚，称："三月间我知他还有花柳病，现在我请求与他离婚。"被告李文卿则认为两人结婚十六年间并未殴打过李刘氏，两人感情极好，"不过今年六月间我患过一次白浊，现在早好了，原告请求离婚我不愿意，请将原告之诉驳回"。被告李文卿承认患病，但并非其妻所说的花柳病。因此，法院经过审理后认定原告供词不实，于12月25日作出原告之诉驳回的决定，并指出夫妻之间有矛盾实为常事，尚不能认为达到不堪同居之程度。对于原告李刘氏所控告之花柳病，经松滋县卫生院检验处医师鉴定李文卿"无花柳病情形"，被告所患之白浊也"非不治之恶疾"。②

（3）羊癫疯

孝感人焦玉兰于1948年向法院起诉离婚，其理由是丈夫孔雪患有羊癫疯，同时也有腿跛及瘫呆等现象。二人结婚前，焦玉兰并不知情，婚后希望能够治愈，但是在治疗"罔效"后，认为丈夫所患之病已成"不治之恶疾"，遂提出离婚。而被告孔雪对此指控坚决否认，其供词："被告并无羊癫疯毛病，也不痴呆，不过左腿从小就有

---

① 《湖北省高等法院麻城袁润芝与袁传德离婚》，1941年，湖档藏，资料号：LS7-1-1227。
② 《湖北省高等法院对松滋县地方法院审理李刘氏、李文卿离婚案的上诉案的判决》，1948年，湖档藏，资料号：LS7-2-67。

一点跛,但还能挑能驮,能做事,原告与被告向来夫妻感情很好。"此外,孔雪认为其妻提出离婚,主要是因为春节期间焦玉兰与其母亲发生争吵后回到娘家,屡接不归,才提出离婚。孝感地方法院在审理时认为,不仅被告不承认患有羊癫疯,而且证人孔瑞华、孔泽春、余凤皆、孔繁金等人均结称被告无其他毛病,并通过当庭观察被告面部也无病态,其陈述意见时也能井井有条,"更非痴呆可比",至于左腿略有点跛,但是"行路做事,绝无妨碍"。① 综上所述,法院于1948年10月11日驳回原告离婚之诉。

由上观察,妻子以丈夫患有不治之恶疾为由提出离婚,虽然从形式上符合法定条件,但是在实际审理中,法院并非一味支持其主张,而是在经过当事人陈述、证人做证、医院鉴定等程序进行之下,才最终作出离婚或不离的判决结果。

(五) 丈夫遗弃

夫妻之间犯有遗弃行为,不仅要受到刑罚之处罚,而且也是离婚之法定原因。汉口人张朝钧系李才善之妻,1948年张朝钧以其夫遗弃、虐待及殴伤其母等情提出离婚诉讼。然而汉口地方法院一审驳回其离婚诉讼,原因在于证据不足,张朝钧不服判决,申请上诉。8月7日,湖北高院仍然作出驳回张朝钧之诉的判决结果,理由在于:经检验没有发现张朝钧身上有伤痕,其也不能举出相关证人证明。其次,至于状告李才善遗弃,法院认为被告李才善多次去娘家接张朝钧返家,均不同意回家。对此张朝钧自己也承认"他是叫保长来接的,接我一次,我没有回去"。所以,法院认为被告并非遗弃原告,"可见上诉人逗留母家并非被上诉人故为遗弃已甚明显"。②

(六) 丈夫患有不治之精神病

前述法定离婚条件第八款即是有重大不治之精神病者,夫妻以此可以申请离婚诉讼。黄梅县吕媛英系江文焕之妻,二人于1947

---

① 《湖北省高等法院对孝感地方法院呈焦玉兰、孔雪离婚上诉案的判决》,1948年,湖档藏,资料号:LS7-2-158。
② 《湖北省高等法院对汉口地方法院呈张朝钧、李才善离婚上诉案的判决》,1948年,湖档藏,资料号:LS7-2-138。

年2月结婚，婚后一个月即提出离婚请求，理由是丈夫江文焕患有精神病。吕媛英指出其夫"患神经甚剧，喜怒无常，故此特遭毒打间，或与之理论则打益甚。"而江文焕则认为夫妻婚后关系融洽，其妻提出离婚请求是在妻子归宁后发生的，受他人教唆所致，"民于民国三十六年二月十九日娶吕媛英为妻，过门后琴瑟甚调，归宁时不知何故受伊族人教唆久往不归，去岁冬间其以遗弃向钧处告诉状云遗弃，究不知何所指证？"江文焕同时指出，家庭经济情况尚可，又身为公务员，衣食无忧，并没有患精神病，"查民自抗战后在外就军界职务历有年所，现任货物税局黄梅县公处职员，果有精神病安能久任？"[①]

（七）犯有不名誉之罪

民法有关离婚原因第十款即规定夫妻任何一方犯有三年以上之徒刑，或因犯不名誉罪处以刑罚者，他方有理由提出离婚。

1946年蒲圻人孙荣生提出离婚之原因，即是其夫杨仕海曾参加伪军，犯有不名誉罪。在国民政府时期，因为抗战之大局，对于那些参加伪军的军人战后均作出不同的惩罚，汉奸的罪名即为其中最重之处罚。对此指控，杨仕海坚决否认。一审时作出了驳回其诉的判决，孙荣生不服判决提起上诉，高院仍然作出维持原判的结果，主要原因在于对于杨仕海曾否参加伪军的事实，孙荣生不能举出任何有效的证据，因此不能仅凭原告之供词就证明杨仕海"有何不法事实"[②]。

（八）丈夫不务正业

在国民政府时期的湖北社会，传统男主外女主内的家庭模式并没有得到根本的改观，妻子仍然以丈夫养活为正常现象，如果丈夫不能达到这个条件，则妻子为了生存，可能会选择重婚、通奸甚至是离婚的道路。

武昌人胡茂英于1944年嫁给陈得海，于1947年提出离婚，指

[①]《湖北省高等法院黄冈分院审理吕媛英、江文焕离婚案的判决》，1948年，湖档藏，资料号：LS7－2－60。

[②]《湖北省高等法院对蒲圻县司法处审理孙荣生、杨仕海离婚案的上诉案的判决》，1946年，湖档藏，资料号：LS7－2－103。

出：结婚后不逾一月即被夫兄逐出，而陈得海做生意又屡次失败，日常生活全靠其维持。近来陈得海向其索取三十万元脱离夫妻关系，同时又将陪嫁衣服窃去变卖，"似此不务正业实难相依到老，应请判准离婚"。而陈得海则辩称，二人结婚后，胡茂英于其出外做生意时日夜不归，有外遇行为，其以夫妻情谊关系没有加以管束，对于胡茂英突然提出离婚要求，不能接受。而武昌地方法院在受理胡茂英离婚诉讼之后，认定原告之诉不够离婚条件，于4月23日作出将其诉驳回的判决结果，理由在于"本件原告对于被告据以请求离婚之理由，不外是被告小贸失败，做工不力，以及变卖其陪嫁衣服及向之索取钱款三十万元，不能相依偕老而已。果使属实在被告亦不能构成民法第1052条所列各款之离婚要件，原告何能率请脱离夫妻关系也，据以起诉实无理由，应予驳回"。[1]

从此案中可以看出，妻子因丈夫"不争气"提出离婚，多半是出于意气用事，法院在审理此类案件时，并没有一味迎合原告之诉，反而以不符合法定离婚条件来对待。实际上在日常生活中，如果夫妻之间仅仅因为生活不如意而离婚，那么社会和家庭也会处于不稳定的状态。

上文是对妻子离婚的原因进行分析的结果，通过和丈夫提出离婚的原因相比，是有很多不同之处的。首先是数量上看，妻子提出离婚之数远大于丈夫，一方面说明近代社会妇女权利的提升，在传统社会妻子只懂得"相夫教子"，不知有个人幸福。近代社会随着西方自由平等思潮的输入，个人主义开始不断发展，民国时人指出："最近一般人对于个人之意义与其所处之地位渐渐认识，使自许心和自利心得以充分的发展，以个人之欲望，妄想与性格作行为的标准，同时礼教的拘束力，也日渐消失其地位，是离婚率的增加，成为当然的结果。"[2] 另一方面也说明了妻子在家庭生活中仍然处于相对弱势的地

---

[1]《湖北省高等法院对武昌地方法院审理胡茂英、陈得海离婚案的上诉案的判决》，1947年，湖档LS7-2-84。

[2] 沈登杰、陈文杰：《中国离婚问题之研究》，《东方杂志》第32卷第13号，第316页。

位，如果她们生活得很幸福和满意，绝不会与丈夫离婚。恰恰是因为丈夫的种种不良行为，致使她们无奈之下提出离婚诉讼。

其次从离婚的原因来看，在丈夫一方因为案例较少不好得出结论，但在妻子一方则因不堪丈夫虐待而离婚者为数最多，其中又以家庭暴力为常见现象，萧鼎瑛在研究成都离婚原因时曾指出："诸原因之中最大的为虐待，次为重婚，至于因对方有疾病，或经济压迫而离异者，其数较少。"① 该观点也较符合本书的历史事实。对离婚案件的考察最重要的就是对其原因的分析，但是具体到每一个案例，其离婚原因都不是单一的，虽然笔者按类别进行阐述，并不表示夫妻离婚的原因仅仅是一种因素促使的，往往相反，离婚是多种因素合力作用的结果。上文对于离婚原因的分析是以法定离婚原因为准的，吴至信在研究北京离婚原因时曾指出，除了离婚之法律原因外，更为重要的是探讨离婚的"真正原因或自然的原因"，"唯此种真正原因之寻求，殊为不易，或当事人不愿说，说而不详，甚或当事者尚不自知，亦非绝无之事"。② 笔者比较赞同其看法，只有这样才能更为深入地探讨离婚的真实因素。

---

① 李文海：《民国时期社会调查丛编·婚姻家庭卷》，福建教育出版社2005年版，第419页。

② 同上书，第386—387页。

结　　语

自古以来，夫妻之间要实现"举案齐眉""相敬如宾"的理想状态，实是一种难以达到的美好愿望。婚姻冲突作为家务事的一个组成部分，与开门"七件事"同等重要。

婚姻冲突作为一种社会现象，它不是偶然才会发生的孤立事件，而是多种因素综合作用的结果。通过对国民政府时期湖北婚姻冲突案件的分析，我们可以发现历史因素、社会环境以及夫妻当事人等多种因素，都是构成婚姻冲突体系不可分割的要件。

下面主要从国民政府时期湖北妇女的订婚权、财产权和离婚权三个方面的演变出发，进而呈现出在时代剧烈变迁的历史背景下民众婚姻生活的变与不变。

一　妇女订婚权的新趋向

有关婚约纠纷的研究有不少的成果，在第二章中我们已有所涉及，但是通过婚约纠纷考察妇女订婚权的文章则不是很多。较有代表性的是王跃生，其通过清朝刑科题本中的婚姻奸情类的档案，对清代社会妇女的订婚权作了考察。作者指出在成年人寻求配偶的过程中，父母主婚权有被忽视的现象存在，但是"法律和官方政策对父母主婚权的维护是坚定不移的。因而在民间社会，自主婚姻只能是个别人的尝试，其结果往往是不幸的"[①]。吴欣对清代再婚妇女的婚姻自主权

[①] 王跃生：《清代中期婚姻冲突透析》，社会科学文献出版社2003年版，第8、15页；王跃生：《清代中期婚姻缔结过程中的冲突考察》，《史学月刊》2001年第5期。

进行了详细的考察,认为:"妇女以失夫为代价所换取的'不嫁'与'请求再嫁'的婚姻自主权,在官、民、社会所共同营造的压力中,已变得无足轻重。"① 彭贵珍对民国时期城市中青年男女的订婚权作了较为细致的分析,指出年轻人的婚姻家庭观念发生了重大变化,但父母与子女之间的观念变迁不同步,在主婚权等问题上容易发生争执。② 那么,具体到国民政府时期的湖北情况又如何?通过婚约纠纷,订婚权在家长与女儿之间是如何博弈的?在婚约纠纷过程中男方与女方围绕订婚权是如何交涉的?司法机构在处理婚约纠纷的过程中是不是仍像传统社会那样,对父母的主婚权进行维护?

(一)订婚权:家长与子女的博弈

例如湖北房县人欧世典,于1943年阴历冬月初六日,聘媒人窦联富、张昌国人赘胡春魁家,与其女儿胡英偶结婚,带去酒席两桌,家具、粮食等物。现将人赘凭证摘录如下:③

百年永合

立:

招赘字人胡春魁,情因天乏嗣,夫妻无依。只得夫妻二人同心商议,请凭亲房、戚族及地面绅良说只人等,愿将次女英偶招于欧世典名下为赘,以及抚养春魁夫妻二老百年归山。凭字内人等当面言明,欧世典不能抛弃,及一切种种情事发现,当凭字内人等为证。除此外,倘春魁夫妻二人,不依礼道及驱逐等等情形发现,亦凭字内人等为证。自立招赘字之后,双方百无异说,具情图意合,空口无凭,立此招赘字一纸为证,百年和好,祖德绵绵。其有春魁夫妻二人产业房屋,凭字内人等欧世典只可耕种管理,不可变卖等情。

---

① 吴欣:《清代民间社会的权利与秩序——以档案与判牍中妇女再嫁的"聘礼归属"问题为中心》,《法律史学研究》2004年第00期。
② 彭贵珍:《论民国城市社会转型中的婚姻纠纷》,《社会科学辑刊》2006年第5期。
③ 《湖北省高等法院第五分院对房县司法处呈欧世典、胡英偶婚约上诉案的判决》,1947年,湖档藏,资料号:LS7-2-209(1)。

凭证人：张长国、窦联富、胡春华、胡春瑞、胡明堂、胡春滨、欧起书、欧世君

地面保甲：李鸿山、陈维周、胡明贵

中华民国三十二年十一月初六日

该入赘凭证为司法处所认可，也为当事双方不争之事实。因此，该入赘凭证至少能够证明以下事实：

一是欧世典入赘胡家为事实，主要原因是胡家无子继嗣，"情因天乏嗣，夫妻无依"；二是胡春魁夫妻二人将女儿胡英偶许配给欧世典，"愿将次女英偶招于欧世典名下为赘"，女儿的主婚权掌握在父母手里。因为胡春魁夫妻掌握着胡英偶的订婚大权，这种代订的婚姻关系有可能会随着父母意见的改变而发生变化。后来欧世典认为女方悔约，双方发生婚约纠纷时，即认为主要责任在于女方父亲胡春魁等人。

1946年欧世典向房县司法处提起诉讼，请求被告胡英偶确认并履行婚约，在陈述理由时指出以下事实：在1944年阴历七月，胡春魁、窦联富将胡英偶送到竹山，经报告乡公所将胡英偶追回。十月间胡春魁、窦联富同胡英偶一齐都走了。1946年5月25日，房县司法处作出一审判决，支持了原告欧世典的主张，认定原告与被告双方的婚约有效，这促使了被告胡英偶的不服，并上诉湖北省高院第五分院。

1947年5月13日下午，第五分院召开公判审理，出庭的上诉人是胡英偶及其母亲胡郭氏，其父亲胡春魁"因耳聋没有来"，出庭的被上诉人仅欧世典一人。法官与各人的对话如下：

问胡英偶：你为什么上诉？

答：为我与欧世典婚约不服原审判决，请求废弃原判，解除婚约。

问：你这上诉有什么理由？

答：他三十二年冬月初六到我家的，那时我才十二岁，是我

父母代订的，他又好吃懒做，所以我不愿意。

……

问胡郭氏：你们上诉是么意思？

答：要求解除婚约。

问：是什么理由？

答：因我女儿不愿意，我也无法。

问欧世典：他们要与你解除婚约，你怎么样呀？

答：我不愿意，要求维持原判。

问：他父母代订的婚约，是没有效的呀？

答：就是婚约无效，他要返还我的东西。

……

问胡英偶：还有何话说？

答：只要解除婚约。

问胡郭氏：有何话说？

答：我无话说。

问欧世典：有何话说？

答：请维持原判，我要人。

1943年欧世典与胡英偶订婚时，双方年龄分别是20岁和12岁，男方长女方8岁。在1946年双方打第一次官司时，女方已有15岁，比起订婚时的12岁，应有一定的是非判断能力，因此才会不服一审判决进行上诉。胡英偶上诉的理由主要是婚约为父母所定，没有经过她的同意，同时男方的不良品行进一步加重女方解除婚约的意愿。对于长大成人的胡英偶来说，此时父母的意志已经无足轻重，这从其母亲无可奈何的语气中能够看出来，"因我女儿不愿意，我也无法"，该句话也间接默认了其女儿否定父母代订婚约的事实。

像胡英偶这种行为在传统社会是无法想象的，而在国民政府时期则允许发生，主要在于社会体制的不同。传统社会婚姻盛行包办制，家长的意志凌驾于子女之上，重视的是家族利益，而在国民政府时期，婚姻主张由男女当事人自行订立，体现了个人主义的趋势。本案

结　语

清楚地告诉我们，父母虽然给女儿过早订下婚约，一旦女儿长大后不予追认，父母则无计可施，双方的博弈以女儿的胜利结束。当然，在社会上仍然有很多子女走在父母包办婚姻的道路上，就如同本案的欧世典一样。可是，从胡英偶的身上可以看出，家长包办子女婚姻的这条道路，不是每个人都必须要走的。

在国民政府时期的湖北社会，通过胡英偶这个事例，即可反映出类似于她们的女性还有很多。她们多是在年幼无知的情况下被家长许配于人，一旦她们长大成人，有自己的想法，在面对不满意的婚约时，能够向司法机构申请解除，这种现象和传统社会有天壤之别。在国民政府时期的湖北社会，从胡英偶等女性身上能够看出，围绕婚约纠纷女性对订婚权已有自己的看法，虽然家长在女儿年幼时仍可擅自将其许配给他人，但是待女儿成年后，她们可借助司法的力量对此婚约表示否认。通过司法诉讼的过程，女性与家长的博弈最终会以胜利而告终，订婚权由自己把握。

（二）立场不同：男方当事人对订婚权的维护

在国民政府时期的湖北婚约纠纷中，通过司法途径，成年后的女性能够推翻家长代订的婚约，否定家长的主婚权。作为订立婚约的另一方，男方当事人对此情况是如何反应的？男方当事人是否也和女方一样，对于家长的订婚权表示否定？和女方当事人不同，在现实生活中，男方当事人对于家长的主婚权大多表示承认，认为家长代订的婚约有履行的义务。

通城县的邱金生，在五六岁时由父母做主，与孔赐荣订立婚约。邱金生成年后，向当地司法处提出不愿履行此种婚约的诉讼请求。通城县司法处于1948年3月21日上午开庭调解，法官与邱金生有如下对话：

> 问邱金生：你与孔赐荣是何年订的婚？曾否得了你的同意？
> 答：是民国二十一年订的婚，我那时只有五六岁，不懂世事，毫无意思表示，完全是由我父母包办的。
> 问：有无媒礼或聘礼？

答：是黎振华、李延凤做媒，没有聘礼。

问：此种婚约你是否愿意履行呢？

答：是我父母包办的，我现已成年，我不愿履行。

问：有无调解余地？

答：我既向钧处起诉，没有调节余地。

问：请求目的如何？

答：请求判处解除婚约。

从上述对话来看，邱金生对于父母所代订的婚约表示了强烈的不满，也没有调解的余地，目的只有一个即请求解除该婚约。和邱金生相比，孔赐荣表达了不同的看法。31日，司法处开庭进行言辞辩论，法官对孔赐通的问话如下：

问：你与邱金生是何时订的婚？

答：我只是五六岁时订的婚。

问：现在邱金生申请此种婚约系父母包办，请求解除，你的意思如何？

答：本县习惯都是小时由父母做主订婚，我不同意解除婚约。

问：假使邱金生坚决不愿履行婚约，你有无其他请求？

答：我只要人。①

孔赐荣认为与邱金生之间的婚约有效，其以当地社会习惯为依据，父母对子女的订婚权应当遵守。4月5日，通城司法处判处二人婚约无效，孔赐荣表示不服判决结果，向湖北省高院提出上诉，其在诉状中声明：

"民与邱金生在未成年时得双方家长之同意，订定婚约。既成年

---

① 《湖北省高等法院对通城县孔赐荣、邱金生确认婚约无效案的上诉案的判决》，1948年，湖档藏，资料号：LS7-2-5。

后，复经双方追认，毫无疑义，并准备今春民父由礼山归来即正式举行结婚仪式。在订婚约时，计送赤金耳环一对，压婚金银洋六十元，衣服四套，费银洋十六元，鱼肉鸡果品礼物共用银洋八十四元，酒席用银洋四十六元。在追认婚约后，复送赤金戒指一对，衣服八套，费银洋一百一十二元，鱼肉鸡果品礼物共用银洋九十四元，酒席用银洋三十四元，另有逐年年节礼物共用银洋二百二十元。乃该金生意图托骗财物，丧尽良心，竟捏造事由，蒙蔽法庭而作解除婚约之请求。查婚约得以解除应有民法第976条各款情形，民为一纯洁青年，既非残废，复无疾病，且与金生订定婚约后绝无违背婚约情事，更无其他重大事由，试观金生状'从一而终'之语，所谓从一而终者已显然表示追认此婚姻也。况民于民三十四年十月起，与金生同居已久，此种合情合理合法之婚姻，其受法律保障，毫无疑义。讵料金生不顾廉耻出尔反尔，用托骗财物之手段开破坏良善风俗之先声，而本县司法处不问理由，不究底细，听其片面之词，盲目判决，实难甘服。"

按照孔赐荣的声明内容，其与邱金生的婚约为双方家长所订。在婚约订立及女方追认后，男方的各项花费均不少。孔赐荣认为女方不履行婚约是意图"托骗财物"，从法律制度出发，认为二人订立的婚约均符合法律规定，女方也有对此婚约表示追认的证据。此外，男女双方有同居的事实，女方不履行婚约的行为，不仅有骗取财物的意图，而且也不利于社会良善风俗的教化。从该声明中可以发现，孔赐荣既对女方的道德品质和行为表示不满，也对一审结果有极大异议，请求二审撤销原判，维护其正当权利。

从邱金生和孔赐荣二人的行为和声明来看，女方对父母主婚权表达不满，而男方则认为婚约由父母所定是天经地义的事情，也符合当地风俗习惯。男方指责女方违背婚约的理由当中，没有涉及（或者故意装作不知道）订婚权应归男女个人掌握。男女双方对订婚权的态度有明显的差别，主要在于他们之间的立场不同，所考虑的事情不同而导致的。在本书所引用的60件婚约纠纷案例中，大部分是因为女方不愿履行家长代订的婚约，男方则纷纷要求女方承认婚约有效，最根本的因素在于法律制度提升并保障了女方在订婚权方面的话语权，而男方对此现象没有给予过多的关注，他们认为家长掌握子女订婚权没有任何不对。此外，在"只有剩男没有剩女"的旧社会，女方悔婚后还能够轻易再订婚约，对于处于底层、贫穷的男性来说，家长订婚约那么容易的事情就很难再出现了，使得他们极力维护家长的订婚权。

（三）变化：司法机关的取舍

婚约纠纷的发生是多种因素作用的结果，但是最终大都指向了订婚权的归属问题。在婚约纠纷进入司法审理阶段，司法机关是如何判处的？是维护传统的父母订婚权，抑或支持妇女对订婚权的主导？我们仍以上文提到的欧世典与胡英偶之间的婚约纠纷案例为中心进行考察。

1946年5月25日，房县司法处作出原告殴世典与被告胡英偶之间婚姻有效的判决结果，理由如下：

"本件经证人张昌国、殴启书等均结供：三十二年冬月初六日，原告入赘被告家，举行结婚。虽被告及其父胡春魁、姐丈窦联富一致否认，有磕头（即结婚）之事，要皆徒托空言，不若证人言之可信。是原告与被告间确有婚姻关系，则原告之请求，自属正当。再胡春魁、窦联富皆非本案婚姻主体，为当事人不适格，故不论列，并为说明。"①

胡英偶对一审判决结果表示不服，上诉湖北高等法院第五分院，后于1947年5月16日作出"原判决撤销，被上诉人（欧世典）在第一审之诉驳回"的结果，理由如下：

"查婚约应由男女当事人自行订定，民法第972条定有明文。若父母为未成年子女所订之婚约，非经男女当事人自行追认，其婚约即不能对之生效，历经最高法院著为判例。本件婚约系上诉人之父胡春魁于其女未成年时所订，依照上开说明，其婚约已难认为有效。虽被上诉人供称'三十二年冬月初六日到他家，当时磕了头的'，无论上诉人极端否认磕头情事，而证人欧起书所述'当天他们说磕头的，但是我吃酒就走了，没有看见亦不能为磕头已结婚之证明'。退步言之，纵令磕头结婚属实，但女未满十六岁，不得结婚，如结婚约违反此项

---

① 《湖北省高等法院第五分院对房县司法处呈欧世典、胡英偶婚约上诉案的判决》，1947年，湖档藏，资料号：LS7-2-209（1）。

规定者，当事人或其法定代理人得向法院请求撤销之。但当事人已达该条所定年龄或已怀胎者，不能请求撤销，此观民法第 980 条及 989 条即可了然。本件上诉人系民国二十年冬月十一日生，扣至三十二年冬月初六日结婚之时尚未满十二岁，扣至三十五年四月十一日（即废历三月初十日）起诉时，亦未满十五岁，依照上项规定亦得诉请撤销。原审竟判令两造婚约为有效，自难谓合，因之上诉人指摘原判决失当，提起上诉，即难谓为无理。"

上述两段文字为一审和二审判决所依据的法律理由，同为司法机关，针对同一例案件判决结果却大相径庭。在一审时，司法处仅依据原告相关证人的口供，即认定胡英偶与欧世典已经结婚，否定了被告等人的辩解。房县司法处在审理过程中考虑的仍然是民间习惯法，举行结婚仪式男女双方即具有夫妻关系，因此断定胡英偶与欧世典之间婚姻关系有效。然而，第五分院二审的审理依据和一审时有两点不同：一是胡英偶与欧世典之间的婚约系双方父母代订，与民法第 972 条规定不符，该婚约无效；二是即使二人举行结婚仪式，但女方年龄未满十六岁，与民法第 980、989 条不符，应予撤销。第五分院依据上述两点理由，撤销一审判决，认为二人婚姻关系无效。从而可见，国民政府时期的湖北司法机关和传统社会的行政机构的做法是不一样的，仅在订婚权方面否定了家长的权威，支持了男女特别是女方当事人的合法利益，保障了女方对自身订婚权的主导地位。胡与欧之间的婚约纠纷不仅涉及婚约订立，而且还牵扯到对婚约的追认问题，使得一审和二审的判处结果存在明显区别。如果一、二两审对婚约的订立问题均没有异议，分歧只是女方成年后是否对婚约表示了追认，从而影响了最终的判决。

从上文案例来看，在国民政府时期的湖北社会，家长为女儿代订婚约，是一种常见的现象，在家长看来这是一种理所当然的权利。和传统社会不同的是，一旦女儿长大，她们可能会因为种种原因表达对父母主婚权的不满，对此婚约表示否认。如果因此而发生婚约纠纷，不仅法律有明文规定，对家长代订婚约加以禁止，而且司法机构也能够在审理过程中给女方以支持。同时，我们也要看到这样一种事实，像上述那样对父母订婚权表示否定的女性，在湖北社会有一定的数量。然而，对家长主婚权表示承认的女性也大有人在，反映了国民政府时期的湖北社会，仍然处于历史的转型阶段，一方面，传统家长式订婚权仍然存在；另一方面，子女特别是女儿对不满意的代订婚约能够表达自己的看法，借助司法的力量对父母订婚权加以否定，将订婚权收归在自己手中。

  通过对订婚权的考察，在国民政府时期的湖北社会，妇女的订婚权有了很大的提高，能够对家长的包办式订婚说"不"。在男女双方因婚约纠纷打起官司的时候，司法机关通常能够做到依法审判，实践男女平等的司法理念。然而，在妇女订婚权方面仍然存在一定的不足，因为在社会现实生活中，传统包办式订婚习俗仍然盛行，还没有真正实现南京国民政府宣传"婚约应由男女自行订立"的目标。陈东原对此指出："'五四'以后，婚姻自由的观念，在知识阶级里似乎已经普遍化了。大多数人已经觉得没有爱情的婚姻，是不道德的。可是纯粹恋爱的结合，总还只有少数人敢去尝试。男女双方即使互相了解，有了结婚的程度，他们总还得要求家庭的同意，另外转托人来作媒，行那请庚定亲的种种手续。"① 虽然旧式的婚姻形式在近代中国还得到或多或少的延续，然而订婚自由、结婚自由等观念的传播和实现，并非仅仅局限在中国的某一特定地区或人群，订婚自由同传统社会相比还是有了很大的进步，陈东原也指出："结婚须根据爱情，并非不是多数人公认的，所以父母对于子女底婚事，已经不像从前一味固执了。"②

二 妇女婚后家庭观念与财产权观念的固守

  在传统社会里，妇女的家庭和社会地位都较男性低下，反映在财产权上，一般都没有妇女继承的机会。在"男耕女织"的农业社会里，由于生产力低下，再加上性别因素的制约，妇女们直接创造的经济收入较少。所以，男性才是"一家之主"，丈夫是妻子的"天"，因为丈夫是妻子的依靠，承担着养活妻子及家人的责任和义务，这成

---

① 陈东原：《中国妇女生活史》，上海书店1984年版，第399页。
② 同上书，第402页。

结 语

为形成"男尊女卑"制度的物质基础。

有关传统社会妇女财产权的研究成果,可以从以下几个方面简单谈一下:从史学的角度来看,陈东原以封建制度的压迫为视角考察了传统社会妇女的生活状况。陈顾远以制度史的角度考察了传统社会婚姻与家族的关系,其中涉及夫妻之间财产继承及清算问题。史凤仪也从家庭制度的层面对传统社会家庭财产的继承作了考察。李伯重的系列论文研究了明清时期江南农家妇女的劳动经济问题。毛立平则专门考察了清朝妇女的嫁妆及其引起的一系列问题。从法学的角度来看,史尚宽等人从法律制度出发对夫妻财产进行了分析。对传统社会妇女财产权进行详细考察的是白凯,他分别对女儿、寡妇、妻子和妾具有不同身份的妇女财产权作了动态的分析。滋贺秀三则对近代社会家族成员特别是妻子的特有财产给予了生动的论述。从社会学的角度看,费孝通、杨懋春等人从社会实地调查的基础上,对民国时期家庭的财产与继承问题作了实证研究。张佩国运用历史人类学的方法考察了近代江南地区妇女的家庭财产权情况。此外,一些近代来华传教士的笔下,也对近代妇女的家庭财产变化作了描述。[①] 从这些研究成果中,我们可以得出两点看法:一是对妇女的财产权主要侧重于继承方面;二是对妇女财产权与夫妻之间的婚姻冲突联系考察得较少。本部分主要目的是考察后面一点,即国民政府时期的湖北社会妇女财产权与婚姻冲突有何种联系,最终说明了什么问题。

---

① 主要参见陈东原《中国妇女生活史》,上海书店1984年版;陈顾远《中国婚姻史》,上海书店1984年版;白凯《中国的妇女与财产:960—1949》,上海书店2007年版;史凤仪《中国古代婚姻与家庭》,湖北人民出版社1987年版;李伯重《从"夫妇并作"到"男耕女织"——明清江南农家妇女劳动问题探讨之一》,《中国经济史研究》1996年第3期;李伯重《"男耕女织"与"妇女半边天"角色的形成——明清江南农家妇女劳动问题探讨之二》,《中国经济史研究》1997年第3期;毛立平《清代的嫁妆》,《清史研究》2006年第1期;史尚宽《亲属法论》,中国政法大学出版社2000年版;[日]滋贺秀三《中国家族法原理》,张建国、李力译,法律出版社2002年版;费孝通《江村经济:中国农民的生活》,商务印书馆2001年版;杨懋春《一个中国村庄——山东台头》,江苏人民出版社2001年版;张佩国《近代江南乡村地权的历史人类学研究》,上海人民出版社2002年版;[英]麦高温《中国人生活的明与暗》,时事出版社1998年版;[美]明恩溥《中国乡村生活》,时事出版社1998年版等。

(一) 依靠丈夫：妇女传统家庭观念

在传统社会，妇女的家庭观念主要体现在"三纲五常""三从四德"等伦理道德上，从夫妻关系观察，"男主外女主内"即为典型的表现，家庭日常生活的来源主要依靠丈夫供给。随着近代中国妇女运动的发展，解放妇女的呼声日益高涨，妇女的教育、婚姻、职业等问题均受到社会各界人士的关注。但是，针对妇女各种问题的根源，都指向了妇女经济地位的不独立，正所谓："妇女职业问题，要算是妇女问题的中心问题。"① 因此，对于如何提高妇女的经济地位，摆脱对丈夫的依靠，实现真正的男女平等，仁者见仁智者见智。针对于此，民国时期就有许多人士提出各种建议。李汉俊认为，女子在财权上、教育上、职业上和男子平等，并不是能使女子取得经济独立的方法，"完全是在现存私有经济制度的发生和存在"导致的，"女子要求经济独立，只有打破现在私有经济制度的一途"②。类似于上述观点，在整个近代中国层出不穷，妇女解放运动在舆论上呈现了百家争鸣的特点，进一步推动了妇女社会权利与地位的提高。

近代中国妇女解放运动在一定程度上促进了妇女观念的更新，特别在经济领域和社会事业的参与方面，近代妇女都较传统的女性有很大的改观。在第一章中我们也对近代妇女的职业情况、恋爱观念等方面作过简略的考察，就本书所分析的湖北妇女的职业情况来看，除了从事传统的农业工作之外，也有不少妇女从事商业、手工业、教师、公务员等职业。然而，从整体上分析，妇女从事的职业大多处于社会的下层行业，并且人数较少，绝大多数妇女仍然从事农业或者无业，使得她们的观念较多地保留着传统社会的家庭观念，依靠丈夫即为其中显著的一面。

国民政府对于夫妻财产作了有史以来最详细的法律规定，民法亲属编的第1004条至1048条合计44件条文，分别从"通则""法定财

---

① 中华全国妇女联合会妇女运动历史研究室：《五四时期妇女问题文选》，生活·读书·新知三联书店1981年版，第309页。
② 同上书，第306页。

产制""约定财产制"等方面对夫妻各自对财产的权利和义务进行了厘清。在男女平等司法理念的指导下，夫妻在财产收入与支配方面也具有平等的地位。如民法第 1026 条规定："家庭生活费用，夫无支付能力时，由妻就其财产之全部负担之。"第 1037 条规定："家庭生活费用，于共同财产不足负担时，妻个人亦应负责。"第 1048 条规定："夫得请求妻对于家庭生活费用，为相当之负担。"① 上述三例法律条文，明白无误地说明了一个意思，妻子也要和丈夫一样承担家庭生活开支的义务，体现了男女平等、法律平等的法治思想。马钊对此也指出：民国时期"新的立法强调夫妻双方互相负有抚养义务、共同承担家庭生活需要。……民国法律限制妇女的接受抚养的权利，并不是出于主观上对妇女的歧视，而是法律制定者认为妇女首先和首要的是应该在社会和经济上自我负责，政府的责任是培养妇女的独立意识。"然而，具体到现实生活中，与政府和社会提倡的"男女平等""相互抚养"的观念不同，妻子认为"自己在家庭中处于附属地位，日常生活完全依赖丈夫的抚养。"② 这种情况在国民政府时期的湖北社会比较常见。

例如汉阳人王刘氏，系王源太之妻，二人结婚多年。1944 年阴历十月，王刘氏背夫潜逃，与不知情的肖有全重婚。1945 年阴历十月十三日经王源太发现并扭送警察局，王源太以重婚罪将王刘氏告上法庭。1945 年 12 月 14 日下午，武昌地方法院开庭侦讯，王刘氏并不否认与王源太的夫妻关系，至于为什么背夫潜逃与肖有全重婚，王刘氏背夫潜逃与人重婚的原因，即其丈夫王源太"不给我吃我穿，他又无田无地"③，不能作为依靠对象。对王刘氏而言，她分明没有认识到夫妻互养和男女平等的价值观，她唯一认可的是谁可以作为其生活的依靠对象。虽然王刘氏向法官承认自己年轻不知道重婚罪，但仍然

---

① 中国法规刊行社编审委员会编：《六法全书》，《民国丛书》第 3 编第 28 册，上海书店 1991 年版，第 90—92 页。
② 马钊：《司法理念和社会观念：民国北平地区妇女"背夫潜逃"现象研究》，《法律史学研究》2004 年第 00 期。
③ 《王刘氏重婚》，1946 年，武档藏，资料号：106 - 2 - 134。

坚持前夫王源太提供吃穿才愿意跟他回去，深刻地彰显了王刘氏头脑中占据主导地位的仍是依靠丈夫的传统家庭观念。

同为武昌的吴郭氏系吴家钰之妻，因无生育能力，吴家钰同吴朱氏重婚。吴郭氏以丈夫吴家钰犯有重婚行为，向当地法院提起诉讼。1946年11月20日，武昌地方法院刑事法庭开庭审理，在审讯过程中，虽然吴朱氏并不承认与吴家钰举行婚礼，否认犯有重婚罪，但其承认在吴家钰已有妻室的前提下与之同居，根源在于吴家钰能够为其提供日常生活需要，能"养活"她。从这些事例中，明显能够看出在国民政府时期的湖北社会，依靠丈夫的传统家庭伦理观念在很多妇女的身上还有着形象的体现。

（二）靠山不牢：婚姻冲突发生

在社会现实生活中，正如上文中马钊所描述的那样，妻子生活贫困，丈夫无法养家糊口，妻子只得背夫潜逃，寻求他人的供养。政府法律所倡导的男女平等、共同养家的司法理念在社会上并不普遍，在许多妇女的头脑中仍然保留着传统观念，生活上"依靠丈夫"，如果丈夫不具备相应的能力，婚姻冲突将不可避免。这种情景，在国民政府时期的湖北社会也十分常见。

沔阳人陈董氏系陈古秋之妻，1949年陈董氏以遗弃罪向当地司法机关起诉其夫，其在状词中声明："氏自幼元配陈古秋，于兹三十年生育二子，现在读书均已成人。该陈古秋停妻再娶，得宠另爱，不顾氏之生活。前蒙警察第二分局讯明，命令出外调解在案。讵料陈古秋视氏一介弱女，置之不理，认调不调，迄今数月，氏生活无依，沿街求食。"陈董氏起诉其夫的重点并非陈古秋"得宠另爱"，其关注的是其夫"不顾氏之生活"。虽然经过警察局的调解，但是陈古秋并没有改变不供养陈董氏的现实。陈董氏无奈之下，向司法机构提起诉讼。4月29日，法院在侦讯过程中，法官与陈董氏有如下对话：

法官问陈董氏：年、住、职等？
答：五十岁，沔阳，住十码头。

问：陈古秋是你何人？

答：是我丈夫。

问：你现在还告他吗？

答：我现在不告他了，因他儿每月给我十元生活，可以不告他了，请求撤回告诉。

问：经谁调解。

答：是经向思寅、张德臣二位调解的。①

由此可见，陈董氏状告其夫陈古秋，根本目的是迫使其夫承担供养生活的责任。后来经人调解，儿子每个月给其十元生活费，陈董氏便请求撤回告诉，二人的婚姻冲突得到解决。

上述事例生动地展示了妻子对丈夫不能养家的抱怨，进而发生婚姻冲突。对于陈董氏来说，丈夫陈古秋不供养其日常生活。丈夫没有对妻子尽到抚养的责任。

陈董氏及其类似的国民政府时期湖北社会的女性，一方面向当地司法机构寻求解决婚姻冲突的可能，另一方面她们又保留着丈夫有抚养妻子的观念，却没有认识到新的法律已经规定，妻子也具有承担养家的职责。在这种情况下，往往是妻子对丈夫有意见，就如同马钊分析的那样："在男尊女卑的不平等家庭结构中，背夫潜逃的妇女觉得应该受到谴责的是丈夫，因为他们没有成功地扮演养家糊口的'主'的角色。……她们接受父权统治下的家庭秩序和夫权主导的男女不平等的性别结构，由此换取丈夫的抚养。"②

虽然近代中国日益受到妇女解放运动的影响，从政府到社会再到个人，妇女的观念和职业均出现了新的变化，可是具体到国民政府时期的湖北社会，情景便是另一种不同。从该时期婚姻冲突的案例情况观察，湖北妇女从事上层社会的职业人数十分稀少，大部分是从事底

---

① 《陈古秋遗弃》，1949 年，武档藏，资料号：106-2-881。

② 马钊：《司法理念和社会观念：民国北平地区妇女"背夫潜逃"现象研究》，《法律史学研究》2004 年第 00 期。

层社会的职业。与此相伴的是，在很多妇女的头脑中仍然固守着依靠丈夫这样的传统家庭伦理观念，使得她们以"男尊女卑"的形式换取丈夫的日常生活抚养。一旦丈夫由于各种原因不能担负抚养家庭的责任，她们可能会选择遗弃他们而与他人重婚或通奸，目的即是抛弃一个不能抚养她们日常生活的丈夫，进而选择另一个可以作为生活依靠的丈夫与家庭。

对于中国传统社会妇女的财产权情况，正如白凯所研究的那样，从宋朝至民国一直处于不断变化的过程之中。然而，"最终倾覆了帝制法律及其概念框架的是1929年至1930年的民国民法。根据西方个人产权的概念，民国民法采行了新的单一的财产继承法，完全取消了承祧在财产继承中的任何影响。它不再要求为无子的男性死者指定男性嗣子，也不再承认父系宗亲对死者财产有任何权利。同时，民法强调男女平等，它原则上赋予妇女与男性同等的财产继承权"[①]。可是，新式民法与传统习惯之间的冲突反映到了法庭之上，在不同程度上对妇女的财产权造成了影响，白凯指出："与新法立法者的善良愿望相对照，妇女虽然获得了某些新的权利，但她们也丧失了旧有的权利。"[②] 白凯考察的是妇女财产权中的继承权，但该观点同样适用于妇女财产权的其他方面。国民政府时期的湖北妇女在财产权方面是十分脆弱的，她们没有过多的经济收入，不仅在观念上，而且在生活上，都必须"依靠丈夫"。然而，由于丈夫不能提供养家的能力，妻子为了生存而遗弃丈夫，与他人发生重婚、通奸等婚姻冲突时，可以发现政府和法律所宣扬的"男女平等""互相抚养"等观念，并没有在社会上发挥至关重要的作用。正如马钊指出的那样："新的立法秉持男女平等原则，制定了一系列旨在保护和提高妇女社会、经济地位的条款。但是，由抚养问题引发的法律与社会现实之间的矛盾揭示出立法者要使自由和约束并存，这并不是一个性别革命的不彻底性、或者是立法改革的妥协性的象征。相反，这表明民国立法者不得不在个

---

① 白凯：《中国的妇女与财产：960—1949》，上海书店2003年版，第5页。
② 同上书，第5页。

人自由和家庭完整之间维持一种平衡。"①

三 妇女离婚权的赋予与司法秩序的矛盾

前面我们曾考察过国民政府时期湖北离婚案件的概括以及离婚的原因,然而我们还要对离婚过程中妇女的权利有何变化作一考察,即妇女离婚权在婚姻冲突的实践层面上的意义如何?也许这才是我们分析离婚冲突一个更为重要的问题。有关近代妇女离婚权的研究多是探讨其与传统妇女离婚权利的对比及其进步的体现,或者是在近代妇女离婚权提高之后所面临的一些困境,对妇女离婚权的反思或者说妇女离婚权与妇女的互动关系是如何呈现的研究还不够。②

(一)离与不离:是谁变了心

1941年汉口的徐姚氏与其夫徐传友因离婚打起官司,夫妻之间为何离婚?5月20日下午在汉口地方法院民事法庭进行调解时,法官与原告徐姚氏有下面的对话:

> 问徐姚氏:你为什么申请调解?你将申请调解的事实陈述下。
>
> 答:徐传友本是我的丈夫,因为他时常虐待我,在去年八月被伊伤害,又在本年四月将我殴打遍身成伤,经检察官提起公诉后判处有期徒刑二月,而且他又抛家不顾我的生活时常无着。
>
> 问:你们是否正式结婚?

---

① 马钊:《司法理念和社会观念:民国北平地区妇女"背夫潜逃"现象研究》,《法律史学研究》2004年第00期。

② 重点参见余华林《女性的"重塑"——民国城市妇女婚姻问题研究》第三、四章,商务印书馆2009年版;李忠芳、郭文英《试论中国妇女的离婚权》,《吉林大学社会科学学报》1987年第1期;王晓露《从离婚权看民国时期城市平民妇女地位——基于案例档案的一种分析》,《兰州商学院学报》2003年第4期;艾晶《离婚的权力与离婚的难局:民国女性离婚状况的探究》,《新疆社会科学》2006年第6期;谭志云《民国南京政府时期的妇女离婚问题——以江苏省高等法院1927—1936年民事案例为例》,《妇女研究论丛》2007年第4期;王高《20世纪20—30年代女子离婚主动权转变探微》,《中华女子学院山东分院学报》2008年第1期;等等。

答：是正式结婚。

问：你们结婚有多少年了？

答：我们结婚已有六七年了。

问：你与徐传友离婚是何理由？

答：就是因为他时常虐待不能同居，而且他又抛家不顾。

问：你与徐传友生过小孩子否？

答：生了一个小孩子，现有四五岁。

问：现在小孩子呢？

答：在家里。

问：你现在还是跟他回去同居好吗？

答：我不愿跟他同居？①

从法官与徐姚氏的对话来看，徐姚氏离婚的主要原因是丈夫徐传友不仅虐待她，而且又抛家不顾。法官基于调解以和为贵的精神，建议其与丈夫同居，毕竟二人结婚已有六七年，更为重要的是二人生有孩子，在民间社会民众信奉的是家庭的稳定，所谓"家和万事兴"，"宁拆十座庙，不破一桩婚"。然而，对于妻子徐姚氏来说离婚是铁定了心。对于妻子离婚的理由，丈夫徐传友表示反对，其与法官的对话如下：

法官问徐传友：她现要与你脱离，因为你时常虐待她，你是怎么说呢？

答：我们结婚以来并没有恶感。去年八月因为她与人通奸被我看见，所以我打了她一次，不过是警诫她。不料她今年四月又与人通奸，所以我又打她一次，如不然我怎能打她呢？现在我对于奸夫已经在钧院告了。

问：现在你们夫妻感情失了，她既然不愿与你同居，而且又与人通奸做出不名誉的事，像这种女人要她作什么呢？不如趁早

---

① 《徐传友离婚》，1941 年，武档藏，资料号：105－2－13946。

与她脱离，你的意思是怎样呢？

答：我现在并不是不维持家庭生活，又不是抛家不顾，不过是因她与人通奸打了她两次，她就要脱离。难道说我打了她就可以脱离吗？我现在一定要她跟我同居不能脱离。

推事劝谕：你要晓得现在一个女人变了心就没有办法的，譬如在从前专制时代往往有谋杀亲夫之事，这就是女人变了心，而且中国的法律没有普遍的道理，现在还是劝你与他脱离算了，免得以后又生枝样。

问：你是怎样呢？

答：我不与她脱离，一定要她同居的，因为我是一个穷人，每天白日管巷子，夜晚推车子，像我这样的维持家庭，她还不肯跟我，要与我脱离，那么我们穷人以后不要娶妻子了？假使娶了妻子要与人通奸，丈夫不能过问，若是打了还要犯伤害罪，并且妻子还要脱离，世界上哪有这种事呢？我现在不管怎样不与她脱离，要她同居就是了。

丈夫徐传友并不否认打了妻子徐姚氏，但是原因是妻子与他人通奸在前，因此而殴打妻子是没有过错的。此外，徐传友进一步指出自己是一个顾家的人，每天都在辛苦做事养家。法官在劝说徐姚氏回心转意失败之后，则力劝徐传友与妻子离婚，还特别强调对于发生通奸这样不好行为的妻子，离婚是最好的选择，并说"女人变了心就没有办法的"，要是在古代社会可能会犯有谋杀亲夫的可能性。徐传友不同意法官的劝解，虽然妻子发生通奸行为，但是不同意离婚，仍愿意与妻子同居，主要原因也许在于穷人一旦离婚，再婚的机会就很渺茫了，反映出了这个时期社会"男尊女卑"以及妻子为夫守节等传统思想的动摇，也进一步表达了民众对国民政府有关法律条文的不满。在传统社会被认为理所当然的事，在国民政府时期可能就发生了变化，妻子与人通奸，丈夫因此殴打妻子，妻子提出离婚。这种行为在传统社会是无法想象的，可是在国民政府时期却是法律所允许的。主要原因是国民政府时期法律的立法精神转向了个人主义以及男女平等，个人权利受到侵害，法律能够提供保障。

到底是谁变了心？从妻子徐姚氏来看，二人以前感情还好，后来是丈夫变了心，对其殴打虐待并不顾家。从丈夫徐传友来看，是妻子变了心，与人发生通奸行为。档案中并没有告诉我们案件审理的结果，是谁先变了心也不重要，重要的是离婚权对女性的影响力能够清楚地展示出来。面对自认为不幸福的婚姻生活，国民政府的女性被赋予提出离婚的权利，而对于不同意离婚的丈夫则是一种伤害，妇女婚姻权利的提高是不争的事实。那么妇女提出离婚的诉求目的是什么？是追求个人的自由和幸福吗？

（二）自由与生存：何者更重要

因为传统婚姻的封建性使得近代社会的民众对其大加批判，新文化运动后，社会上对离婚问题日益关注，如1922年4月的《妇女杂志》专门发表一组文章探讨离婚问题，很多人都主张"离婚愈自由愈好，只要双方觉得不可同居的时候，就应该离开"。并且离婚也得到当时青年学生的支持，"离婚已经得到了多数青年的赞同，而且随着年龄的减小，赞成的人数也在增加，而反对的人数则在减少"。[①]而具体到离婚当事人是否也有这样的认识？离婚自由是否就解决一切婚姻问题？离婚的诉求是什么？1943年汉口人王陈氏系王火清妻子，因离婚涉讼闹上法庭，对于为何离婚，离婚的诉求如何，先看一下王陈氏的诉状内容：

> 为与王火清离异事件，调解未成，依法起诉，并申请诉讼救助事。缘氏与王火清结婚，历十三载，因氏身染重病，故无生育，因遭氏夫轻视，已蓄遗弃之念，早有再娶之图。无衅可寻，乃诬氏有外染，无论对于何人，信口诽谤，损人名节，莫此为甚。且偶因细故，动辄毒打，使氏在家不能容身，甚至驱逐出外，不准回家，此种虐待，实已达不堪同居之程度。本年阴历九

[①] 余华林：《女性的"重塑"——民国城市妇女婚姻问题研究》，商务印书馆2009年版，第196页。

结　语

月间曾将氏手膀打断，经多方诊治始痊，当时经由警察局解送钩院检察处讯办有案可稽。嗣朝夕打骂如常，更变本加厉，时常逼氏外走，实有诉请离异之必要。至于诉讼费用，氏因一柔弱女子，生产无力，家中财产，又无权过问，故无资力支出讼费，恳请原情矜恤，准予救助，为此具状钩院鉴核。

王陈氏与其夫结婚十三年，但因无生育遭夫轻视，"已蓄遗弃之念，早有再娶之图"，随后夫对其不仅诽谤名誉，而且屡行虐待行为，最终请求法院准予离婚。从该案中可以看出，在家庭中妇女仍是处于"弱势"的地位，既遭受家庭暴力，又无立身之所，只能借助司法的力量维护个人权利。可是，比起早日脱离家庭"灾难"，王陈氏更为重要的离婚诉求是寻求获得丈夫的"赡养费"，因为民法已规定："夫妻无过失之一方，因判决离婚而陷于生活困难者，他方纵无过失，亦应给予相当之赡养费。"① 从王陈氏的叙述来看，其夫不仅有过失，而且还很严重，因此付给其赡养费更是正当不过。民法的规定和传统社会是有很大的区别，在传统社会从妻子来说，首先没有离婚的主动权，其次是妻子不可能支付给丈夫离婚赡养费的，民法之所以这样规定，前提是基于夫妻之间都具有独立自主的经济能力。"这里民国法律首先强调个人的责任和经济独立。其次，它认为家庭供养是夫妻双方的义务，在家庭经济方面夫妻双方都应做出贡献。"② 因此，在离婚方面如果妻子有过错，就必须支付一定的赡养费给丈夫。王陈氏的供词则展示了家庭妇女的另一面，她们没有经济能力，对家庭经济没有掌控力，依靠丈夫供养，连诉讼费用都支付不起。王陈氏要求丈夫支付赡养费，真实的目的并非依据法定条件取得丈夫的赔偿，恰恰相反，她试图借助法院的力量迫使丈夫支付赡养费以生存下去。

在国民政府时期的湖北，妻子往往以丈夫是否能养活她们为离婚

---

① 中国法规刊行社编审委员会编：《六法全书》，《民国丛书》第3编第28册，上海书店1991年版，第93页。

② 马钊：《司法理念和社会观念：民国北平地区妇女"背夫潜逃"现象研究》，《法律史学研究》2004年第00期。

的标准,马钊在研究民国北平地区妇女的"背夫潜逃"现象时曾指出:妻子的"生计赖于作为她'主'的丈夫,而不是靠自己外出务工"。① 从上述事例看,妻子虽然在面对不满意的婚姻生活时有离婚的自主权利,但是这种离婚权并非追求个人的自由权,实际上从诉讼离婚就反映出男女两性都已具有平等自由的权利和地位,不同的是妻子离婚的诉求往往不是为了所谓的自由,而是生存的需要,当丈夫不能或不愿养活她们时,她们就会采取离婚的方式寻求自救。

(三)准予与驳回:离婚自由还是不自由?

我们已多次强调,和传统法律制度相比,国民政府民法已有极大的变化,主张法律面前人人平等是其最大的特点。从女性来看,一改男尊女卑的等级色彩,女性不再受制于男性的"压迫",妻子也不必受到丈夫的"夫权"统治,如果婚姻生活不如意,妻子可以"像丈夫一样,她也可以借通奸、虐待、'恶意'遗弃和'不治之恶疾'等理由'向法院请求离婚'。"② 在国民政府时期的女性之所以有这样的权利,是因为法律制度提供的相应的体系保障。不过,虽然从制度层面上赋予了女性有离婚的自由权,但是在具体的司法实践中法院是否就一定同意其离婚请求则是另一回事,妇女离婚自由权仍然受制于现实的约束。1947年天门县的高银珍与王黑耳因离婚涉讼打起官司,在6月6日法庭"言辞辩论"阶段,法官与高银珍有以下对话:

> 法官问高银珍:姓名、年籍、住址?
> 答:高银珍,年十八岁,天门人,住竟陵乡,农。
> 问:你告王黑耳,请求本院怎样判?
> 答:他虐待我,请求判令与王黑耳离婚?
> 问:你们是哪一年完婚吗?

---

① 马钊:《司法理念和社会观念:民国北平地区妇女"背夫潜逃"现象研究》,《法律史学研究》2004年第00期。
② 黄宗智:《法典、习俗与司法实践:清代与民国的比较》,上海书店2003年版,第169—170页。

答：民国三十四年腊月二十六日嫁与王黑耳。

问：你们的感情好吗？

答：去年情感不好。

问：你告王黑耳的意见怎样？

答：三十四年腊月嫁与他的，三十五年打我几次，后来用粪灌活，有陈春秀易子培可凭。

问：他为什么要打你呢？

答：他无故打我，有次他要我到田里去我没有去。

问：以后又打了你没有呢？

答：去年五月又打我一次，有高朝宏等可凭。

问：以后打你没有呢？

答：七月又用镰刀打我，也是高朝宏可凭。

问：以后又打了你没有呢？

答：九月又打我一次，是镰刀等打，有李云林、高朝宏等要他具结以后不打我。

问：九月以后打了你没有呢？

答：九月以后不时打我，但不很重。

问：九月打你很重，你为什么不向检察处告他呢？

答：我总想与他和好所以没有告。

问：王黑耳打了你些什么地方呢？

答：我的两手举不起，面部还有一条伤痕，腿部有一伤，均经检察处验伤有伤单可凭。

问：你求检察处为什么撤回伤害不告他呢？

答：我不知好歹又没有钱，所以撤回准我离婚的。

问：近年三月打你是什么时候呢？

答：是他夜里打我看他的大伯父母口二王张氏可证，是三月二十九日的事。

问：你嫌他穷么？

答：我不嫌他穷。

问：你为什么时时回娘家呢？

答：我娘家不接，我不回去。①

在上述对话中，高银珍主要指出了其夫王黑耳对其殴打虐待的情况，从殴打的时间、地点、详情到证人均记述清楚，传达给法官的一个结果即是表明其是一个受害者的形象，请求法官准予其离婚。而法官除了询问高银珍被虐待的情况，还主要询问高银珍为何没有及时向检察处状告其夫王黑耳，以及后来为什么又撤诉等问题，高银珍则回答当时还想和丈夫和好，并未有与夫离婚的想法，同时也否定是因为丈夫王黑耳家穷而离婚。而后，法官询问王黑耳，是否是高银珍因其穷而离婚，王黑耳回答："她不嫌我穷。"因此，从上述口供来看，高银珍的离婚请求符合离婚法第1052条第三款的规定，天门地方法院一审时也支持了原告高银珍的离婚请求，于9日判决二人准予离婚。如果从此结果看，国民政府时期女性的离婚权确实得到了法律保障，妇女婚姻权利得到了很好的保护，家庭与社会地位取得了极大的进步。可是，和二审的判决相比，情况又发生了变化。

王黑耳对一审判决不服，向湖北省高等法院提起上诉，否认虐待妻子高银珍，其与法官的对话如下：

法官问王黑耳：你为什么屡次打她？
答：我未有打她她是借题诬赖□□□。
问：陈春秀何以在法院说你们打呢？
答：陈春秀在天门法院没有说我打她。
问：易子培说你打她呢？
答：易子培也未说。
问：你去年四月打架时打过她没有呢？
答：去年四月打过了她的，就未有口角。
问：你们是从小拿的八字么？

---

① 《湖北省高等法院对天门县王黑耳、高银珍离婚的上诉案的审理情况》，1947年，湖档藏，资料号：LS7-2-10。

答：是从小拿的八字。

问：去年四月间你为什么打她呢？

答：因为麦子黄了要割了，她不肯做事要走人家，我不准她就要服毒，所以投口陈春秀、易子培那些人。

问：她娘家离你家有多少远？

答：没有一里路。

在上诉法庭里，王黑耳一反一审时不积极的态度，不承认屡次殴打虐待妻子高银珍，陈春秀等相关证人也并没有为此做证指出他殴打妻子，只承认"去年四月"打过高银珍，是因为高氏不劳动所致。8月30日湖北高院推翻一审判决，支持王黑耳的上诉理由，认为王黑耳仅于去年阴历四月和本年闰二月两次打过高银珍，对于其他高银珍受害事实均不采用。对于去年阴历四月的殴打情况在陈春秀等人的调解下得到高银珍的谅解，此次不能再次作为离婚请求的理由，"在上年废历四月间，既系因被上诉人不帮同家人割麦，上诉人始与之殴打，且随经陈春秀、易子培从中劝解无事，是早已获被上诉人之谅解。依最高法院二十二年上字第1018号判例即不得谓有不堪同居之情形，自不得更据以请求离婚"。对于闰二月的殴打事实，法院认为责任不全在王黑耳，因为高银珍无故拒绝与王黑耳发生关系，致使王黑耳怀疑其有不轨行为，双方发生殴打，然而此类事情"究系闺房琐事，未足认为即属不堪同居之虐待，原审判令离婚于法殊嫌未洽，上诉为有理由"。

面对同一件离婚诉讼，一审和二审依据的法律条文一样，判决的结果却相反，反映了司法机构为维护家庭稳定而进行的努力。马钊指出民国时期法庭在面对妇女"背夫潜逃"时所作的两难抉择，"一方面，它同情妻子为了生存而做出的背夫潜逃的选择；另一方面，它必须寻找办法来阻止家庭迫于经济压力而解体"[1]。这种观点同样适用

---

[1] 马钊：《司法理念和社会观念：民国北平地区妇女"背夫潜逃"现象研究》，《法律史学研究》2004年第00期。

国民政府时期的湖北离婚现象，从上个案件中可以看出，一审时法官根据高银珍的遭遇认为符合离婚的法定条件，二审时法官却从维护家庭稳定的立场废弃了原判，对于一审时证据逐个加以批驳，目的无非是驳回高银珍的诉讼请求，不准二人离婚。在国民政府时期，法律一方面支持妻子有离婚的自由，另一方面又在司法审判阶段驳回起诉离婚的请求，在制度层面上女性获得了很多前所未有的权利，但在现实生活中又面临一些新的挑战和约束。

在国民政府时期的湖北，妻子在面对婚姻问题时可以自由提出离婚诉讼，离婚权比传统社会有明显提高，但是其离婚的诉求却不是为了追求自由或平等，大多是为了生存，因为丈夫没有尽到养活妻子的责任。妇女的离婚自由权进入司法审判阶段，却不会轻易地给予实现，因为在战乱、贫穷的南京国民政府的时局之下，家庭稳定是社会现实的必然要求。

对国民政府时期湖北的离婚案件进行研究后发现，妇女的离婚权和传统社会相比也有一定的提高，主要体现在能够主动提出"离婚"的自由，而在传统社会只有丈夫才能"休妻"，二者相比，妇女确实获得了原先不曾有的权利。然而，在进入司法审判阶段，妇女的离婚请求在通常情况下，都不会实现。因为司法机关从当时动荡的社会现实出发，为了维护家庭的稳定，一般都不准许夫妻离婚。此外，妇女离婚的首要目的，并不是追求婚姻自由或者感情，主要还是生存。

由上可观，国民政府时期的湖北妇女权利，在婚前和婚后有一定的区别。订婚之后的妇女，和传统社会相比有了较为明显的进步，她们可以通过司法途径解除家长的包办式订婚。然而婚后妇女权利的进步并不明显，以离婚权为例，妇女在提出离婚的权利方面有了进步，但是其离婚请求是否像订婚权那样得到司法机构的大力支持，是一个很大的疑问。在正文中从司法机构对男性在重婚、通奸、遗弃等刑事案件上的处罚力度较轻也能够看出，婚后妇女的权利并没有得到很好的保护。妇女的权利在司法制度层面上有了历史性的进步，但是在实际生活中，妇女的各种权利和男性相比仍然处于劣势。

在财产权方面，国民政府时期湖北的妇女仍然保留传统的那一套，因为她们头脑中的观念即是如此，"依靠丈夫"并没有随着新式男女平等司法体系的确立而消散。和法制进步相比，人们头脑中的观念更新至为重要。

参考文献

一　档案资料

湖北省档案馆、武汉市档案馆相关档案

二　报纸、杂志、省志、县志、家谱、资料汇编

《东方杂志》
《汉口中山日报》
《大公报》
《申报》
《武汉日报》宜昌版
《武汉文史资料》
《沙市文史资料》
《湖北文史资料》
《湖北阳新袁氏宗谱》
《湖北江夏桂氏宗谱》
《湖北鄂城徐氏宗谱》
《湖北江夏杜氏宗谱》
蔡鸿源：《民国法规集成》，黄山书社1999年版。
丁世良、赵放：《中国地方志民俗资料汇编·中南卷》，书目文献出

版社 1991 年版。

公安县志编纂委员会：《公安县志》，汉语大词典出版社 1990 年版。

湖北省地方志编纂委员会：《湖北省志》（地理、科学、教育、民政、司法、经济综述、农业等卷），湖北人民出版社 1992—1998 年版。

湖北省应山县志编纂委员会编纂：《应山县志》，湖北科学技术出版社 1990 年版。

湖北省汉川县地方志编纂委员会：《汉川县志》，中国城市出版社 1992 年版。

湖北省枝城市地方志编纂委员会：《宜都县志》，湖北人民出版社 1990 年版。

湖北省江陵县志编纂委员会：《江陵县志》，湖北人民出版社 1990 年版。

湖北省谷城县地方志编纂委员会：《谷城县志》，新华出版社 1991 年版。

湖北省宜昌县地方志编纂委员会编纂：《宜昌县志》，冶金工业出版社 1993 年版。

黄冈县编纂委员会：《黄冈县志》，武汉大学出版社 1990 年版。

李文海：《民国时期社会调查丛编》（婚姻家庭卷、底边社会卷），福建教育出版社 2005 年版。

前南京国民政府司法行政部编，胡旭晟等点校：《民事习惯调查报告录》，中国政法大学出版社 2000 年版。

吴潮、何锡俨汇纂：《刑案汇览续编》，《近代中国史料丛刊》第 100 辑，文海出版社 1973 年版。

武汉市青山区地方志编纂委员会：《青山区志》，武汉出版社 2006 年版。

徐珂：《清稗类钞》，中华书局 1984 年版。

新洲县志编纂委员会：《新洲县志》，武汉出版社 1992 年版。

严仪周：《麻城县志》，红旗出版社 1993 年版。

严昌洪：《武汉文史文丛·老武汉风俗杂谈》，中国档案出版社 2003 年版。

张颖、杜宏英辑校：《湖北竹枝词》，湖北人民出版社2007年版。
祝庆祺、鲍书芸、潘文舫、何维楷：《刑案汇览》三编，北京古籍出版社2004年版。
中国法规刊行社编审委员会编：《六法全书》，《民国丛书》第3编第28册，上海书店1991年版。
中华全国妇女联合会妇女运动历史研究室：《五四时期妇女问题文选》，生活·读书·新知三联书店1981年版。
中国社会科学院近代史研究所：《五四运动回忆录》，中国社会科学出版社1979年版。

三 传统经典

《礼记》
《诗经》
《后汉书》
《论语》
《史记》
《魏书》
《隋书》
《清史稿》
《马克思恩格斯选集》，人民出版社1966年版。

四 著作

陈鹏：《中国婚姻史稿》，中华书局1990年版。
陈重业：《折狱龟鉴补》译注，北京大学出版社2006年版。
陈独秀：《独秀文存》，安徽人民出版社1987年版。
陈春声：《走向历史现场》，生活·读书·新知三联书店2006年版。
陈顾远：《中国婚姻史》，上海书店1984年版。
陈东原：《中国妇女生活史》，上海书店1984年版。

参考文献

戴伟：《中国婚姻性爱史稿》，东方出版社 1992 年版。

邓小南：《唐宋女性与社会》，上海辞书出版社 2003 年版。

邓子琴：《中国风俗史》，巴蜀书社 1988 年版。

邓伟志：《近代中国家庭的变革》，上海人民出版社 1994 年版。

丁守和主编：《中国近代启蒙思潮》，社会科学文献出版社 1999 年版。

费孝通：《江村经济——中国农民的生活》，商务印书馆 2001 年版。

费孝通：《乡土中国 生育制度》，北京大学出版社 1998 年版。

冯尔康等：《中国社会史研究概述》，天津教育出版社 1988 年版。

付海晏：《变动社会中的法律秩序——1929—1949 年鄂东民事诉讼案例研究》，华中师范大学出版社 2010 年版。

郭松义、定宜庄：《清代民间婚书研究》，人民出版社 2005 年版。

郭松义：《伦理与生活——清代的婚姻关系》，商务印书馆 2000 年版。

高健生、刘宁《家庭学概论》，河南人民出版社 1986 年版。

黄宗智：《清代的法律、社会与文化：民法的表达与实践》，上海书店 2001 年版。

黄宗智：《法典、习俗与司法实践：清代与民国的比较》，上海书店 2003 年版。

怀效锋点校：《大明律》，法律出版社 1999 年版。

胡长清：《中国民法亲属论》，商务印书馆 1936 年版。

韩秀桃等：《中国法制史教学参考书》，法律出版社 2001 年版。

康有为：《大同书》，辽宁人民出版社 1994 年版。

李德复、陈金安：《湖北民俗志》，湖北人民出版社 2002 年版。

罗苏文：《女性与近代中国社会》，上海人民出版社 1996 年版。

梁治平：《清代习惯法：社会与国家》，中国政法大学出版社 1996 年版。

梁景和：《近代中国陋俗文化嬗变研究》，首都师范大学出版社 1998 年版。

刘士圣：《中国古代妇女史》，青岛出版社 1991 年版。

卢静仪：《民初立嗣问题的法律与裁判：以大理寺民事判决为中心（1912—1927）》，北京大学出版社 2004 年版。

林秀雄：《婚姻家庭法之研究》，中国政法大学出版社2001年版。

潘光旦：《潘光旦文集》，北京大学出版社1993年版。

潘允康《家庭社会学》，中国审计出版社2002年版。

乔志强：《中国近代社会史》，人民出版社1992年版。

瞿同祖：《中国法律与中国社会》，中华书局2003年版。

秋瑾：《秋瑾集》，上海古籍出版社1979年版。

史尚宽：《亲属法论》，中国政法大学出版社2000年版。

史尚宽：《民法总论》，中国政法大学出版社2000年版。

史凤仪：《中国古代婚姻与家庭》，湖北人民出版社1987年版。

陶希圣：《婚姻与家族》，上海书店1992年版。

田涛、郑秦点校：《大清律例》，法律出版社1998年版。

谭嗣同：《谭嗣同全集》，中华书局1981年版。

陶毅、明欣：《中国婚姻家庭制度史》，东方出版社1994年版。

汪玢玲：《中国婚姻史》，上海人民出版社2001年版。

汪庆祺编，李启成点校：《各省审判厅判牍》，北京大学出版社2007年版。

王亚新、梁治平编：《明清时期的民事审判与民间契约》，法律出版社1998年版。

王笛：《跨出封闭的世界——长江上游区域社会研究》，中华书局2001年版。

王跃生：《十八世纪中国婚姻家庭研究：建立在1781—1791年个案基础上的分析》，法律出版社2000年版。

王跃生：《清代中期婚姻冲突透析》，社会科学文献出版社2003年版。

王跃生：《社会变革与婚姻家庭变动：20世纪30—90年代的冀南农村》，生活·读书·新知三联书店2006年版。

王歌雅：《中国婚姻伦理嬗变研究》，中国社会科学出版社2008年版。

王新宇：《民国时期婚姻法近代化研究》，中国法制出版社2006年版。

王季思等：《元杂剧选注》，北京出版社1980年版。

吴雁南等：《中国近代社会思潮（1840—1949）》，湖南教育出版社1998年版。

吴德清：《当代中国离婚现状及发展趋势》，文物出版社1999年版。

肖爱树：《20世纪中国婚姻制度研究》，知识产权出版社2005年版。

薛梅卿点校：《宋刑统》，法律出版社1999年版。

薛君度、刘志琴：《近代中国社会生活与观念变迁》，中国社会科学出版社2001年版。

萧志华主编：《湖北社会大观》，上海书店2000年版。

行龙：《从社会史到区域社会史》，人民出版社2008年版。

谢森、陈士杰、殷吉墀：《民刑事裁判大全》，北京大学出版社2007年版。

肖群忠：《中国孝文化研究》，人民出版社2001年版。

余华林：《女性的"重塑"——民国城市妇女婚姻问题研究》，商务印书馆2009年版。

严复：《严复集》，中华书局1986年版。

严昌洪：《20世纪中国社会生活变迁史》，人民出版社2007年版。

严昌洪：《中国近代社会风俗史》，浙江人民出版社1992年版。

杨晓辉：《清朝中期妇女犯罪问题研究》，中国政法大学出版社2009年版。

杨立新点校：《大清民律草案·民国民律草案》，吉林人民出版社2002年版。

杨懋春：《一个中国村庄——山东台头》，江苏人民出版社2001年版。

杨念群等主编：《新史学：多学科对话的图景》（下），中国人民大学出版社2003年版。

祝瑞开：《中国婚姻家庭史》，学林出版社1999年版。

左玉河：《婚丧嫁娶》，中国文史出版社2005年版。

钟敬文：《中国民俗史》，人民出版社2008年版。

长孙无忌等：《唐律疏议》，中华书局1983年版。

张研、毛立平：《19世纪中期中国家庭的社会经济透视》，中国人民大学出版社 2003 年版。

张枬、王忍之：《辛亥革命前十年间时论选集》，生活·读书·新知三联书店 1963 年版。

张晋藩：《中国司法制度史》，人民法院出版社 2004 年版。

张佩国：《财产关系与乡村法秩序》，学林出版社 2007 年版。

张佩国：《近代江南乡村地权的历史人类学研究》，上海人民出版社 2002 年版。

余新忠：《清代江南的瘟疫与社会：一项医疗社会史的研究》，中国人民大学出版社 2003 年版。

[美] 史景迁：《王氏之死：大历史背后的小人物命运》，李孝恺译，上海远东出版社 2005 年版。

[美] 尹沛霞：《内闱——宋代的婚姻和妇女生活》，胡志宏译，江苏人民出版社 2004 年版。

[美] 白凯：《中国的妇女与财产：960—1949 年》，上海书店 2003 年版。

[美] 韩丁：《翻身——中国一个村庄的革命纪实》，韩倞等译，北京出版社 1980 年版。

[美] 罗威廉：《汉口——一个中国城市的冲突和社区》，鲁西奇、罗杜芳译，中国人民大学出版社 2008 年版。

[美] 施坚雅：《中国农村的市场和社会结构》，史建云、徐秀丽译，中国社会科学出版社 1998 年版。

[美] 步德茂：《过失杀人、市场与道德经济：18 世纪中国财产权的暴力纠纷》，张世明、刘亚丛、陈兆肆译，社会科学文献出版社 2008 年版。

[美] 明恩溥：《中国乡村生活》，午晴、唐军译，时事出版社 1998 年版。

[日] 滋贺秀三：《中国家族法原理》，张建国、李力译，法律出版社 2002 年版。

[英] 麦高温：《中国人生活的明与暗》，朱涛、倪静译，时事出版社 1998 年版。

五 论文

艾晶:《清末女性奸情杀人案研究(1901—1911)——以第一历史档案馆馆藏档案为例》,《宁夏大学学报》2007年3月。

艾晶:《民初惩罚女性性犯罪的法律问题》,《史学月刊》2008年第12期。

艾晶:《罪与罚:民国时期女性性犯罪初探(1914—1936年)》,《福建论坛》2006年第9期。

艾晶、黄小彤:《二十世纪二十年代北京女性犯罪研究——基于犯罪调查的一种分析》,《中华女子学院学报》2007年第1期。

艾晶:《无奈的抗争:清末民初女性对不良婚姻家庭的反抗》,《中华女子学院学报》2008年第4期。

艾晶:《离婚的权力与离婚的难局:民国女性离婚状况的探究》,《新疆社会科学》2006年第6期。

把增强:《关于近代华北社会问题研究的一次重要会议——"民国河北高等法院档案与近代华北社会"学术研讨会述评》,《高校社科动态》2007年第1期。

程郁:《近二十年中国大陆清代女性史研究综述》,《近代中国妇女史研究》第10期,2002年12月。

程郁:《民国时期妾的法律地位及其变迁》,《史林》2002年第2期。

陈文联:《论五四时期探求"婚姻自由"的社会思潮》,《江汉论坛》2003年第6期。

陈蕴茜、叶青:《论民国时期城市婚姻的变迁》,《近代史研究》1998年第6期。

蔡少卿、李良玉:《50年来的中国近代社会史研究》,《近代史研究》1999年第5期。

曹大为:《中国历史上贞节观念的变迁》,《中国史研究》1991年第2期。

蔡凌虹:《从妇女守节看贞节观在中国的发展》,《史学月刊》1992年第 4 期。

冯尔康：《开展社会史研究》，《历史研究》1987 年第 1 期。

方旭红、王国平：《论 20 世纪二三十年代的城市离婚问题》，《江苏社会科学》2006 年第 5 期。

傅建成：《论民国时期华北农村的早婚现象》，《社会学研究》1994 年第 4 期。

郭松义：《清代 403 宗民刑案例中的私通行为考察》，《历史研究》2000 年第 3 期。

胡雪莲：《民国广州报纸婚姻案件报道中的法律词语——从法律变革的视角看》，《中山大学学报》2006 年第 3 期。

黄宗智：《中国法律制度的经济史、社会史、文化史研究》，《比较法研究》2000 年第 1 期。

贾秀堂：《民国早期离婚法的实施及其局限——以 20 世纪 20 年代山西省为个案》，《历史教学问题》2007 年第 4 期。

贾秀堂：《民国时期离婚现象再探讨——以 20 世纪 20 年代的山西省为个案》，《史林》2008 年第 1 期。

贾丽英：《秦汉时期奸罪论考》，《河北法学》2006 年第 4 期。

赖惠敏、徐思冷：《情欲与刑罚：清前期犯奸案件的历史解读（1644—1795）》，《近代中国妇女史研究》第 6 期，1998 年 8 月。

赖惠敏、朱庆薇：《妇女、家庭与社会：雍乾时期拐逃案的分析》，《近代中国妇女史研究》第 8 期，2000 年 6 月。

李伯重：《从"夫妇并作"到"男耕女织"——明清江南农家妇女劳动问题探讨之一》，《中国经济史研究》1996 年第 3 期。

李伯重：《"男耕女织"与"妇女半边天"角色的形成——明清江南农家妇女劳动问题探讨之二》，《中国经济史研究》1997 年第 3 期。

刘是今、刘军：《试论民国时期的城市婚姻及家庭结构》，《广西社会科学》2003 年第 3 期。

里赞：《民国婚姻诉讼中的民间习惯：以新繁县司法档案中的定婚案件为据》，《山东大学学报》2009 年第 1 期。

马钊：《司法理念和社会观念：民国北平地区妇女"背夫潜逃"现象

研究》,《法律史学研究》2004 年第 00 期。

马敏:《21 世纪中国近现代史研究的若干趋势》,《史学月刊》2004 年第 6 期。

闵杰:《20 世纪 80 年代以来的中国近代社会史研究》,《近代史研究》2004 年第 2 期。

毛立平:《百年来清代婚姻家庭史研究述评》,《安徽师范大学学报》2002 年第 1 期。

毛立平:《清代的嫁妆》,《清史研究》2006 年第 1 期。

彭贵珍:《论民国城市社会转型中的婚姻纠纷》,《社会科学辑刊》2006 年第 5 期。

谯珊:《民国时期青年学生择偶观考察》,《云南社会科学》2005 年第 6 期。

宋元强:《区域社会经济史研究的新进展》,《历史研究》1988 年第 3 期。

苏力:《中国传统戏剧与正义观之塑造》,《法学》2005 年第 9 期。

田居俭:《中国社会史研究的反思与展望》,《社会科学战线》1989 年第 3 期。

谭志云:《民国南京政府时期的妇女离婚问题——以江苏省高等法院 1927—1936 年民事案例为例》,《妇女研究论丛》2007 年第 4 期。

吴爱辉:《事实婚姻与"重婚"关系之探讨——兼议民刑"重婚"之关系》,《西南民族大学学报》2006 年第 3 期。

吴欣:《清代民间社会的权利与秩序——以档案与判牍中妇女再嫁的"聘礼归属"问题为中心》,《法律史学研究》2004 年第 00 期。

王跃生:《民国时期婚姻行为研究——以"五谱"长表数据库为基础的分析》,《近代史研究》2006 年第 2 期。

王跃生:《清代中期婚姻缔结过程中的冲突考察》,《史学月刊》2001 年第 5 期。

王奇生:《民国初年的女性犯罪（1914—1936）》,《近代中国妇女史研究》第 1 期,1993 年 6 月。

王先明:《"区域化"取向与近代史研究》,《学术月刊》2006 年

3 月。

王笛:《新文化史、微观史和大众文化史——西方有关成果及其对中国史研究的影响》,《近代史研究》2009 年第 1 期。

王印焕:《近年来中国近代社会史研究概述》,《近代史研究》1999 年第 4 期等。

王印焕:《近代学生群体中文化教育与传统婚姻的冲突》,《史学月刊》2004 年第 4 期。

王印焕:《试论民国时期学生自由恋爱的现实困境》,《史学月刊》2006 年第 11 期。

王艳勤:《20 世纪 40 年代鄂西南的婚姻法秩序研究》,《武汉大学学报》2007 年第 1 期。

行龙:《二十年中国近代社会史研究之反思》,《近代史研究》2006 年第 1 期。

行龙、胡英泽:《三十而立:社会史研究在中国的实践》,《社会科学》2010 年第 1 期。

行龙:《清末民初婚姻生活中的新潮》,《近代史研究》1991 年第 3 期。

徐娟:《1926—1930 年天津审判离婚案的特点》,《山西师大学报》2008 年 11 月。

徐永志:《清末民初婚姻变化初探》,《中州学刊》1988 年第 2 期。

严昌洪:《旧式婚礼所折射的妇女地位》,《中南民族大学学报》2003 年第 1 期。

岳谦厚、罗佳:《抗日根据地时期的女性离婚问题——以晋西北(晋绥)高等法院 25 宗离婚案为中心的考察》,《安徽史学》2010 年第 1 期。

章开沅:《境界——追求圆融》,《史学月刊》2004 年第 6 期。

章开沅:《"眼光向下"与社会原态(四篇)——关注近代中下层社会群体研究》,《甘肃社会科学》2008 年第 2 期。

赵世瑜、邓庆平:《二十世纪中国社会史研究的回顾与思考》,《历史研究》2001 年第 6 期。

赵世瑜:《社会史研究向何处去?》,《河北学刊》2005年第1期。

赵世瑜:《明清史与近代史:一个社会史视角的反思》,《学术月刊》2005年第12期。

仲英:《试析婚约》,《杭州大学学报》1981年第4期。

郑永福、吕美颐:《中国近代婚姻观念的变迁》,《中华女子学院学报》1991年第1期。

张光华:《从近代报刊婚姻启事看近代社会变迁》,《史学月刊》2007年第3期。

张贤钰:《通奸罪的历史考察》,《法学》1984年第10期。

六　学位论文

艾晶:《清末民初女性犯罪研究(1901—1919年)》,博士学位论文,四川大学,2007年。

程海燕:《"三言二拍"中的奸情故事与婚姻秩序》,硕士学位论文,华中师范大学,2007年。

曹关群:《民国时期上海女性犯罪问题研究(1927—1937)》,硕士学位论文,上海师范大学,2006年。

黄真真:《法律与女性离婚——以1927—1931年〈申报〉离婚案例为中心》,硕士学位论文,华南师范大学,2007年。

黄瑾:《遗弃罪主体研究》,硕士学位论文,南昌大学,2008年。

何新丽:《国民政府时期的婚姻法研究——以1927—1937年成都司法判例为中心》,硕士学位论文,四川大学,2007年。

梁树声:《三言二拍"偷情"故事研究》,硕士学位论文,暨南大学,2001年。

刘克河:《遗弃罪相关问题研究》,硕士学位论文,中国政法大学,2007年。

吕殿云:《重婚罪研究》,硕士学位论文,黑龙江大学,2005年。

雷家琼:《艰难的抗争:20世纪二三十年代女性逃婚现象研究》,硕士学位论文,中国社会科学院研究生院,2005年。

聂海琴：《论〈中华民国民法·亲属编〉》，硕士学位论文，西南政法大学，2002年。

宁芳：《民国初期的婚姻自由观——民国成立—20世纪20年代中期》，硕士学位论文，东北师范大学，2006年。

乔守忠：《中国近现代离婚法律制度研究》，硕士学位论文，山西大学，2007年。

秦晓梅：《近代山东妇女生活研究》，硕士学位论文，山东师范大学，2005年。

王爽：《民国时期新知识女性与传统婚恋观思想的抗争》，硕士学位论文，吉林大学，2008年。

王亚敏：《民国婚姻法律的基本变迁——兼论其与近代家制演变的互动》，硕士学位论文，中国政法大学，2007年。

王丽娟：《婚约制度比较研究——由河北省隆化县婚约习俗引发的思考》，硕士学位论文，中国海洋大学，2006年。

许莉：《〈中华民国民法·亲属〉研究》，博士学位论文，华东政法学院，2007年。

谢晓婷：《民国前期知识分子对离婚问题的探索（1912—1937）》，硕士学位论文，苏州大学，2006年。